중앙아시아 사회의 이해

김대성

한국외국어대학교 출판부(HUFS)

이 책은 한국외국어대학교 2009학년도 교내연구비 지원에 의해 이루어진 것임

머리말

중앙아시아는 1991년까지 우리에게 매우 낯설고 접근하기 어려운 지역이었다. 1991년 12월 소련이 붕괴하고 나서 우즈베키스탄, 카자흐스탄, 키르키즈스탄, 투르크메니스탄과 타지키스탄 등이 독립국가로서 세계무대에 등장하였다. 이 지역은 과거 소련의 통치 하에서 철저히 통제 됐으므로 다른 국가들이 이 지역에 접근하기 어려웠고 따라서 이 지역에 대한 실용적, 학문적 연구가 저조할 수 밖에 없었다. 그런데,1990년대 중반에 접어들면서 이 지역 국가들이 국제무대에서 주목을 받게 되었는데, 그 이유는 이 지역이 동서 교류의 연결로이자 에너지 자원의 보고였음이 알려졌기 때문이다.

이처럼 중앙아시아 국가들이 자원강국으로 우리에게 성큼 다가서고 있는 시점에서 서구 열강들은 에너지 자원 확보경쟁에서 승리하기 위해 치열한 각축을 벌이고 있다. 중앙아시아가 지니는 지정-지경학적 가치는 이 지역에서 펼쳐지고 있는 열강들의 치열한 각축전이 잘 말해주고 있다.

지경학적으로도 중앙아시아는 제2의 중동이라 불릴 정도로 풍부한 에너지 및 지하자원을 보유하고 있다. 러시아, 중국, 인도 등의 인접 지역에 위치해 있어 전략적 잠재력이 매우 높은 지역으로 주목받고 있다. 현재 러시아, 중국, 인도, 일본 등은 중앙아시아 국가들과의 양자관계 강화는 물론 다자협의체제 구축, 에너지-경제 협력을 강화하기 위해 경쟁적으로 나서고 있다.

우리도 이 지역에 대한 관심을 환기시키는 차원에서 기초적 분야에서부터 연구를 시작해야 한다. 이 지역을 연구하기 위해서 다양한 접근 방법을 사용할 수 있겠지만 이 지역 사람들의 정치환경 및 생활과 문화에 대한 종합적 연구가 우선적으로 시도되어야 한다. 특정 지역에 대한 종합적인 연구는 '그 지역 바르게 알기'라는 표현과 일맥상통한다. 과거 제국주의 시대의 종합적인 지역 연구(Area Studies)는 '그 지역 착취하기'와 '그 지역을 일방적으로 이용하기'를 목적으로 주로 강대국의 이익을 추구하는 도구로 악용되었다면 오늘날의 정치환경 및 생활과 문화 연구는 '그 지역과 함께 잘 살기'라는 공동의 번영을 추구하는 사명을 가지고 전개되어야 한다.

중앙아시아 문화를 이해하고 국제적 변화에 적응해 갈 수 있는 상식을 가진 다수가 출현해야 이 지역과의 교류가 활성화될 수 있다. 다양한 경로를 통해 타문화의 역사, 문화 및 정치제도 등에 관한 정보가 제공되어야 건전하고 적응력이 강한 다수가 형성될 수 있다. 특히, 지하자원이 절대적으로 부족한 우리나라는 대외 협력을 통해 새로운 부가가치를 창출할 수 있는 인력이 많이 필요하다. 자원이 많다고 해도 그것을 활용하는 것은 사람의 몫이기 때문에 무엇보다 인재 교육이 선행되어야한다. 그러나 특정 집단만이 교육과 정보를 받아서는 효율성이 떨어지므로 교육의 확대와 정보의 공유가 국가발전의 원동력임을 함께 인식해야 할 것이다. 또한 이 지역 국가들을 바르게 이해하려면 토착민의 언어인 우즈벡어와 카자흐어를 아는 것이 필요하며 이를 통해서 현지 토착민과의 교감이 활발하게 이루어질 것이다. 언어에는 언어를 사용하는 사람들의 문화와 감정이 모두 함축되어 있기 때문이다.

'다른 지역과 함께 잘 살기'라는 공동 번영을 생각하며 중앙아시아의 사회와 문화 이해를 위한 탐구에 나서기를 권하고 싶다. 이 책은 중앙아시아를 알고 싶어 하는 마음에서 하나하나 자료를 모으며 정리된 내용을 모아 엮은 것이다. 부족한 점은 점차 보완해 갈 것을 약속드린다.

2009년 4월

김 대 성

차 례

제8장 카자흐스탄 사회와 정치 / 145

제9장 우즈베키스탄 사회와 정치 / 163

제10장 우즈벡인 성향 / 185

제11장 우즈베키스탄의 전통과 변화 / 207

제12장 터키인의 종교의식 / 221

제13장 카자흐인들의 통과의례 / 247

제1장

중앙아시아의 등장

1. 중앙아시아 이해를 위한 접근 방법

인간은 사회적 관계 속에서 발생하는 문제를 해결하기 위해 일정한 틀을 만들어 집단생활을 보다 효과적으로 유지해 가려는 욕구를 가지게 되었다. 사회적 관계를 일정한 방향으로 유지하려고 행동 규범과 제도를 만들었다. 따라서 인간은 사회규범과 제도에 의해서 구속을 받게 되며 그것에서 벗어날 경우 그 행동은 다른 사회 구성원들에 의해 지지를 받을 수 없게 된다. 그렇다고 사회제도는 불변하는 것은 아니며 환경의 변화와 기술의 발전에 따라 충격을 받게 되며, 충격의 강도에 따라 지속되거나 변화 또는 소멸할 수 있다. 예를 들어, 결혼제도와 가족제도 등이 사회환경의 변화에 따라 점진적으로 변하고 있음을 볼 수 있다. 중요한 제도로 가족, 교육, 종교, 정치, 경제 제도 등을 들 수 있다. 이 사회제도는 사회 구성원의 행위를 일정한 방향으로 유도하는 규범이나 조직을 포함한다.

사회와 문화는 분리되는 개념이 아니며 한 얼굴의 전면과 측면의 관계처럼 동일한 대상을 접근하는 각기 다른 접근방식이라고 할 수 있다. 사회와 문화의 불가분적(不可分的) 관계를 중시하는 학자들은 사회문화적(Sociocultural)이라는 용어를 흔히 사용한다. 문화와 사회를 굳이 구별한다면, 문화는 사회관계의 기본이 되는 의미(신앙, 신화, 전설, 상징), 가치(규범, 이데올로기 등) 또는 의미와 가치가 물질로 표현된 총체적인 것이며, 사회는 문화적 배경에서 이룩된 조직이나 제도의 유형을 포괄하는 것이다. 경제권의 구조(경제인연합회, 중소기업조합 등)와 정치인들의 권력 구조는 사회조직에 포함시켜 연구할 수 있다. 공산주의라는 이데올로기를 바탕으로 공산당 권력구조가 형성돼 발전하였다면, 공산주의는 문화의 인지적(認知的) 범주에, 공산당 권력구조는 사회조직 내의 정치제도에 포함시킬 수 있다.

문화는 지역, 종교, 성(性), 세대, 계층에 따라 차이가 날 수 있으므로 동일한 제도에 사는 이성, 세대, 계층 간의 갈등이 일어날 수 있는 가능성은 항상 존재하는 것이다. 따라서 우리가 사는 사회의 다양한 문화를 이해하려는 노력이 뒤따르지 못한다면 세대간, 계층 간 그리고 국제간의 사회적 관계를 이루는 과정에서 갈등이 발생할 수밖에 없다. 이것은 개인 간의 관계에도 적용되며 만일 개인의 독특한 문화를 이해하지 못하면 가까운 관계가 일시적으로 형성됐다고 해도 얼마든지 오해가 발생해 갈등을 일으킬 수 있다.

자연환경이 역사와 문화 발전의 형태를 결정하는 최대의 조건이라는 견해인 지리-환경결정론에 대한 논의는 여전히 진행되고 있다. 외적 요인인 기후, 풍토, 자연환경 등의 구조적 요인과 내적 요인인 심리와 의식구조 가운데 어떤 요인이 역사와 문화 발전에 더 직접적인 영향을 미칠 것인가에 대한 결정은 쉽게 내려지지 않고 있다. 예를 들어, 중앙아시아 지역을 보면 이 지역 토착민들의 심리구조가 외적 요인이 지리, 자연 환경의 영향을 받아 형성되었음을 쉽게 알 수 있다. 중앙아시아에는 세계의 지붕이라는 파미르고원과 천산산맥이 위치해 있고 수

자원이 부족한 사막과 스텝 지역이 산재해 있어서 인간이 자연환경을 극복하려는 의욕보다는 자연환경에 의해 압도될 수밖에 없는 지리적 조건이 있음을 고려해야 한다. 그러나 이렇게 척박한 환경도 얼마든지 극복될 수 있다는 내적 요인을 강조하는 심리주의론자들의 견해도 주목을 받고 있다. 아무튼, 중앙아시아는, 토지가 비옥하고 수목이 우거지게 자랄 수 있는 수력자원이 풍족한 지역과는 자연환경의 측면에서 큰 대조를 보인다. 따라서 중앙아시아의 문화를 바르게 이해하려면 강수량이 부족한 자연환경에 대한 이해가 수반되어야 한다. 여름에는 섭씨 영상 40도 이상 올라가며, 겨울에는 최고 영하 25도 이하로 내려가며 오아시스 지역에서도 연평균 강수량이 300mm 이하가 되는 스텝 또는 사막지대에서 생존하는 방식과 강수량이 연평균 1200mm 이상인 평야지대의 생존 방식은 커다란 차이를 보이게 된다. 물은 중앙아시아 토착민에게 생명이나 마찬가지이다. 물이 없으면 초지가 존재할 수 없고, 초지가 없으면 인간과 가축도 생명을 연장할 수 없다. 유목민에게 물은 곧 생명을 의미했고, 물을 확보하기 위해 희생을 각오해야 했다. 물을 확보하지 못하면 어차피 죽음이 기다리고 있으므로 물이 아니면 죽음이었다. 따라서 과거 유목 중심의 시대에는 유목민은 물을 확보할 수 있는 강력한 지도력를 원했으며 물을 신성하게 여기게 되었다. 그래서 스텝과 사막 지대의 사람들에게는 천국을 상상할 때, 물이 풍부하게 흐르며 또한 나무가 존재하는 곳을 연상한다. 중앙아시아나 중동에서 묘소 옆에 커다란 나무를 심는 것을 선호하는 이유가 여기에 있다. 이처럼 지리, 자연환경이 중앙아시아 토착민에게 수력(水力) 사회와는 전혀 다른 물의 상징성을 갖게 해주었다. 중앙아시아에도 이제는 관개시설이 발달하여 과거에 비해 물을 어느 정도 관리할 수 있게 됐다. 지리-환경결정론, 풍토론, 기후론 등에 대한 논의가 다양하지만, 중앙아시아 지역에서는 지리-환경에 의미를 일정한 정도 이상 부여해야 지역민의 의식구조를 바르게 이해할 수 있을 것이다.

중앙아시아는 1991년 12월 구소련이 해체됨으로써 국제사회 무대에 등장할 수 있었다. 중앙아시아의 정치적 발전을 이해하려면 중앙아시아 역사를 이해하는 것이 선행되어야 한다. 다시 말하면, 중앙아시아 역사는 그 지역의 정치문화의 틀을 이해하도록 도와주는 정책적 요소에 특별한 통찰력을 제공한다. 미래의 틀을 만드는 현재의 수많은 요소와 세력에 과거의 삶이 살아 존재한다. 어떤 상황-어느 상황-이든 그것은 유산이다. 그 지역의 '객관적 특성들'이라고 할 수 있는, 즉 그 지역의 표면상의 조건과 사람들, 장소, 물건들보다 더 본질적으로 어떤 상황을 설명하는 것은 과거 역사로부터 물려받은 생각과 사고의 관행이다.

정치적 사고관행, 역사와 전통, 공적 가치, 과거의 기억들, 미래에 대한 공유감에 바탕을 둔 행위를 '정치문화'로 일컬을 수 있다. 문화이론은 자세, 가치, 믿음, 사고방식, 권위에 대한 태도, 그리고 미래에 대한 기대 등에 초점을 두고 행위의 근원을 파악한다. 문화는 순응적인 면과 저항적인 면, 상반된 측면을 공유하고 있어서 간단히 정의하기 어렵다. 문화연구자들은 '의미는 공유되는 것이다. 의미들은 사회적 상호작용을 통해 사건과 관계 속에 나타난다'고 주장한다. 각 문화권마다 그들이 공유하는 의미의 체계가 다르기 때문에 중앙아시아의 문화가 가진 의미의 체계를 바르게 이해해야 중앙아시아의 현재적 상황을 파악할 수 있다.

중앙아시아의 본질을 이해하려면, 문화이론의 관점에서 우리는 어떻게 중앙아시아 문화가 형성되어 왔나? 정치문화 중 어느 것이 우연적 요소이고, 어느 것이 필수적이고, 영구적이며 또는 장기간 지속되는 저항력이 강한 요소인가? 등을 질문할 필요가 있다. 동일 문화권에 사는 개인들이 도덕적 판단을 제도화함으로써 문화는 대인관계에 영향을 미치며 서로를 구속한다. 역사발전을 통해 중앙아시아에서 제도화된 도덕적 가치 기준 가운데 가장 영향력 있는 요소가 무엇인가를 이해해야 중앙아시아 사회를 바르게 파악할 수 있다. 따라서 중앙아시아 사회를 이해하려면 자연환경, 역사적 변화 및 그들의 핵심적인 가치 체계를 우선적으로 고려하는 것이 필수적이다.

특히, 중앙아시아의 자연환경은 지역민들에게 과거의 주요 생산양식인 유목생활을 불가결하게 만들었다. 토착민들은 유목생활을 효과적으로 유지하기 위해서 신속하게 이동해야 할 필요를 느꼈으며, 신속하고 안전한 이동에 적당한 의식주 문화를 단계적으로 발전시켜 나갔다. 유목하기 좋은 곳을 찾아 이동해야 하는 험난한 유목생활을 살펴본다면 이동거리, 전쟁의 원인 그리고 더 나아가 상호부조로 연결된 소속 집단에 충성심을 보이려는 그들의 사고구조를 이해할 수 있는 단서를 얻을 것이다.

그리고 1991년 말 소연방의 해체 이후 국제정치 무대에 등장하게 된 중앙아시아 국가들에 가운데 카자흐스탄, 투르크메니스탄, 우즈베키스탄과 아제르바이잔 등이 자원강국이라는 사실과 이 지역에 대해 주변 열강과 서구 강대국이 영향력을 행사하려는 의도를 연관시켜야 앞으로의 중앙아시아 사회, 정치적 변화를 추적하는 데 비교적 쉽게 실마리를 찾을 수 있다. 따라서 중앙아시아에 대한 바른 이해와 시각을 갖도록 언어와 문화를 비롯한 기초 연구가 실용적 연구와 병행되어 이루어져야 한다.

우선적으로, 여기서 중앙아시아 민족의 기본적 의식의 틀을 마련해 준 유목민과 유목생활을 간략히 소개하고 이 지역 독립 후에 관심의 초점이 되고 있는 에너지 자원과 강대국의 접근을 언급하려 한다. 그 이유는 에너지 자원이 절대적으로 필요한 한국도, 지역민 의식구조의 이해를 위한 사회, 문화연구와 더불어 당장 현실적으로 도움이 되는 이 지역에 대한 실용적이고 정책적 연구를 간과할 수 없기 때문이다.

2. 유목민과 유목생활

1) 유목민의 개념과 가축

이동생활을 하며 제한된 범위에서 농경에 종사하나 대부분이 목축을 생활수단으로 하는 집단이 유목민이며, 이들은 경제행위의 한 형태로 축사를 갖지 않고 연중 거리제한 없이 방목시키는 가축사육 방법을 쓴다. 이들은 반유목(Semi-nomadic pastoralism)의 형태로 유목이 주된 경제행위이며 이차적, 보조적으로 농경생활을 영위한다.

유목민에게 말이 다른 동물에 비해 커다란 가치를 지닌다. 몽골과 투르크계 민족은 자신들의 경제 여건에 필요한 숫자 이상의 말을 소유하기 위해 애썼다. 음식물을 공급해 주고 이동을 신속하게 할뿐 아니라 전투에 필요한 존재였으므로 말의 혈통을 중요시하였다. 진정한 유목민들의 생각을 그들은 이렇게 표현하고 있다: "우리는 황야에서 사는 사람들이어서 부자들이 차려야 할 복잡한 예의가 없다. 우리가 값지게 여기는 것은 말이고 가장 즐기는 음식은 말고기, 가장 맛있어 하는 술은 마유주이다. 우리들의 땅에는 건물도 정원도 없다. 우리가 가장 즐기는 것은 가축을 돌보는 일이다. 카자흐 속담에 의하면 질책을 받아야 할 사람은 죽은 사람이 아니라 자신의 말을 잃은 사람이다"

말과 양은 소에 비해 강하며 식성이 까다롭지 않고 10Cm 정도의 눈은 가볍게 걷어차고 먹을 수 있으며, 심지어 30-50Cm 정도 눈이 쌓여도 풀을 찾아 먹을 수 있다. 소는 풀이 이상적인 조건이 아닌 경우 하루에 일정량 이상을 먹지 않아 풀이 부족한 경우 기아상태에 빠지게 된다. 추위에도 약해 혹한에서는 얼어죽는 경우도 있다. 한 가족(5-6인 규모)이 소유하는 가축의 규모는 평범한 수준에서는 평균적으로 말 5-6마리, 양 50마리, 염소 10마리 내외이며 능력이 있는 가정에서는 말 30마리 이상, 양 100마리 정도, 염소 20-50, 낙타도 소수 소유한다.

2) 유목민의 이동과 전쟁의 원인

여름에는 중앙아시아 남부 지역의 기온이 매우 뜨거우므로 북으로 이동하며 방목하고. 겨울에는 북쪽이 너무 추워 남으로 이동한다. 이동거리는 수십 킬로미터에서 장기적으로는 백 킬로 미터 이상 이동한다. 다른 집단의 방목지를 침범하면 커다란 범죄로 여겨진다. 일 년 내내 이동을 같이 하면서 가축을 공동으로 방목시킨다. 많은 수의 사람이 동시에 이동하지 않으며 친족관계나 상호 부조로 연결된 몇 가족들이 무리를 이루어 옮겨다니며 특별한 이유 없이 떨어지지 않는다. 이동 마을을 아울(Avul)이라고 하는데 카자흐의 한 아울은 4-5가구로 이루어졌고 8가구를 상회하지는 않는다.

유목민이 인접한 유목사회나 농경민들로부터 가축을 빼앗고, 농업생산물과 수공업 제품을 약탈하는 것이 전쟁의 중요한 동기가 되었다. 약탈이 주로 겨울철에 이루어졌는데, 그 까닭은 바로 겨울에 유목민들이 가축에게 줄 목초가 부족해 큰 어려움을 겪기 때문이다. 유목민은 적절한 기회만 주어지면 기습과 약탈은 항구적인 수단이었다. 왜냐하면 그것이 그들에게는 중요한 보조적 생존수단이었기 때문이다.

군사적 기술상의 혁명적 발전이 일어난 근대에 이르기까지 정착(정주)국가는 유목민의 약탈에 대해 어떻게 자기를 방어할 수 있을까하는 문제에 구체적인 해답을 찾지 못했다. 약탈하는 시기를 예측할 수 없었으므로 주로 성벽을 축성하여 방어하는 것이 가장 효율적인 대책으로 여겨졌다. 유목민은 정복한 국가의 사람들 주로 농민과 수공업자를 데려다가 정착시키기도 하고 노예로 쓰기도 하였다.

유목사회에서는 비교적 중앙집권화가 약하고 정부체계도 정착국가의 조직에 비해 상대적으로 분산적이다. 부족장의 주요 결정사항은 주요 자원의 합리적인 분배, 목축이동로의 결정과 규제, 가축, 경작지, 목초지 확보와 방어를 위한 투쟁, 다른 집단을 복속시키려는 의지와 계획, 외부 정착 국가와의 관계 및 상호작용 등에 대해 결정한다.(하자노프, 유목사회의 구조, 지식산업사(김호동 역), 1990)

중앙아시아 사회와 문화를 전반적으로 이해하기 위해 유목민의 특성과 함께 자연환경, 중앙아시아 정치-문화 환경의 역사적 배경, 중앙아시아 민족공동체의 형성 과정을 기본적으로 파악하고 각 국가의 특수한 상황을 살펴보아야 한다.[1)]

---

1) 중앙아시아를 소개하는 다음의 관련 웹 사이트는 이 지역 사회, 문화를 파악하는 데 커다란 도움이 될 것으로 여겨진다.
http://lcweb2.loc.gov/frd/cs/
http://dir.yahoo.com/Regional/Countries/
http://home.hanmir.com/~kim9642/
http://www.emulateme.com/uzbekistan.htm
http://Eurasianews.com
http://odci.gov/cia/publications/factbook/ti.html
http://menic.utexas.edu/menic.html
http://www.khan.co.kr/db/nation/intro.htm(경향신문, 지구촌 국가정보)
http://www.mofat.go.kr
http://angelfire.com/sd/tajikistanupdate/map.index.html

■ 중앙일보 기사검색
http://search.joins.com/news.asp
검색어 : 중앙아시아 제목+본문 1997. 2000.01.08-12.31(검색기간)

No.	제목	일자
2	「떠오르는 대륙 유라시아」 4. 카스피해 연안국	2000.01.07
3	「떠오르는 대륙 유라시아」 3. 자원강국 카자흐스탄	2000.01.06
4	「떠오르는 대륙 유라시아」 예르티스바예프 대통령 경제고문	2000.01.06
5	「떠오르는 대륙 유라시아」 2. 우즈베키스탄의 야심	2000.01.04
6	「떠오르는 대륙 유라시아」 (1) 부활하는 비단길 · 초원길	2000.01.01
8	「월드리포트」 천연자원 보고 카스피해 갈등	1999.11.29
11	중앙아시아 이슬람 원리주의 확산에 몸살	1999.08.31
12	중 · 러 등 중앙亞 5개국 정상회담…실크로드 부활 몸짓	1999.08.26
13	「중앙亞 5개국 정상회담…경제 · 군사협력 방안」	1999.08.26
14	'美 · 나토 독주 제동' 중-러 정상 긴밀 협력키로	1999.08.26

3. 독립국가의 출현과 에너지 자원

1991년 12월 소련이 붕괴된 뒤 중앙아시아에는 카자흐스탄, 우즈베키스탄, 투르크메니스탄, 키르기즈스탄과 타지키스탄 등의 독립국가가 출현하였다. 소련 정권 말기 1987년부터 1991년까지의 개혁과 개방기에 중앙아시아 지역에서 독립운동이 전개되기는 했지만 공산당 지도부는 소극적 자세를 보였고 오히려 개방과 개혁을 부패 관료를 축출할 수 있는 기회로 삼으려 했다. 개방과 개혁을 둘러싼 중앙공산당 지도부간의 갈등이 커졌고, 여기에다 생산 의욕 감퇴와 경제 침체가 심각한 지경에 이르렀다. 이것이 결국 소련의 해체를 자극해 중앙아시아 국가들의 독립이 부산물로 주어진 것이다. 갑작스럽게 소련이 해체되자 중앙아시아의 5개 국가는 각각의 정체성을 찾아야 했으며 국가의 권력기구를 재조정하는 작업에 착수하였다. 이 국가들은 권력기구와 정치조직을 재편하는 어려운 작업을 진행시키는 한편, 지난 70년 간 사회생활과 정치 구조의 사상적 기틀이었던 공산주의 이념을 대체할 가치체계를 찾아야 하는 도전에 직면하였다.

이 지역은 소련 통치하에서 철저히 통제됐으므로 다른 지역과 독자적으로 외교관계를 체결할 수 없었고 아울러 다른 국가들도 이 지역에 접근하기 어려워 이 지역에 대한 학문적 연구 또한 극히 저조하였다. 중앙아시아 주변국들 가운데 터키와 이란이 이 지역과 종교, 언어, 인종적 연관관계를 가지고 있어서 터키와 이란의 극소수의 학자들이 학문적 차원에서 연구를 시도한 바 있다. 그러나 학문적 차원에서 시도

18	미국-러시아, 중앙아시아서 세다툼	1997.11.25
19	중국・러시아・터키, 중앙아시아 5개국에 영향력 확대 각축전	1997.08.18

이외에 Yahoo 또는 empas에 들어가 해당 지역을 찾으면 관련 자료를 쉽게 찾을 수 있다.

된 연구도 주변국 정부나 소련 당국에 의해 부정적 관점에서 평가돼 좌절되기도 하였다. 자칫 잘못하면 학문적 연구가 정치적 개입이나 간섭으로 해석될 수도 있으며 소련 당국이나 주변국가들이 상호간에 학자들의 견해를 정치적으로 오용할 수 있는 가능성 때문에 중앙아시아 연구는 크게 관심을 끌지 못했다. 이 지역에 대한 정보는 대체로 소련 당국의 선전용으로 만들어져 정치적 목적을 부각하였거나, 이와는 대조적으로 소련에서 타 지역으로 망명한 반사회주의적 관점을 가진 민족주의자나 종교인들에 작성된 출판물에 근거한 비난적인 내용을 가지고 있었다. 따라서 양 극단에 의해 만들어져 객관성이 떨어지는 자료를 학문적 연구에 활용하는 위험성이 제기되기도 하였다. 제한된 연구환경에도 불구하고 이 지역연구를 일관되게 추진한 학자들의 저서들이 비교적 객관성을 인정받는 자료로 평가되고 있다.[2)]

중앙아시아의 독립공화국들이 1990년대 들어 주목을 받는 중요 이유는 이 지역에 매장된 엄청난 에너지 자원에 대한 국제적 이해관계의 경합이라고 할 수 있다. 일부 전문가들은 이 지역 가채 매장량이 2천

---

2) 주요 학자들과 연구물 소개:

Akiner, Shirin, Islamic Peoples of the Soviet Union, Newyork, 1987.

Allworth, Edward, Central Asia- A Century of Russian Rule, Newyork and London, 1967.

_______, Soviet Asia: Bibliographies, Newyork, 1975.

Becker, Seymour, Russia's Protectorates In Central Asia: Bukhara and Khiva, 1865-1924, Harvard University Press, 1968.

Bennigsen, A., and Quelquejay, Ch., The Evolution of the Muslim Nationalities of the U.R.S.S. and Their Linguistic Problems, London, 1961.

_______, L'Islam en Union Sovietique, Nezih Uzel 옮김, Istanbul, 1981.

Bennigsen A., and Wimbush, S. Enders, Muslims of the Soviet Empire: A Guide, Indiana University Press, 1986.

Birge, John Kingsley, A Guide to Turkish Area Study, Washington, 1949.

Olcott, Martha Brill, The Kazakhs, Hoover Institute, 1987.

Vaidyanath, R., The Formation of the Soviet Central Asian Republics: A Study in Soviet Nationalities Policy, 1917-1936, New Delhi, 1967.

억 배럴에 달하며 오는 2010년에는 하루 3백40만 배럴을 생산하여 사우디아라비아, 쿠웨이트 등과 경쟁할 것으로 추정하고 있다. 오는 21세기에 중동산 원유에 강력한 도전장을 던질 것으로 예상되는 카스피해와 주변의 에너지 자원인 검은 황금이 국제무대를 적지 않게 변화시키는 요인이 될 것이다. 이 지역의 패권을 둘러싸고 미국과 러시아 간에 소리 없는 자원전쟁이 이미 시작되었다. 1997년 11월에 클린턴 대통령 부인 힐러리 여사의 중앙아시아 순방의 일례를 통해서 볼 수 있듯이 미국은 이 지역에 접근을 가속화하고 있다.[3] 미국의 진출에 맞서서 기존의 주도권을 놓지 않으려는 러시아는 지리환경적 이점을 활용하고 있으며 터키와 이란도 지역의 영향력 확보 경쟁에서 일정 지분을 확보하기 위해 인종, 종교적 연관성을 강조하고 있다.

이처럼 중앙아시아 독립국가들이 자원강국으로 우리에게 성큼 다가서고 있으며 서구 열강들은 국제적 「머니게임」에서 승리하기 위해 치열한 각축을 벌이고 있다. 에너지 자원이 절대적으로 필요한 우리도 중앙아시아 각 국가를 비롯해 주변 이해 당사국과 정치, 경제적 관계 정립을 위해 우리의 견해를 정리하여 대비책을 세워야 한다. 이 지역에 대한 주의를 환기시키는 차원에서 학문적이며 정책적 연구가 기초적 분야에서부터 적극 장려되어야 한다.

중앙아시아 독립국가들이 자원강국으로 알려진 뒤 외부 세계와 새로운 관계를 갖기 시작하자, 서구 열강과 지역 강대국들은 중앙아시아 각 국가를 비롯해 주변 이해 당사국과 올바른 정치, 경제적 관계 정립을 위해 다각적인 대책을 세우고 있다. 특히, 이 지역 에너지 자원에 투자하려는 일부 선진국은 급변하는 정세 속에서 자국의 입지를 강화하며 몫을 확보할 방법을 찾으려고 접근하고 있으며, 한편 이 지역 국가들이 경제회생과 탈(脫)러시아의 지름길을 찾고 있어서 양 세력 간의

---

3) 조선일보 1997. 10. 2., 한겨레신문, 1997. 9. 24.

본격적인 교류가 실현될 것으로 전망된다. 이와 대조적으로 서방 선진국과 중앙아시아간의 교류에는 많은 장애물이 도사리고 있다는 판단도 적지 않은 설득력을 얻고 있다. 가장 큰 이유는 러시아가 카스피해 연안에서 영향력 축소를 우려하여 기득권 유지에 전력을 다하고 있으며 체첸 사태에서 보여준 바처럼 군사적 대안도 마다하지 않을 것으로 암시하고 있기 때문이다. 기득권 유지를 위한 비상수단으로 중앙아시아와 외부세계 사이의 교역로 차단과 최악의 경우 무력 개입을 고려할 수 있다.

여러 가지 관측이 난무하는 가운데, 서방 선진국과 중앙아시아는 교류의 통로를 확보하기 위해 가시적인 합의안을 내놓았다. 1999년 11월 18-19일에 걸쳐 진행되고 63개국 국가 원수나 대표들이 참석했던 유럽 안보협력기구에서 미국을 비롯한 서방 선진국은 대 중앙아시아 접근과 석유 및 가스 에너지 확보 의지를 재확인하였다. 카스피해 연안국들은 카스피해 원유를 안전하게 수송하기 위한 송유관 건설에 합의하였다. 카스피해 유전의 송유관 건설을 둘러싸고 미국, 러시아와 이란 간에 진행됐던 송유관 주도권 확보전에서 미국이 주도권을 쥐게 됐다. 터키, 아제르바이잔, 그루지아 등 3개국은 1999년 11월 18일 아제르바이잔의 수도 바쿠(Baku)에서 그루지아의 트빌리시(Tbilisi)를 거쳐 터키 남동부 도시 제이한(Ceyhan)에 이르는 총연장 1,730Km의 BTC 송유관 건설계획에 서명했다.

송유관은 아제르바이잔에 468Km, 그루지아에 225Km, 터키에 1037Km로 구성되며 향후 투르크메니스탄까지 연장된다. 송유관 건설 계획안 서명식에 터키 대통령 술레이만 데미렐, 미국 대통령 빌 클린턴, 아제르바이잔 대통령 하이다르 알리예프, 그루지아 대통령 에두아르드 세바르드나제, 투르크메니스탄 대통령 사파르무라트 투르크멘바쉬, 카자흐스탄 대통령 나자르바이예프 등이 참석하여 서명했다. 그밖에 노르웨이 수상과 터키 수상도 참관인으로 각각 참가했다.

이 지역의 원유매장량은 이란이나 이라크에 비해 더 많으며 1630억 배럴, 천연가스는 9조 3000억m^3로 각각 추정된다. 독립 공화국들에게 러시아가 행사할 수 있는 영향력은, 원유자원이 판매시장으로 운반되기 위해서는 러시아 영토내의 파이프라인을 지날 수밖에 없다는 약점을 이용했기 때문에 절대적이었다. 그러나 러시아를 우회하는 새 파이프라인 건설이 미국 행정부의 지원을 받은 미국계 회사들에 의해 추진되면서 각축전이 시작됐고 18일의 합의에 의해 미국의 판정승으로 종결됐다. 대체 파이프라인이 완공될 경우 러시아는 적지 않은 경제적 손실을 입게 되며 상대적으로 터키의 경제발전에 기여할 것으로 전망된다. 기존 원유 수송로인 러시아 노보로시스크[4]~지중해 사이에 있는 터키의 보스포로스와 다다넬스 해협은 폭이 수백 미터에 불과해 15만 톤이 넘는 유조선의 통과가 금지돼 있는 데다, 이 지역에 짙은 안개가 자주 발생해 통과에 위험이 따르고 있었다.

아제르바이잔 대통령 알리예프는 주변 강대국의 압력에도 불구하고 최선의 선택을 했다고 표현했으며, 그루지아 대통령 세바르드나제는 10년 전에는 전혀 생각할 수 없던 일로 평가했다. 클린턴은 대체 원유 수송로를 선택한 이유를 크게 네 가지로 설명했다.

- 지역국가들의 경제적 독립과 자생력을 확보한다.
- 지역국가들에게 경제적 이익을 제공한다.
- 에너지 자원을 안전하게 관리하고 다양한 에너지 자원을 확보한다.
- 터키 보스포로스 해협과 주변 지역의 환경을 보호한다.

오는 2004년 완공될 송유관은 카스피해 유전에서 매년 5천 5백

4) 러시아 서남부의 도시이며 흑해의 중요한 항구임.

만~6천만 톤의 원유를 터키 지역으로 운송하며 총 건설 사업비는 24억 달러를 초과할 것으로 전망된다. 러시아, 이란이 자국 영토를 지나는 송유관 건설을 희망해서 러시아는 기존 연고권, 이란은 최단 거리라는 이점을 내세워 로비를 벌였지만 이루어지지 않았다.

송유관건설은 관련 각국의 경제발전에 활력소가 될 것임은 물론 지역 결속 및 패권과도 관련이 있어 주변국과 서방의 커다란 관심사였다. 미국은 우방국 터키로 지나는 노선이 가장 안전성이 크다는 이유를 들어 터키 경유안을 지지해 왔었다. 아울러 이번 협정은 러시아 영향력의 확대를 바라지 않는 미국과 카스피해 주변국들의 공통된 견해로 성사되었다. 또한 이번 대체 파이프라인은 터키, 아제르바이잔, 투르크메니스탄 등의 투르크계 국가들의 접근을 가속화시킬 것으로 보인다.

아제르바이잔의 바쿠에서 터키 남동부 제이한에 이르는 카스피해 송유관 건설계획의 서명에도 불구하고 러시아는 카자흐스탄에서 이 노선을 포기하도록 단수 높은 접근을 시도한 바 있다. 하지만 BTC(바쿠 Baku–티빌리시 Tbilisi–제이한 Ceyhan) 라인은 2006년 7월 13일에 개

카스피해 주변국별 원유·천연가스 매장량

	원유(단위 : 배럴)		천연가스(단위 : ㎥)	
	확인매장량	추정매장량	확인매장량	추정매장량
아제르바이잔	36억	270억	3000억	1조
카자흐	100억	850억	1조5000억	2조5000억
투르크멘	16억	320억	4조4000억	4조5000억
우즈베크	2억	10억	2조1000억	1조
러시아	2억	50억	–	–
이란	–	120억	–	3000억
합계	156억	1630억	8조3000억	9조3000억

자료 : 한겨레신문 1997. 9. 24.

통되었다. 카자흐스탄의 태도는 향후 10년 내에 사우디아라비아의 산유량(1일 700만 내지 800만 배럴)에 해당하는 석유를 생산할 수 있을 것으로 추정되는 카스피해 국가들에게 커다란 변수로 작용될 것이다. 러시아의 끈질긴 전략은 카스피해 일대에 매장된 에너지 자원을 통제할 수 있다면 에너지 초강대국으로 부상한다는 원대한 계획을 실현시키는 데 있다.

특히, 카스피해 일대는 이전부터 석유의 생산지였으나 1994년 '석유의 보고' 라는 사실이 새삼 확인되면서 국제적으로 주목 대상이 되어왔다. 미국 정부 에너지부에 따르면 카스피해 연안의 아제르바이잔, 카자흐스탄, 투르크메니스탄, 우즈베키스탄(카스피안4로 불린다)에는 자그마치 2700억 배럴의 석유가 매장돼 있다고 전했다. 이는 현재까지 알려진 전 세계 매장량의 5분의 1이나 된다. 이 지역보다 석유 매장량이 많은 곳은 걸프 지역(6750억 배럴) 한 곳뿐이며 또 천연가스 매장량도 665조 입방피트(대략19조㎥)로 전 세계 매장량의 8분의 1을 차지한다. 한마디로 이 지역은 지구에서 유일하게 남은 에너지 자원의 보고인 것이다.

문제의 핵심은 카스피해 지역의 엄청난 석유와 천연가스도 다른 곳으로 이동하지 못한다면 아무 쓸모가 없다는 점에 있다. 결론부터 말하면 정치적·경제적으로 가장 합당한 이동 루트는 바로 아프간을 관통하는 루트다. 우선 미국은 정치적 이유로 러시아나 이란을 통한 석유 수송에는 결사 반대다. 유럽의 석유소비 증가율은 둔화되고(연간 0.5%) 있으며 게다가 석유공급자 간 경쟁도 치열하다. 중앙아시아에서 서쪽 흑해 연안으로 석유를 운송하는 길은 그다지 매력이 없다는 의미다.

반면 아시아의 석유 소비는 2010년까지 현재 소비량의 두 배까지 급증할 것으로 예상되고 있다. 한마디로 카스피해 지역의 석유를 남쪽 아라비아해까지 송유관으로 운반해 항구에서 배를 통해 일본, 한국 등아시아 지역으로 수송해 파는 쪽이 훨씬 이익이 난다. 즉 최대 이윤을 보장하는 석유 운반 경로의 길목에 아프가니스탄과 파키스탄이라는 나라가 자리 잡고 있는 셈이다. 결국, 이 두 나라는 미국에게 있어서 매우 중요한 의미를 지니고 있다.

카스피해는 그 연안국들에게 보배와 같은 존재이나 동시에 갈등 요인이기도하다. 석유가 생산되는 곳이 고르지 않은데다 각국이 주장하는 소유권 기준도 다르기 때문이다.

러시아, 아제르바이잔과 카자흐스탄은 소련 해체 당시의 국경선을 적용해 각국 해안선의 길이에 따라 카스피해의 분할을 주장한다. 이 경우 이란은 해안접경 비율에 따라 12%를 할당받는다. 이에 대해 이란은 카스피해 5개국이 공평하게 20%씩 나누기를 요구하고 있다. 대규모의 석유와 가스가 12% 면적의 바깥에 주로 매장된 것으로 알려져 있다. 해저 광상의 석유와 가스 시추권은 각국의 국익에 커다란 영향

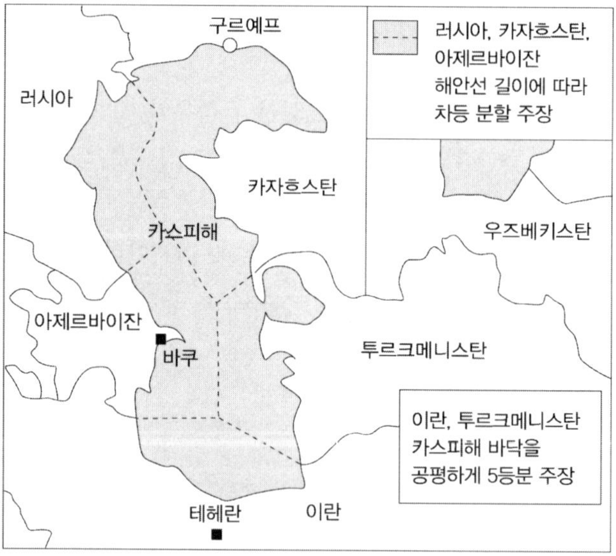

카스피해 석유자원 분할안

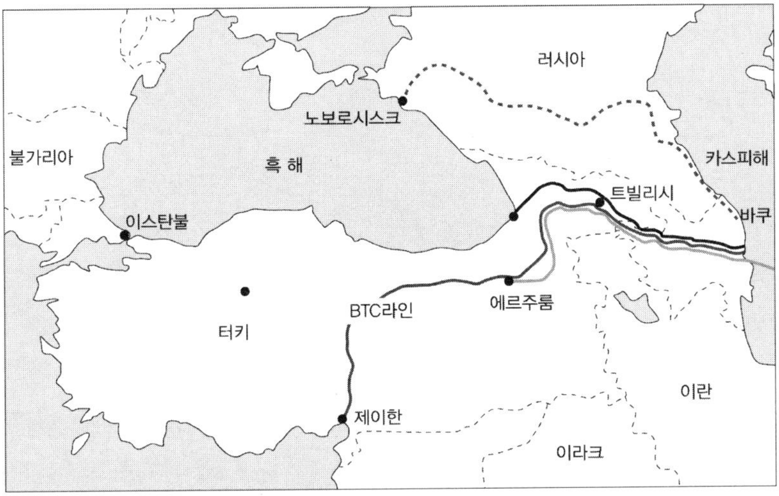

BTC라인(아제르바이잔의 Baku-그르지아의 Tbilis-터키의 Ceyhan를 통과하는 라인)

http://www.google.co.kr/imgres?imgurl=http://europe.theoildrum.com 검색

을 미치기 때문에 카스피해 영유권 분할안이 잠정적 갈등 요인으로 남아있을 것이다.

제2장

자연환경

중앙아시아는 세계에서 가장 험난하고 광범위한 지리적인 융기 지형을 가지고 있다. 중앙아시아는 치솟은 산들, 깊은 계곡, 지나가기 힘든 협곡과 산등성이, 높은 고원과 빙하, 낮에는 열기가 40°C 이상 오르고 밤에는 10°C 이하로 떨어지는 사막, 풀과 나무가 듬성듬성 보여 삭막해 보이는 스텝 등의 집합체이다. 세계의 지붕으로 불리는 파미르고원, 알타이 산맥, 길이 2,000Km가 넘는 천산산맥 등이 거대하고 높은 지형을 형성한다. 그것들의 최고봉은 거의 7,000m에 이르거나 그 이상이다. 지구상에 어떠한 다른 지역이 이와 같은 가파른 지형, 거대한 산지, 높은 봉우리를 가지고 있지 못하다. 유라시아 대륙의 중앙부의 지형적 특징은 중앙아시아 지역민들의 생활환경에 지대하게 영향을 끼쳤다.

지리-환경결정론을 중시하는 일부 역사가들은 '지리는 운명이다'라고 말한다. 고대세계에서 인간은 자연과 더불어 살았고 인간생활의 순환은 자연세계의 순환을 따랐으며, 특히 중앙아시아에서는 산이 삶의 터전을 제공했으며 수자원 공급의 원천지였다. 비가 적게 내리는 스텝에 사는 사람들은 높은 산의 만년설과 빙하가 녹아 흐르는 물을 공급받아 농경과 목축 생활을 했으며, 산에 사는 사람들은 산맥의 고원과 계곡에서 염소와 양 등의 가축을 몰고 이동하며 살았다. 또한 산은 평지에 사는 유목민들로부터 그곳에 사는 거주자들을 보호할 수 있는 은신처와 동굴을 제공해 주기도 했다.

중앙아시아의 고대 역사는 산의 융기와 따로 떼어 생각할 수 없는 하나의 서사시이다. 이 지역에 살았던 민족들은 이동과 정복이 수시로 전개되는 환경에서 살아 주거환경과 식생활도 정착민들의 생활과 비교해 볼 때 매우 단출했다. 일 년의 생활주기도 더운 여름에는 높은 산으로 이동하고, 추운 겨울에는 바람이 덜 부는 산 밑 남쪽으로 이동했다. 중앙아시아인들은 고지대와 강, 계곡, 오아시스 등과 더불어 사는 사람들이었다. 중앙아시아인들의 생활은 산의 중요성과 분리되어 이해되어질 수 없다. 중앙아시아 원주민들은 높은 산과 평야, 오아시스를 오락

중앙아시아 지도

가락 이동하는 이동부족이었다. 이 지역에서 농업사회는 오아시스와 물이 풍부한 계곡 지대를 따라 발달했다. 산과 계곡, 사막 등의 다양한 환경을 고려해 볼 때 중앙아시아 사회는 자연 변화에 의해 크게 도전을 받았을 뿐만 아니라 남쪽에서 휘몰아친 무슬림 아랍인, 이란인과의 전쟁, 이슬람의 수용, 그리고 13세기에 불어닥친 몽골의 공습에 이은 이슬람문화의 파괴 등으로 거친 숨을 몰아쉬며 살아갔다. 그들은 사막에서는 이동하는 과정에서 일어난 돌풍에 가축과 가족의 일부가 실종되거나 죽는 예기치 못하는 고난을 당하기도 하였다. 따라서 이러한 어려움을 극복하기 위해서 친족관계나 상호 부조로 연결된 몇 가족들이 무리를 이루어 옮겨다니며 특별한 이유 없이 떨어지지 않는다.

1. 카자흐스탄 자연환경

1) 지형과 토양

카자흐스탄은 구 소연방 가운데 러시아를 제외하고 가장 커다란 면적을 차지하고, 국경이 서쪽으로는 카스피해, 동쪽으로는 중국 국경과 알타이 산맥을 접하고 있으며 북으로는 서시베리아와 남으로는 천산산맥과 맞닿아 있다. 대부분의 지형은 낮고 평탄한 스텝지대로 이루어져 있으며 서쪽에는 푸리카스피 저지(低地)와 투란(Turan) 저지 등이 있으며 동쪽으로는 중국에 접한 국경 지역에 알타이와 중가리알라타우 산맥이 있다. 카스피해와 아랄(Aral)해 사이에 만그스락(Mangyslak) 반도가 있고 반도 북부의 해발 고도는 56m에 이르며 타 지역에 비해 높은 편이다. 만그스락 반도의 동부에 해발 340m의 우스티우르트(Ustyurt) 사막이 위치하고 북동부에는 우랄산맥과 해발 657m의 모구자르(Mogudzhar) 산맥이 놓여있다. 카자흐스탄의 중남부는 사막지대로 이루어져 있고 투란(Turan) 저지대와 만난다. 투란 저지대는 아랄 지역, 투르가이(Turgay) 평원, 크즐쿰(Kyzylkum), 무이운쿰(Muyunkum)과 발하시(Balkhash) 지역을 포함한다. 투란 저지대의 남동쪽에 위치한 카라타우(Karatau) 산맥에 이르러서는 고도가 점차 높아지며, 해발 556m인 카라타우 산맥은 시르다리야(Syrdarya)와 츄(Chu) 강 유역을 분리시켜 주고 있다. 발카시 호수 북쪽에는 사르야르카(Saryarka) 고지가 위치하고 있다. 카자흐스탄과 西시베리아 남부 접경지대에 소규모의 호수들이 산재해 있다. 카자흐스탄 동쪽 국경은 알타이 산맥의 남부와 인접해 있고 산맥의 정상은 비예루하(Byeluha)로 그 고도가 4,506m이며 산 정상은 사계절 만년설로 덮여 있다.

카자흐스탄은 남쪽으로 키르기즈스탄, 우즈베키스탄과 투르크메니스탄 등의 3개 중앙아시아 국가, 서쪽으로 카스피해, 북쪽으로 러시아와 각각 접해 있다. 카자흐스탄은 동경 46-87도, 북위 40-56도에 위치하며 영토의 크기는 약 271만 제곱Km로서 남한 영토의 약 27배이며, 동서의 길이는 2,500Km, 남북의 길이는 2,000Km에 이른다. 러시아와의 국경선은 약 5,000Km, 중국과의 국경선은 약 1,700Km에 달한다.

카자흐스탄 지도

중요한 강으로 이르티시(Irtysh), 우랄(Ural), 엠바(Emba), 시르다리아, 츄 강 등이 있으며 이르티시 강이 유일하게 러시아로 흐르며 나머지는 카자흐스탄 내의 카스피해, 아랄해, 발카시(Balqash) 호(湖) 등으로 유입된다. 동쪽과 남동쪽에 위치한 강과 호수에 흘러 들어오는 물은 알타이와 중가르알라타우(Zhungar Alatau, 알마티의 동북부에 위치함) 산맥의 높은 산에서 공급된다. 소규모의 하천들은 사막과 스텝 지역으로 흘러가다가 자취를 감춘다. 천산(Tian Shan: 텐산) 산맥과 파미르 고원에서 흘러 내려오는 여러 하천과 지하수는 관개 농업에 활용되고 있어서 이 지역 경제발전에 크게 기여하고 있다. 남동부 지역의 평야에는 빙하와 눈이 녹아 흐르는 다수의 하천이 있는 데, 이 하천들은 봄이 되면 녹아 흐르는 물로 범람하기도 한다. 동쪽의 발카시 호수와 동북쪽의 자이산(Zaysan) 호수는 민물이고 나머지 호수는 짠물이다. 따라서 짠물 호수에서 소금을 공급받고 있다. 카스피해는 가장 큰 호수로서 투르크메니스탄, 아제르바이잔, 러시아와 이란이 카스피해 연안에 접해있다. 아랄해는 카스피해 다음으로 크고 카자흐스탄과 우즈베키스탄 사이에 있다.

토양의 질과 농작물 재배는 기후 조건에 따라 크게 차이가 난다. 카자흐스탄의 토양을 크게 셋으로 나누어 볼 수 있다. 첫째로 동남부의 시르다리아와 츄 강의 인접 지역에서는 농업용수의 공급이 비교적 용이하므로 주요 식량을 경작할 수 있다. 특히, 시르다리야강 유역에서 관목과 산림 지대를 볼 수 있다. 산림 지대는 대체로 제한되어 있으나 알타이와 천산산맥에는 소나무가 무성하다. 둘째로 중부는 사막성 스텝 지대이므로 지속적인 식물 재배가 불가능하고 거주 인구가 극소수에 불과하다. 셋째로 북부에는 밀과 옥수수와 같은 작물을 재배할 수 있는 농지가 개간된 바 있다. 이 지역은 구소련의 후르시초프 시절 개간지 개척 사업의 일환으로 1950년대에 일구어졌다.

2) 기후

카자흐스탄의 기후를 전체적으로 나타내면 반(半)사막성 기후라고 할 수 있고 내륙에 위치한 정도와 해발 고도에 따라 기후가 변하지만 대체로 건조하고 전형적인 대륙성의 특징을 띤다. 여름과 겨울의 기온 차이는 매우 커서 여름의 최고 기온은 45℃이고, 겨울의 최저 기온은 −45℃를 기록한다. 7월의 평균 기온은 북부에서 20℃, 남부에서 29℃, 1월의 평균 기온은 북부에서 −20℃, 남부에서 −3℃로 나타난다. 여름은 보통 건조하지만 특히 남부에서는 무더운 날씨가 나타나며, 겨울에 북부와 중부는 추운 편에 속하고 남부는 중부에 비하여 기온이 올라가기도 하나 눈이 쌓여있는 날이 많다. 예를 들어, 알마티(Almati)에서 7월 최고 평균 기온이 27℃, 1월 최저 평균 기온이 −13℃이다.

카자흐스탄의 연간 강수량은 지역에 따라 차이가 나지만 대체로 적

월별 강수량(mm)과 최고와 최저 기온(℃) 비교

지역별 \ 월별		1	2	3	4	5	6	7	8	9	10	11	12
강수량	알 마 티	33	23	56	102	94	66	36	30	25	51	48	33
	크즐오르다	10	10	13	13	15	5	5	8	8	10	13	15
	카 라 간 다	12	13	17	21	28	42	44	33	24	24	16	14
최고온도	알 마 티	-4	-2	4	13	20	24	27	27	22	13	4	-1
	크즐오르다	-8	-5	2	14	24	30	32	29	23	14	3	-3
최저온도	알 마 티	-13	-12	-5	3	10	14	16	14	8	2	-4	-8
	크즐오르다	-14	-14	-7	-2	11	16	18	16	9	2	-4	-8

자료: Ramazan Ozey, Dunya Platformunda Turk Dunyasi, 1997. pp. 149-150, 대외경제정책연구원, 카자흐스탄 편람, 1996. p. 29.

카자흐스탄 풍경화의 전형

은 편이다. 북부와 중부 지역의 강수량이 연간 200-300mm. 정도인 반면, 남동부 지역에서는 400-500mm.에 육박하고 남서부에서는 300mmm. 미만이다. 예를 들면, 남동부에 위치한 알마티의 연간 강수량은 597mm.이지만 남서부의 크즐쿰 사막 북부에 위치한 크즐오르다(Kyzylorda)의 연간 강수량은 125mm.에 불과하다. 강수량을 계절별로 구분하자면 봄과 초여름에 가장 많다고 할 수 있다. 북부와 중부에서는 여름에, 남부에서는 봄에 비가 많이 내린다.

2. 우즈베키스탄 자연환경

1) 지형과 토양

우즈베키스탄은 동경 56°−73°, 북위 37°−46°사이에 놓여 있는 동시에 중앙아시아 지역의 중앙부에 위치하여 다른 중앙아시아 신생독립 국가들과 모두 국경을 접하고 있다. 또한 여타 지역에 비해 풍부한 수자원과 다수의 오아시스가 존재하는 지리적 특성으로 인해 우즈베키스탄 지역은 과거에 중앙아시아에서 교통의 중심지이자 역사, 문화, 정치적으로 중요한 도시들이 들어설 수 있는 이점을 가지고 있었다.

국토는 북서쪽에 위치한 아랄해로부터 남동쪽의 아프가니스탄과의 국경(137㎞)까지 길게 뻗어있는 형태이며 북쪽으로는 크즐쿰 사막에서 카자흐스탄과 국경(2,203㎞)을 이루고 남서쪽으로는 투르크메니스탄(1,621㎞)과 아무다르야강을 경계로 국경을 길게 접하며, 동쪽으로는 키르기즈스탄(1,099㎞) 및 타직키스탄(1,621㎞)과 국경을 맞대고 있다.

국토의 총면적은 447,400㎢로 한반도의 약 2배 정도이며 구소련 15개 공화국 중에서 다섯 번째로 영토가 큰 나라이다. 서부지역에서부터 중부지역에 걸쳐 국토의 4/5가 평지이며 중앙부는 크즐쿰 사막으로 이루어져 있다. 서북부 지역은 내륙호인 아랄해의 남해안이 위치하고 있고 사막 및 건조한 초원지대가 아랄해 주변에 자리 잡고 있다. 아랄해는 한때 세계에서 네 번째로 큰 내륙호였으며 오랫동안 지역주민들에게 담수어장과 가축을 기를 수 있는 환경을 제공해 주었다. 그러나 최근에 아랄해의 오염으로 인해 생태계의 파괴, 기후의 변화, 질병 발생 등의 많은 문제가 발생하고 있다. 남동부 지역은 해발 45m 이상의 구릉지와 산, 계곡 및 분지 등으로 이루어져 있다. 이 지역에는 천산(텐산: Tien Shan), 기사르-알라이 산맥 등이 있으며 페르가나, 제라프샨, 시르다리야(Sirdaryo), 사마르칸트, 카쉬카다르야(Qashqadaryo), 수르칸다르야(Surkhondaryo) 분지 등이 이들 산맥에 둘러싸여 있다. 또한 이 지역에 아무다르야와 시르다리야강의 지류인 제라프샨 강이 흐르고 있어 관개용수가 풍부하다.

우즈베키스탄 남동부 국경지대의 알라이 산맥에서 아무다르야강과 시르다리야강이 시작되어 우즈베키스탄 내로 흘러들어와 사막 및 초원지대를 지나 아랄해로 흘러 들어가고 있어 우즈베키스탄의 생명선의 역할을 감당하고 있다. 동부 지역의 페르가나 분지는 '장미의 골짜기', '흙 속의 진주'라고 불리는데 이는 구소련 전체면적의 1%에도 미치지 않는 이 지역에서 구소련 면화총생산량의 1/3을 생산했으며 비단의 35%를 생산했기 때문이다. 우즈베키스탄 국민의 2/3 이상이 아무다르야강과 제라프샨강을 따라 형성된 오아시스에 거주하고 있으며 동부의 산악지대와 페르가나 분지도 비교적 인구밀도가 높다.

우즈베키스탄의 토양은 크즐쿰 사막에 모래 토양이 넓게 분포되어 있다. 언덕과 야산에서는 체르노젬(흑토지대)이 많이 발견되는데, 해발 250-400m에서는 밝은 체르노젬, 해발 400-700m에서는 일반적인 체르노젬, 해발 700-1,200m에서는 어두운 체르노젬이 발견된다. 해발 1,200-2,800m 정도의 중간 규모 산에서는 황갈색 토양과 갈색 산림토가 주로 분포되어 있으며 해발 2,800m 이상의 고산지대에서는 연갈색 초원토양이 넓게 분포되어 있다(대외경제정책연구원, 우즈베키스탄 편람1994:25-26).

2) 기후

우즈베키스탄은 사막성 기후권에 속하기 때문에 국토의 대부분이 연중 매우 건조하다. 여름은 매우 뜨겁고 건조한 반면 겨울에는 비교적 습도가 높고 강설량이 많은 편이며 낮은 온화하지만 밤은 상당히 춥다.

수도 타쉬켄트는 우즈베키스탄 기후의 특성을 잘 나타내 준다. 지난 18연간 측정한 타쉬켄트의 월평균기온은 1월에 1℃, 7월에 28℃정도이며 여름에는 비가 거의 내리지 않고, 겨울에서 봄에 이르기까지 비교적 강수량이 많다. 또한 전형적인 대륙성 기후의 특성을 지니고 있어 7

타쉬켄트 월별 기온과 강수량

	1월	2월	3월	4월	5월	6월	7월	8월	9월	10월	11월	12월
평균기온	1	3	8	16	20	26	28	26	21	14	8	3
최고온도	21	25	30	35	38	42	42	41	37	35	29	25
최저온도	-17	-21	-7	-1	-1	7	10	3	0	-5	-8	-17
강 수 량	49	51	81	58	32	12	49	3	3	23	44	57

자료 : International Station Meteorological Climate Summary, 대외경제정책연구원, 우즈베키스탄 편람, 1996. p. 27.

월 기온이 최고 41℃까지 오르기도 하고 1월에는 최저 −17℃까지 떨어지기도 한다.

3. 투르크메니스탄의 자연환경

1) 지형과 토양

투르크메니스탄은 카자흐스탄, 우즈베키스탄, 아프카니스탄 및 이란과 인접해 있는 국가이다. 이들 인접 국가와의 국경선은 매우 길어 투르크메니스탄은 군사 전략적 측면에서 취약할 수밖에 없다. 국경선은 남쪽으로 이란과 992 킬로미터, 아프가니스탄과 744킬로미터, 북동쪽으로 우즈베키스탄과 1621킬로미터, 북쪽으로 카자흐스탄과 379킬로미터에 걸쳐 접해 있다. 또한 카스피해와 접하고 있는 해안선은 1786 킬로미터로 주변국과의 국경선보다 훨씬 더 길다. 투르크메니스탄의 면적은 48만 8100 평방킬로미터이고 한반도보다 2.2배 정도 크다. 통계로 본다면 투르크메니스탄은 구소련 공화국 중에서 4위에 해당하는 면적을 갖고 있다. 동서 간 최장 거리는 1,100킬로미터이고, 남북 간 최장 거리는 650킬로미터이다.

투르크메니스탄의 평균고도는 해발 100–220미터이고, 투르크메니스탄의 동단에 있는 쿠기탕타우(Kugitantau) 산맥의 아이리바바(Ayrybaba) 산은 높이가 3,137미터로 투르크메니스탄에서 가장 높은 지역이다. 투르크메니스탄 중북부의 카라쿰 사막 내에 위치하는 투란(Turan) 저지대에서는 해발고도가 낮아지며, 가장 낮은 곳은 카라쿰 사막에 위치하며 해저 81미터이다. 국가 영토의 80%가 투란 저지대 내에 위치하고, 이 지역은 남에서 북으로, 동에서 서로 경사져 있다. 부연하면, 남과 동쪽의 해발고도가 높다. 투르크메니스탄의 서남쪽에 위치한 코페트(Kopet) 산맥은 수도 아쉬하바드 서북쪽으로 길게 뻗어 있는데, 이란과의 국경을 따라 접하고 있으며 해발 1,000미터까지는 사막지형이고, 해발 1,000미터에서 1,800미터까지는 스텝이다. 코페트 산맥은 산기슭, 작은 언덕의 건조한 모래경사지, 산악 평원, 가파른 계곡

투르크메니스탄

지역 등으로 구성되어 있다. 코페트 산맥 남동쪽에 파로파미스 산맥과 쿠기탕타우 산맥이 있다. 카라쿰 사막은 약 35만 평방킬로미터로서 전체 영토의 약 75%를 차지하고 있다. 사막의 바람은 모래 산을 만들 정도로 위력이 강하며, 모래 산은 높이 2내지 20미터, 길이는 4내지 5킬로미터에 이른다. 토양에서 모세관 현상에 의해 형성된 커다란 습지대의 소금평지는 침하지역에 산재되어 있으며, 카라쇼르(Kara shor) 습지대는 넓이 1,500 평방 킬로미터로 서북쪽에 위치하고 있다.

아무다리아 강은, 사막이 영토의 3/4 이상을 차지하는 투르크메니스탄에 물을 공급해 주는 절대적으로 중요한 자원이다. 아무다리아 강은 타지키스탄에서 발원하여 서북쪽으로 흐르지만, 제2차 세계대전 이후 건설된 카라쿰 수로를 통해 동남부 지역에 물을 공급한다. 이 밖에도 무르갑(Murgab)과 테즈헨(Techen) 하천이, 이란과 아프카니스탄 국경지대의 산지에서 시작돼 투르크메니스탄으로 흐르며 오아시스를 형성하는 원천이라고 할 수 있다.(Arutiunov 1993: 158)

지하자원으로는 석유와 천연가스가 풍부하며 이 밖에도 유황, 망초석, 요드, 브롬 등이 있다. 투르크메니스탄은 러시아와 이란에 이어 세계 3대 가스매장량 보유국이다.(최대식 1996: 79) 일조량이 풍부하여 중앙아시아 5개국 가운데 평균 기온이 가장 높다. 산맥에서 흐르는 하천은 거의 사막 속으로 사라지지만, 아무다리아 강은 아랄해로 흘러간다.

투르크메니스탄의 대도시는 강에 인접한 오아시스나 카스피해 연안에 위치한다. 수도는 아쉬하바드로서 식민지 경영을 목적으로 러시아에 의해 건설됐으며, 이곳에는 540,600명의 인구가 거주한다. 투르크메니스탄 동북부에 위치한 차르쥬(Charjew)는 아쉬하바드 다음으로 큰 도시이며, 우즈베키스탄과 아무다리아 강에 인접해 있다. 카스피해 연안에 위치한 크라스노봇스크(Krasnovodsk: 현재 Turkmenbashi) 항은 인구가 약 6만3천 명인 투르크메니스탄에서 여섯 번째로 인구가 많은 도시이다.

2) 기후

투르크메니스탄은 아열대 사막기후에 속하며 겨울은 일반적으로 온화하고 건조한 반면에 여름은 5월에서 9월까지로 길며 덥고 건조하다. 그러나 때때로 북부 지역에는 겨울에 춥고 습한 기온이 나타나기도 한다. 대부분의 강수는 1-5월 사이에 내리지만 5월에 가장 많이 내리며 전국적으로 볼 때 미미한 정도다. 코페트 산맥 지역은 연평균 강수량이 300밀리 정도이며, 북서 지역의 강수량은 80밀리에 불과하다. 이란국경과 근접한 아쉬하바드는 연평균 강수량이 225밀리 정도이다. 연평균 기온은 아쉬하바드가 16.8도로 최고이며, 북부의 중심도시로서 우즈베키스탄 국경선에 위치한 다쉬호부즈(Dashkhovuz)에서 -5.5도이다.

투르크메니스탄은 국토의 약 80%가 사막으로 이루어져 물이 크게 부족하다. 주된 강은 남부와 동부의 둘레에 위치하고 있다. 가장 중요한 강은 아무다리아 강이고 그 길이가 2540킬로미터에 이르며 중앙아시아에서 가장 길다. 아무다리아 강은 우즈베키스탄과 타지키스탄의 남쪽 경계선을 형성하고 동북투르크메니스탄을 가로질러 서쪽으로 흘러 아랄해로 유입된다. 관개시설 건설로 인한 아무다리아 강의 수량(水量) 감소는 아랄해에 심각한 환경파괴 요인으로 작용하고 있다. 이외에 다른 주요 강들은 테젠강(1124킬로미터), 무르갑강(852킬로미터), 아트렉강(660킬로미터) 등이 있다.

3) 환경문제

구소련 통치기에 야기된 환경 파괴는 투르크메니스탄 국민들의 보건에 악영향을 끼쳐 왔으며 현재 독립 투르크메니스탄 정부의 주관심사로 대두하였다. 이에 따라 환경보호, 동식물과 삼림의 보호와 행정을 전담하는 부서들이 신설됐으며, 독립국가연합의 다른 국가들과 같이 환경을 보호하려는 차원에서 환경보호법 위반자로부터 징수되는 벌금을 토대로 환경기금을 설치했다. 그러나 벌금은 일반적으로 너무 적어 환경기금을 마련하는 데는 크게 부족한 상황이다. 이러한 국내적인 활동의 활성화와 더불어 현재는 아랄해 보존에 대한 국제적인 관심을 바탕으로 아랄해 보호에 적극적으로 나서고 있으며, 아랄해 환경문제의 당사자인 중앙아시아 주요 국가들과 서방 주요 국가들도 아랄해 보호기구와 같은 국제기구들을 설립하여 지구환경 보호의 차원에서 아랄해의 고갈방지와 아랄해 인근의 환경 개선을 위해 적극적인 노력과 지원을 아끼지 않고 있다.

(1) 사막화

투르크메니스탄에서 사막화 과정과 아랄해 오염의 결과로서 생태계의 생물학적인 생산성은 최근 수십 년 사이에 30-50%까지 감소되었다. 카라쿰과 크즐쿰의 사막화는, 아프리카의 사하라와 사헬(Sahel) 지역 사막화 규모를 능가하고 있다. 중앙아시아에는 매년 80-100만 헥타르 사이의 새로운 사막이 늘어나고 있다.

가장 치명적인 종류의 사막화는 늪지대의 소금평지를 형성하는 염전화 과정이다. 이러한 염전화를 야기하는 중요한 요인 가운데 하나로 무분별한 물의 사용을 효율적으로 규제할 수 있는 제도적 장치가 취약하여 발생하게 되는 비효율적인 물의 사용이다. 농업에 사용되는 농업용수의 활용도도 낮은 측면이 있지만, 이보다 더 심각한 문제는 저수지와 수로에서의 누수이다. 카라쿰 수로는 아무다리아 강물의 일부를 내륙으로 공급하기 위해 만들어졌다. 남동쪽에서 남서쪽으로 관통하는 카라쿰 수로의 관개수의 절반은 누수되어 호수와 소금 늪지대를 만드는 원인을 제공하고 있다. 과도한 관개와 누수로 인하여 토양은 1차적으로 늪지로 변화되며, 늪지는 2차적으로 뜨거운 햇볕에 의해 건조된 뒤 소금기가 강한 점토평지로 바뀐다. 1989년에 투르크메니스탄의 사막연구소는 그런 점토 평지가 백만 헥타르에 이른다고 발표한 바 있다. 또한 일 년 내내 계속되는 가축방목으로 인한 초지 소멸이 직접적인 원인이 되는 사막화는 중앙아시아 전반에 걸쳐 제기되고 있는 문제이기도 하다. 사막지대의 확산은 중앙아시아 환경문제에서 가장 심각한 사안이며, 카스피해의 동부, 북부해변을 따라 투르크메니스탄과 카자흐스탄으로 확산되고 있다. 풍식(風蝕) 작용에 의한 사막화는 대체로 카라쿰 운하를 따라 형성된 정착 지역에서 일어나고 있다. 방풍림은 토양의 늪지화 내지 염전화 때문에 죽어가고 있다. 사막화를 조장하는 다른 요인은 1950년대에 만들어진 하수처리 시설의 비효율적 관리와 화학제품의 남용도 사막화를 조장하는 또 다른 요인들이기도 하다.

(2) 아랄해

투르크메니스탄은 아랄해 고갈 원인의 제공국가인 동시에 피해국으로서 커다란 고통에 직면해 있다. 농업용수의 확보를 위한 과도한 관개시설 때문에 아랄해의 수위는 점차 낮아지고 있다. 1954년부터 건설되기 시작한 카라쿰 수로는 환경과 보건의 측면에서 심각한 악영향을 끼치고 있다. 카라쿰 수로는 아랄해가 급속히 고갈되어 가고 있는 직접적인 요인이다. 1994년까지 대략 5만9천 평방킬로미터에 달하는 수역(水域)이 감소했으며, 전체 담수량의 65%에 달하는 이러한 고갈량은 직접적으로 면화 지대에 대한 절대적인 관개 수량의 증가 때문에 앞으로도 적절한 대책이 없는 한 증가할 것으로 전망된다. 이러한 근시안적인 농업 정책으로 인한 아랄해의 고갈은 중앙아시아 주요국가에 심각한 영향을 주고 있다. 우즈베키스탄의 호레즘 주, 카자흐스탄의 크질오르다 주와 투르크메니스탄의 다쉬호부즈 주가 직접적인 영향을 받고 있다.

아랄해의 고갈은 농업 생산성의 하락과 국민 건강 악화의 직접적인 원인이 되고 있다. 환경 개선을 위해 막대한 비용이 투입되었음에도 불구하고, 토양의 염전화와 화학화는 투르크메니스탄의 농업생산성을 크게 하락시키고 있다. 단기적인 농업 정책이 초래한 환경 파괴로 인해 발생한 식수 오염은 투르크메니스탄 국민들의 건강을 위협하는 주된 요인이기도 하다. 다쉬호부즈 지역은, 아랄해의 고갈로 인해 사막화가 촉진되는 등의 생태학적인 피해를 입었고, 아랄해의 물은 식수로 사용하기에 부적절한 수준으로 수질 오염이 심각한 상황이다. 이러한 환경으로 인해 지역 인구의 70%가 질병을 경험했고, 유아사망률도 높게 나타났다. 전문가들은, 만약 환경 개선을 위한 종합대책이 실시되지 않는다면, 이 지역 주민들이 21세기 초에는 이 지역을 떠나야 할 것으로 보고 있다. 따라서 현재는 아랄해 문제를 해결하기 위한 국제기구들이 적극적인 활동을 벌이고 있으며, 지구 환경보호의 차원에서 아랄해 보존에 대해 전 세계적인 관심이 증대하고 있는 상황이다.

(3) 비료남용으로 인한 토양과 식수오염

투르크메니스탄에서 생산성이 가장 높은 목화지대인 아무다리아 강 중하류의 무르갑 오아시스에서는 헥타르 당 250킬로그램의 비료가 사용된다. 이러한 비료의 사용량은 헥타르 당 권장 평균사용량 30킬로그램과 비교하면 8배가 넘는 수준이다. 화학비료의 남용으로 비료 사용량의 15-40%만이 목화재배에 사용되는 것으로 추정되고 있으며, 나머지는 모두 토양을 통해 지하수로 흡수되는 것으로 알려져 있다. 따라서 이로 인한 토양오염과 식수오염도 심각한 상황이다. 특히 목화재배에는 다른 농작물에 비해 훨씬 더 많은 살충제와 고엽제가 사용된다. 사람에게 치명적인 영향을 주는 이러한 화학제품들의 위험이 제대로 인지되지 않고 있는 상황이며, 예를 들어 목동들이 살충제(DDT)의 위험을 인식하지 못하고, 모기의 접근을 막기 위해 살충제와 물을 혼합해서 얼굴에 바른다는 사실 또한 이미 알려진 바 있다. 1980년대 후반에 이러한 비료의 남용을 줄이려는 시도들이 생겨나기 시작했지만 아직 가시적인 효과를 보기에는 상당한 시간이 소요될 것으로 예견되고 있다.

제3장

문화 환경의 역사적 배경

중앙아시아의 역사는 장구하고 복잡하게 얽혀 있으며, 그 역사적 유산이 오늘날과 연결돼 있어서 중앙아시아의 정치적 현실과 대외 관계에 지속적으로 영향을 끼친다. 3000여 년 동안 이 지역은 여러 민족이동의 교차로였으며, 페르시아, 그리스, 인도, 중국 그리고 이슬람과 같은 거대한 고대 문명들의 교차점이었다. 민족적, 문화적 견지에서 볼 때 중앙아시아는 여러 색상과 농담으로 화려하게 짜진 카페트와도 닮았다고 할 수 있다.

중앙아시아는 오랫동안 거대한 세력의 경쟁의 무대였다. 지난 19세기에는 이 지역이, 그 결과로 지리적 국경을 결정하게 된 Great Game이라고 알려진 영・러 간의 격렬한 대항의 장소였다. 러시아는 18세기 초에 지금의 카자흐스탄 북서부를 합병함으로써 중앙아시아로의 팽창을 시작하였다. 1870년대 중반까지 러시아는 중앙아시아의 많은 부분을 정복했다. 러시아 군대는 1865년 6월 타쉬켄트를 점령하고 3년 후 1868년에 사마르칸트를 차지했고 히바와 부하라를 1873년, 코칸드를 1876년 차례로 공략했다. 반면에 대영제국은 자신들의 세력을 인도에서 아프가니스탄까지 확대시켜 나갔으며, 러시아의 더 이상의 남하를 저지하기 위해 중앙아시아의 정세 파악을 지시받은 스파이를 파견해 첩보활동을 게을리 하지 않았다.

1. 중앙아시아의 위치

일반적으로 중앙아시아는 이전의 소비에트 연방이었던 5개의 새 독립 공화국, 즉 카자흐스탄, 키르기즈스탄, 타지키스탄, 투르크메니스탄, 그리고 우즈베키스탄을 포함한다. 그러나 지리적으로는 이들 공화국 중 일부, 특히 카자흐스탄과 키르기즈스탄이 아시아의 북서부에 속해 있다고 할 수 있는 반면, 오히려 아프가니스탄 그리고 호라싼 지방과 같은 이란의 북동부 지역이 중앙아시아에 속한다고 볼 수 있다. 또한 이 지역을 문화적 지리학의 측면에서 접근한다면 5개 독립공화국을 지칭하는 중앙아시아에 대한 정치적 정의와 완벽하게 일치하지 않는다. 예를 들어서, 투르크메니스탄은 카자흐스탄과 키르기즈스탄에 비해 남부 지역에 위치한 이란이나 아프가니스탄의 정치, 문화적 변화에 더 민감하게 반응할 것이다. 또한 카자흐스탄은 이란이나 아프가니스탄보다는 중국이나 러시아의 변화로부터 더 광범위하게 영향을 받았다고 할 수 있다. 문화적 견지에서 볼 때 타지키스탄과 우즈베키스탄은 카자흐스탄이나 키르기즈스탄에 비해서 남쪽 지역으로부터 발산된 이데올로기에 영향을 더 크게 받는다. 다시 말하면, 소비에트 시대 동안 피상적으로 정치적, 제도적, 그리고 심지어는 문화적 동질성이 조성됐음에도 불구하고 러시아와 소비에트의 관습보다는 이전부터 뿌리를 깊이 내린 유목민의 전통과 이슬람의 종교적 관행이 어떤 민족에 비해 투르크멘인과 타직인, 그리고 우즈벡인들의 사고 체계에 커다란 위치를 차지하고 있음을 간과해서는 중앙아시아를 정확하게 파악할 수 없다. 소련 통치의 유산과 유목민의 전통 그리고 이슬람의 관행이 중앙아시아의 사회, 정치적 현상과 미래, 그리고 지역적, 국제적 관계를 분석하는데 충분하게 고려되어야 할 요소다.

2. 인종적, 문화적, 정치적 발전

오늘날 중앙아시아에 거주하는 대부분의 사람들은 터키와 몽골 혈통의 혼혈이다. 소수 그룹으로 타직 토착민들을 들 수 있는 데, 이 타직인들은 이란계 민족의 후예들이다. 또한 이들 외에 다수의 러시아어계 민족들과 슬라브인들과 게르만인들, 1930년대 고려인(한인)들이 중앙아시아로 유입돼 이 지역에는 매우 다양한 인종군이 살고 있다. 이 지역의 민족 이동의 초기 역사는 신비에 싸여있다. 서기 9세기 이후에는 이미 이 지역은 민족적 단일성을 상실했으며 타직계와 터키계 인종이 혼합되기 시작했다. 오히려 이 시기까지는 비 터키계 인구, 특히 이란 계통의 인도-유럽어족이 다수를 구성했다고 보아야 한다. 심지어 일부 인종학자들은 인도-유럽어족이 중앙아시아에서 생겨났다고 믿고 있다. 조로아스터교의 성서인 Avesta 역시 아리안족의 신비로운 발상지를 고대 소그디아(Sogdia)로 보고 있으며, 소그디아는 우즈베키스탄의 주요 도시인 사마르칸트와 부하라를 비롯해 타지키스탄과 아프가니스탄의 일부를 포함하고 있다. 또한 카자흐스탄의 동부와 북부, 그리고 중국의 신강지방에는 인도-유럽어계 인종들이 살고 있다. 오늘날까지도 중국과 타지키스탄 국경에 인접한 중국의 신강지역에는 소규모의 타직인 거주지가 발견된다. 고대 중앙아시아의 주요 언어인 소그드어가 이란어의 동부 방언에 속한다는 사실은, 터키계 민족이 유입되기 전까지는 이란계 인종이 이 지역에 광범위하게 퍼져 거주했음을 명백히 보여준다.

고대로부터 19세기 말 러시아가 중앙아시아를 점령할 당시까지는 이 지역은 이란과 이슬람 문화로부터 크게 영향을 받았다. 아랍 무슬림들이 이 지역에 들어올 때까지 이란의 종교라고 할 수 있는 조로아스터교와 마니교가[5] 광범위하게 지역 토착민들에게 파고들었으며 불교 또한 이 지역의 일부를 잠식했었다.

이슬람의 등장에도 불구하고 이란 문화의 본질은 크게 파괴되지 않았다. 이란을 정복한 아랍 무슬림들은 도시개발과 행정에 분야에서 페르시아의 전통을 부분적으로 채택했었다. 이란 문명의 영향력은 압바스 왕조(751-1258) 칼리프들의 통치 기간에 가장 강하게 나타났다. 아랍인의 침략 이후 이란의 문화적 르네상스는 중앙아시아에서, 특히 사마르칸트와 부하라, 오늘날의 아프가니스탄 지역, 그리고 호라싼에서 일어났다.

그러나 기원후 5, 6세기에 투르크인들이 중앙아시아의 남부 지역에서 세력을 형성해 나감으로써 이란 문화와 투르크 유목민의 문화가 혼합돼 갔다. 투르크족은 이란계 유목민들과 함께 정착민인 인도-유럽어족 민족들을 지속적으로 위협했다. 수 세기 동안 페르시아 사산왕조는(226A.D.-651A.D.) 이들 유목민들의 공격을 성공적으로 방어했다. 그러나 사산왕조가 아랍인들의 공격에 무릎을 꿇자 투르크족의 이동이

5) 3세기 무렵 고대 페르시아의 조로아스터교(教)를 바탕으로 하여 파생된 종교. 교조 마니의 이름을 따서 마니교라고 불렀다. 간단하고 분명한 교리와 예배 방식, 준엄한 의무와 도덕계율은 조로아스터교에 의거한 이원론에 근거를 두었다. 즉 선악의 근원을 명암에 대비하여, 최고 선(善)으로서의 광명이며, 암흑은 그에 대응하는 것으로서 설명된다. 다시 말해서 현실세계는 어둠과 밝음이 혼돈되어 있으나 머지않아 광명의 세계가 열릴 것이고, 그 예언자인 동시에 지상의 구제자로 파견된 자가 마니 자신이라고 하였다. 이 교리를 지니기 위해서 신도는 자신 속에 가지고 있는 광명을 기르기 위해 엄한 계율을 지켜야 하는데, 즉 입을 막아 육식과 음주를 금하고, 손을 막아 악을 행하지 못하게 하며, 가슴을 막아 정욕과 물욕, 악한 마음을 억제시켜야 했다. 특히 채식·재계(齋戒)·기도(1일 4회)는 일상의 종교적 사무로서 그 교도의 특색을 이루고 있다

가능해졌고 8, 9세기에는 여세를 몰아 대규모적으로 이루어졌다. 투르크족의 서진(西進)이 지속적으로 전개돼 일부 투르크족은 이란과 소아시아까지 진입했지만 13-14세기 몽골의 침략 때까지는 이 지역의 인종적, 언어학적 균형에 거대한 균열이 갑작스럽게 일어나지는 않았다. 다시 말하면, 몽골의 침략으로 기존의 인종 혼혈의 점진적 과정이 깨져 버렸다. 왜냐하면 몽골인 침입자들에 대해 저항과 반란으로 인해 많은 토착민들이 무자비하게 학살되고, 주요 도시들과 문화 중심지의 대부분이 파괴되었기 때문이다.

또 한 차례 중앙아시아로 이질성이 강한 민족이 들어오게 된 계기는 러시아의 중앙아시아 정복이었다. 러시아인들의 중앙아시아 이주는 러시아제국에 의해 시작돼 소비에트 시대에 절정에 달했으며 소비에트 시대에 다른 슬라브인들도 일부 들어왔다. 소비에트 시대에 다양한 민족의 유입 패턴과 정착과정이 일정하지는 않다. 때로는 자발적으로 어느 경우에는 강제적으로 중앙아시아에 흘러들어 갔다. 현재 각 공화국들에 있는 비토착인들의 수와 그들의 도시에 정착과 집중의 방법은 그 국가의 정치적 불안정과 민족 충돌의 주요 변수로 대두되고 있다.

중앙아시아 국가들의 이질적 민족 구조는 그들의 국가적 일체감을 현저히 약화시키는 동시에 외부의 정치적 술수에 커다란 취약성으로 드러나고 있다. 이러한 우려는 구소련 붕괴 이미 타지키스탄 내전에서 현실로 나타났고, 또 주변 국가에서도 민족 충돌이 얼마든지 일어날 수 있음을 시사하고 있다.

3. 소비에트 통치의 유산

소비에트 통치 기간에, 비(非)러시아계 국가들을 대상으로 이루어진 국가 건설 정책은 문화적으로 적지 않은 내부의 갈등과 모순을 야기하였는데, 이는 국가공산주의라 하는 이데올로기와 자의적인 국경선 분리정책에서 비롯되었다. 레닌은 러시아 황정(皇政)에 복속되어 있던 식민지 국민들에게 독립을 약속했었다. 그러나 일단 정권을 완전히 장악하게 되자, 볼세비키 당은 구(舊)제국의 식민지를 그들의 지배 아래 묶어 두려는 조치를 취했다. 이러한 조치를 취하면서도, 볼세비키 당은 여전히 식민지 민족들이 자발적으로 소비에트 연방 체제에 합류하였다는 허구적인 명분을 주장했다. 그러나 그 허구적 주장은 식민지 국민들이 사회주의 건설과 계급 없는 새로운 국제 질서 구축에 동참하고 싶어했다는 내용이었다. 볼셰비키당이 추구한 외형적 목적은 다름 아닌 '사회주의의 새로운 인민'을 창출하는 것이었다.

그들에 따르면, 사회주의는 노동자와 억압받는 계층민들의 단결에 기초하는 인류보편적이며 이상적인 철학이다. 사회주의가 실현된 사회의 이상적인 상(象)에서는 어떠한 인종적 차별이나, 민족적 차별, 혹은 계급적 차별을 찾아볼 수 없다. 그러므로 사회주의 이상사회에서는 민족주의 –민족적 경험, 특정한 민족전통, 고유의 역사와 문화, 영토, 고향에 대한 지나친 애착에서 기인하는 관념론적 이데올로기– 는 설자리를 잃게 된다. 레닌은 '민족이란 공통의 경제생활을 토대로 하여 언어와 영토의 공통성을 구축하고 문화적 의식과 정서 등의 특수성을 부분적으로 인정하는 사회발전의 한 형태로 형성된 지속성을 갖는 인간집단의 공동체'로 유물론적 민족이론을 설명했다. 진정한 사회주의가 실현된 사회에서, 사회주의자들의 충절의 대상은, 자신들 고유의 민족집단이 아닌, 같은 이해관계를 가진 사회주의자들과 사회주의적 이상이 전부인 것이다.

그런데, 러시아의 사회주의자들은 처음부터, 각 지역에서 일어나는 강력한 민족주의와 민족·문화의 차이에 직면하였고, 이러한 현실에 맞추어 자신들의 이론을 수정해야만 했다. 그러한 취지에서 소련의 민족정책이 다소나마 그 토대를 쌓고, 사상적인 체계를 이룬 것은 스탈린 정권 시기였다. 그러나 그전 시대인 레닌 집권기부터 이미 실용주의자들은, 특히 정체성의 기초와 충절의 대상이 가정이나 씨족, 지역에 한정된 이슬람-투르크족 지역사회에서는, 무엇보다도 국민 정체성과 국가적 목표 의식 고양이 사회주의 이상사회의 건설과 국제공산주의에 대한 이해를 촉발하는 데에 필요한 최우선적 과제임을 인식하고 있었다. 그리하여, 스탈린은, 봉건제 사회로부터 사회주의 체제로 전환하는 길목에서 가장 절실한 요구는 국가적 목표를 구체화하는 것임을 확신했다. 이러한 견해를 바탕으로, 소련 지도자들은 다양한 민족들로 형성된 연방국가의 건설을 시도했다.

소련이 시도한 연방국가의 조직과 형성과정은, 그것이 목표로 설정했던 정체성이나 문화적 요소의 갈등 문제를 해결하기보다는 오히려 더 많은 혼란을 야기했으며, 여전히 그 정책의 부정적인 산물은 남아 있어서 중앙아시아 국가들의 국가·문화적 정체성 강화를 저해하고 있다.

연방국가를 건설하여 확고한 국가·문화적 정체성을 배양하겠다는 계획이 구체적 청사진으로 드러난 소련의 민족 정책 -소련의 제국적 속성에 기인한 정책- 의 근본적인 결함은, 그 정책이 러시아의 지배력 강화와 그들의 이권(利權), 즉 그것이 사상적인 것이든, 전략적 차원의 것이든 자신들의 이권에 관계되는 것이면 무엇이면 보호에 역점을 두고 있었다는 것이다.

이러한 본질적인 정책을 기본 바탕으로 하여 부차적인 민족 정책이 만들어졌고, 따라서 부정적 결과가 속출할 수밖에 없었다. 실례로, 러시아는 필요할 때면 언제든지 러시아의 조작과 개입이 용이한 환경 조성을 목적으로 국경선을 그렸고, 결과적으로 소련 내 국가들은 러시아의 구미에 맞는 국경선을 가지게 되었다. 국경을 획정하는 과정에서, 중앙아시아 역사·문화적 요소를 전반적으로 무시하였다. 타직인들의 전통적 거주지이자 이란 문명의 중심지였던 사마르칸트와 부하라를 투르크계 문화 발전의 주역으로 자처하는 우즈베키스탄 내에 배치한 사실과, 다수의 우즈벡인들이 거주하는 코잔드를 타지키스탄공화국에 귀속시킨 것은 러시아인 주도의 자의적 국경선 구획을 반영하고 있다.

소련의 국가 구획 전략에 있어 또 다른 속셈은, 사회주의자들이 새로 제시한 민족 정체성에 맞는 새로운 역사와 문화를 만들어 나가는 것이었다. 이 목적을 실현하기 위해, 연방국간의 경쟁 구도를 조장함은 물론 국경을 초월한 문화 교류를 저지하겠다는 계산을 하고 있었던 러시아는 계획 이행 과정에서 역사의 수정을 시도하였다.

이와 같이, 소련의 문화 정책은 새로운 사회주의 국가 문화를 창출해내는 것이었으나, 현실적 차원에서 각 국가의 국민들이 새로 창출된 문화를 완전히 체화하고 발전시켜나가는 것을 허락한 것은 아니었다. 여기서 러시아가 행한 국가 정책의 또 다른 파행적인 속셈을 엿볼 수 있다. 이론상으로 볼 때는, 한 민족의 언어는 의사소통과 문화 표출에 있어서 주요한 수단이 되어야 했을 터이나, 이와는 달리 민족 언어의 발전을 차단하려고 러시아어를 공용어로 채택하고 러시아어 능통자를 우대하였다. 그 결과, 각 민족의 언어는 빛을 보지 못했고, 널리 통용되지도 못해 세련되고 과학적인 표현수단이 될 수 없었고, 겨우 한 지방의 방언으로 그 형태를 유지해 나갈 뿐이었다. 민족 감정을 표출하는 언사라든가 민족언어에 중점을 두어야한다는 요구는 사회주의에 반(反)하는 광신주의나 사회주의에서의 이탈, 혹은 국제 공산주의 이론에 대한 반기로 불명예스러운 판정을 받았다.

예컨대, 소연방 하에서 자의적으로 이루어진 국경선 구획과 문화 정책은, 중앙아시아 사회에 이미 존재하고 있었던 분열 양상 위에 또 다른 한 겹의 층을 덧씌워 분열의 정도를 심화시켰다고 할 수 있다. 이러한 산물의 부정적 영향은, 페레스트로이카·글라스노스트(개혁·개방) 시기에, 과거 문화 정책에 대한 불만이 표면적으로 분출되고, 민족 간의 긴장상태와 분쟁이 증가하면서 명백히 드러났다. 소연방이 해체되고 난 지금까지도, 이러한 문화적 쟁점들은 여전히 논쟁을 불러일으키고, 분열을 조장하는 요소로 남아있다.

4. 정치적 전통

중앙아시아의 역사는 제국과 부족의 역사였다고 해도 과언이 아니다. 영토, 민족과 문화 에 대한 정체성, 그리고 정치적 주권 사이의 삼각관계를 뜻하는 국가 혹은 민족 국가의 개념이 이 지역에 전해진 것은 최근의 일이었다. 까미르 까보르가 1861년 이탈리아의 통일을 두고 "우리는 오늘날 이탈리아를 건설했다. 이제 우리가 만들어가야 할 것은 이탈리인들이다,"라는 유명한 말을 남겼듯이, 현대의 국가 관념은 유럽에서조차 그리 오랜 전통을 지닌 것이 아니다.

그러나 중앙아시아에서는, 다소 원시적이고 임시적인 형태로도 국가의 개념이 등장했던 적이 없다. 이 지역의 터키-몽골 민족들이 가졌던 정치적 전통은 부족 단위를 기본으로 하였다. 징기스칸과 티무르에 의해 제국이 건설되기도 하였으나 그리 오래 가지 못하였고, 그들이 죽은 후에는 곧 분열되었다. 게다가, 터키-몽골 왕조들은 빠른 속도로 그 지역의 이란-이슬람 문명의 영향권 아래로 들어갔다. 그리하여, 징기스칸의 후손은 이슬람으로 개종하였고, 또한 전통 몽골의 법체계인 '야사(Yasa)'를 따르기보다, 이슬람법인 샤리아(Shari's)의 원칙을 대거 채택했다. 행정체계와 문학에 있어서도, 그들은 사산 왕조(AD.226-651)의 전통이 강한 이슬람 양식을 흡수하는데 심혈을 기울였다.

한편, 중앙아시아의 이란 민족들은 그들의 유구한 역사 속에서 세 번에 걸친 것이지만 초기의 국가 개념에 가까운 체제를 수립하기도 하였는데, 아케메니드 제국(기원전550년-기원전 320년) 시대에 최초로 이루어졌다. 페르시아 민족을 비롯한 메데족, 타직족 등의 민족으로 구성된 이 제국은, 이란적인 문화요소를 바탕으로 하나의 결집체를 이루었다. 이 통일제국은 알렉산더 대왕의 대원정에 의해 파괴되었다. 국가수립의 두 번째 시기는 파르티아(Parthian) 제국(249년B.C.-246년A.D.) 시절로, "비록 약체국이기는 하였으나, 이란어를 통용하는 다수의 민족을 아우르는 진정한 의미의 통일체가 수립되었다." 사산 왕조에 이르러서는, 대체로 민족성, 언어와 영토의 통일성을 이루어 국가개념의 연계구도가 더욱 명백하게 확립되었다. 사마니드 왕조(874-999)는 중앙아시아 내에서, 민족국가의 특징에 어느 정도 부합되는 실체를 발전시켰다. 그러나 이란의 색채를 지닌 '범 이란 제국'의 정치적 실체는 사마니드 왕조를 끝으로 막을 내리고 말았다.

사마니드 왕조 이후 여러 세기 동안 중앙아시아의 터키-몽골화가 심화되자 이란 문화요소는 점차 퇴색되어 갔다. 아랍과 터키 민족들의 유입과 더불어 중앙아시아 지역에는 특히, 터키계 유목민 부족 단위의 생활방식이 대규모로 전해졌으며, 이러한 부족적 전통은 중앙아시아 북부와 스텝기후 지역에 널리 퍼져서 마침내는 중앙아시아 남부와 동부 이란에 속하는 정착민들의 도시와 농경사회에까지 전파되었다.

터키계 부족사회, 봉건사회로 그리고 여기에서 공산주의 사회로 이어진 중앙아시아의 변천사는 중요한 역사적 전통으로 남아 오늘날에까지 영향을 미치고 있다. 특히, 선거 과정에서 부족의 정치적 특징이 뚜렷하게 나타난다. 일단 선거가 마무리되고 난 후에도, 당선의 여부와는 무관하게 부족 연맹 내에서 또 다른 대표자를 선발하기도 한다. 부족적 전통과 봉건 체제 안에서, 대개의 경우, 특정한 부족이나 지역이 정체성과 충절의 구심점이 된다. 그러나 칸은 부족이나 자신이 속한 영토에 대한 충성을 초월한 국가 전체를 통합할 수 있는 숭배자이다. 그럼에도 불구하고 부족 사회 내에서는, 개인은 가족과 혈통에 최우선하는 충성을 바치게 마련이다.

이런 유형의 정치 제도는 지역과 가정, 혈족집단 위에서 세워진 전통적 구도를 통해 오늘날에까지 면면히 이어지고 있다. 그러므로 이러한 정치 제도 내에서, 지연이나 혈연과 같은 연고를 초월한 정체성을 수립하거나 충정의 대상을 찾는다는 관념을 발전시키는 데에는 다소 무리가 따른다. 그뿐 아니라, 부족체제와 봉건제, 공산주의는 모두 하나같이 통치력이 뛰어난 한 사람만을 강조하는 성격을 띤다. 통치의 수준과 질은, 자치권을 가진 사회정치 기구가 아니라, 단 한 사람, 통치자의 자질과 역량에 의해 결정되는 것이다. 또한, 이런 제도 하에서, 사람들은 한 명의 위인, 다시 말해서, 뛰어난 개인의 역량과 업적에만 의존하는 경향이 강하기 때문에, 이러한 정치체제는 본질적으로 불안정을 야기할 가능성을 가지고 있다. 만일, 뛰어난 개인이 부재할 가능성이 있거나 그를 이을 후계자가 명확하지 않을 경우에는 권력 공백이 발생해 정치적 혼란이 발생할 가능성이 커지기 때문이다.

5. 이슬람

중앙아시아 토착민들은 대다수가 명목적인 무슬림으로 분류돼 왔다. 과거 소련 통치하에서 의도적인 반종교 선전에 따라 그들의 이슬람 신앙이 크게 약화될 수밖에 없었다. 그러나 소련 지배 아래 놓이기 전까지는, 중앙아시아 사회 내에서 운용되는 법과 윤리체계는 거의 대부분 이슬람에서 유래한 것이었다. 그리하여, 최근에 중앙아시아 독립공화국에서 국가 건설과 제도 확립 및 행정제도를 정비하는 과정에 있어서 이슬람의 요소는 상당히 함축적인 의미를 가지게 되었다.

이슬람의 유산은 국가 정체성-그것이 인종적인 것이든 이념적인 것이든 간에-의 발전을 복잡하게 만들어 놓았다. 세계종교인 이슬람은 이슬람을 받아들인 모든 인종과 민족의 평등을 강조하며 발전해 왔다. 결국, '움마'라 불리는 이슬람 공동체 내에서 가장 특징적인 요소는 이념은 종교 그 자체이지 민족이나 인종개념이 아니며, 이러한 측면에서 무슬림들이 충성을 바치는 최우선의 대상은 다름 아닌 이슬람이었다. 그러므로 이슬람은 이슬람 내부 신도들의 충정을 분산시키고, 경쟁을 불러일으켜 무슬림들의 일체감을 훼손시킬 위험이 있는 사상에 대해서는 강경하게 반대 입장을 취한다. 즉, 이론상으로 보자면, 인종적 민족주의-종교에 우선하는 지역 편향적인 관념-는 이슬람에 반(反)하는 이단적 성격을 지니는 것이다. 하지만 현실적으로 이슬람이, 개인과 집단 정체성을 결정하는 데 있어서 종교 이외의 다른 요인이 영향을 미치는 것을 완전히 차단하지는 못했다. 실제로, 종교 공동체를 이상으로 가르쳤던 예언자 무함마드가 세상을 떠나자마자 아랍 부족과 이슬람으로 개종한 다른 민족 간의 갈등이 다시 표면화되었고, 그 이후 역사의 진행 과정에서 무슬림 종교공동체의 일체성이 계속해서 흔들려 왔다.

이슬람은 또한 기존의 문화를 일소하거나 대체할 수 없었고, 오히려 이슬람이 전파되기 이전의 전통을 일부 흡수하였다. 또한 이란을 위시한 다수 지역에서는, 이슬람 수용 이전의 전통이 적지 않게 남아 이슬람에 영향을 주기도 하여, 지역이나 국가에 따라 독자적인 성격을 가지는 이슬람의 새로운 지역적 분파를 만들었다. 이와 같이 움마 공동체의 실현이라는 이상이 현실에서 예언자의 이상처럼 실현되지는 않았으나 집단 정체성의 기반으로서의 이슬람과 무슬림들의 충정의 구심점으로 제시된 움마의 중요성을 과소평가할 수 없다. 여러 세기에 걸쳐, 무슬림들은 이슬람을 자기 정체성을 확립하는 가장 근본적인 요소로 여겨왔고, 종교라는 정체성의 바탕 위에 언어, 부족, 지역 혹은 신분 등과 같은 차별적인 세부적 특징들을 첨가하였다. 체계적이며 세련된 토착 정치문화적 전통이 허약한 이슬람 공동체 내의 여러 민족에게 있어서, 정체성 확립의 근간으로서 이슬람교의 중요성은 필수적인 것이었다. 하지만, 무슬림들 간에도 종교 이외에 언어, 인종과 과거의 문화 등과 같은 요소로 지역적 특성이 형성되었다. 이란인들은 과거 페르시아 문화적 전통을 내세우는 동시에 시아파의 정통성을 주장하여 이슬람 세계에서 주도권을 쥐려는 의도를 강하게 표시하고 있으며, 아랍인들은 예언자의 후손이라는 혈통적, 언어적 기득권을 활용해 강한 자부심을 보여왔고, 터키인들은 오스만제국을 건설해 이슬람의 팽창과 보호에 실질적으로 기여했음을 강조함으로써 아랍인들의 종교적 우월감을 어느 정도 견제하고 있다. 중앙아시아 무슬림들도 과거 소련 통치하에서의 반종교 선전정책에도 불구하고 지하조직을 통해 신앙을 유지해 왔으며 부하라와 사마르칸트를 중심으로 중앙아시아의 이슬람 문화를 보존했다는 자긍심을 소유하고 있다. 중앙아시아 무슬림들을 둘러싸고 사우디아라비아, 이란과 터키 등이 영향력 확대를 목적으로 경제, 종교적 측면의 지원과 교육을 전개하고 있으나 중앙아시아 국가들은 대체로 원리주의적 이슬람의 확산에는 대체로 반대하는 입장을 취한다.

중앙아시아와 터키에 거주하는 터키계 민족의식의 형성에 이슬람이 커다란 영향을 미친 것은 부인할 수 없는 사실이다. 이슬람으로 개종한 터키인들과 같은 경우는– 중앙아시아에 정착한 투르크계 민족이건, 동유럽을 장기간 지배했던 터키인이건 간에– 부족적 전통을 초월해 이슬람을 그들 정체성의 핵심적 요소이며, 사회의 법적, 윤리적 근간으로 삼고 있다. 터키인들은 이슬람과 일체감을 느꼈을 뿐만 아니라 어떤 다른 이슬람권 민족에 비하여 훨씬 더 광범위하게 과거의 자신들의 주체성을 상실했다. 특히, 오스만제국 시대에는 이슬람법인 샤리아가 주민 통치의 근간이 되었다. 중앙아시아에 살고 있는 대부분의 투르크계 민족들도 이슬람을 자신의 종교로 서슴없이 고백한다. 이슬람이, 소련의 통치 체제하에서 어느 정도 도전을 받기는 했지만 뿌리가 흔들린 것은 결코 아니다.

오늘날에도 보수 무슬림들은 이슬람의 전통과 율례를 중요하게 여겨 일상생활에 적용하려는 의지를 가지고 있다. 하지만, 보수적, 중도적, 진보적 무슬림들의 종교적 성향에는 일부 차이가 있음을 고려해야 한다. 중앙아시아 각 국가의 국민들도 이슬람적 성향이 유사한 것도 아니어서 중앙아시아의 이슬람을 일괄적으로 평가하는 것은 무리가 있다고 본다. 일례로, 우즈베키스탄과 카자흐스탄의 중도적 무슬림의 종교에 대한 애착이 동일하다고 간주할 수 없다. 카자흐스탄에는 러시아인들이 전체 국민의 35% 이상을, 카자흐 민족이 전체 국민의 45% 정도를 차지하는 상황이며 또한 중국과 인접해 있어서 중국의 정치, 문화적 영향을 받아 이슬람 이외의 문화와 접촉하는 빈도와 범위가 우즈베키스탄에 비해서 매우 커서 카자흐스탄의 중도적 무슬림이라고 해도 우즈베키스탄의 중도적 무슬림의 신앙 행위 준수의 수준에는 미치지 못한다.

제4장

중앙아시아 민족공동체의 형성

1. 카자흐스탄[6] 민족공동체 형성

1) 돌궐계 부족국가의 출현

기원전 500년 경 초기 원주민들은 유목생활을 했으며, 이들을 헤로도토스(Herodotus)는 아시아 스키타이인으로, 페르시아 아케메니드 왕조(Achaemeneid, BC 558−331)의 기록은 사카에(Sacae) 부족으로 불렀다. 사카에 부족은 목축업을 하는 동시에 철제도구를 사용해서 농사를 짓기도 했다. 이 부족은 연맹체를 이루어 천산산맥, 발카쉬 호수에서 으식(Issyk) 호수에 이르는 세미레체(Semireche) 지역과 카라타우(Karatau) 지역에 산재하여 살았다. 기원전 1세기 경에 부족연맹체의 주도권 확보를 둘러싸고 나타난 부족 간의 갈등으로 외부 침입에 대한 방어력이 크게 약화되기 시작했다.

6) 카자흐스탄은 현재 국가의 명칭이며, '∼스탄'은 '∼지역, ∼땅, 영토'이라는 의미이다. 따라서 카자흐스탄은 카자흐 민족의 지역 또는 영토를 뜻한다. 카자흐는 투르크계 민족의 일원으로서 민족의 이름을 지칭한다.

고대 투르크인들의 발상지는 알타이 산맥과 그 주변 지역으로 추정되며, 특히 문화사학자들은 바이칼 호수의 남서쪽에서부터 알타이 산맥을 포함하여 이르티시 강에 이르는 지역을 고대 투르크인들의 본거지로 제시하였다. 투르크족이 전형적인 스텝 유목민으로서 목축에 유리한 자연환경을 따라 지속적으로 이동했기 때문에 광범위한 지역에 걸쳐 확산되었다. 기원 후 4-6세기에 투르크족은 돌궐(突厥)제국을 형성했었는데, 8세기에 이르러 중국 당(唐)나라에 의해 붕괴되기 시작하자 서쪽으로 이동하여 오늘날 카자흐스탄 동부의 알타이 산맥 서남쪽으로 유입하였다. 8세기 초 돌궐계 부족이 츄 강(江) 동부 지역에서 부족연맹체를 강화시켰고, 특히 카를룩(Karluk) 부족은 751년에 무슬림 아랍인들과 연합하여 탈라스 전투에서 당나라 군을 격퇴시킨 뒤 탈라스 지역에 정착하였다. 이슬람 문화와 접촉하게 된 카를룩은 차후 이슬람 투르크 국가를 건설하는 데 중요한 역할을 맡았다. 최초의 투르크 이슬람 국가인 카라한(Karahanli: 840-1212)조의 지배 세력이 카를룩 부족이었기 때문이다.

카라한조는 세미레체와 트란속시아나(시르다리아와 아무다리아 사이의 지방)에 이르는 지역에 걸쳐 세력권을 넓혔다. 그러나 카라한조는 서쪽의 셀주크 국가의 공격을 받았고, 동으로는 거란족의 침입을 방어해야 했다. 결국 카라한조는 1140년에 거란(카라히타이)의 군대에 무릎을 꿇고 말았다. 당시 주기적으로 발생한 전쟁으로 인해 교역활동이 침체되는 경향이 있었다. 13세기 초 몽골족이 이 지역으로 진출함으로써 강력한 세력에 밀려 일부 투르크족은 서쪽으로 이동하여 셀주크 국가로 흡수되었다. 결국, 셀주크 국가도 몽골족의 공격력을 견디지 못하고 서쪽의 새로운 정착지를 찾아 나설 수밖에 없었다. 이때 일부 세력은 서쪽으로 이동하여 비잔틴 제국 영토 접경까지 진출하여 간헐적으로 비잔틴 제국의 변경을 침입하기 시작했으며, 중앙아시아에 잔여한 일부 투르크족은 오늘날 중앙아시아 투르크 국가들의 터전을 고수해

온 것이다.

2) 카자흐 민족공동체의 형성

1219-1221년 사이에 중앙아시아 지역은 타타르 전사를 주축으로 한 징기스칸의 몽골군대의 침략을 받은 뒤 몽골의 영향권으로 흡수되었다. 징기스칸은 1219년 군대를 일으켜 투르크계의 콰리즘(Khwarizm:996-1220) 왕국의 정벌에 나섰으며 부하라와 사마르칸트는 징기스칸의 군대에 의해 함락되고 콰리즘의 술탄 무함마드(Muhammad)는 도주하다 병사했다. 징기스칸은 죽기 전에 자손들에게 영토를 분배했는데, 셋째 아들 오고타이에게 알타이 산의 서쪽과 중가리아 북쪽 지역, 둘째 아들 차가타이에게는 사마르칸트, 부하라와 아무다리아(옥서스 강)가 포함된 서역 지방이 주어졌다. 장남 조치(Jochi)에게는 이르티시 강 북서쪽의 스텝을 통치하도록 했는데 조치가 사망하니 그의 속지(屬地)인 킵착스텝이 아들 바투(Batu:123-1251)에 의해 승계되었다. 그 후 1255년 훌라구가 일칸국을 창건함으로써 몽고제국은 광대한 영역을 지배하게 되었다.(룩콴텐 1984: 275)

14세기 중엽 이후 차가타이 칸국이, 14세기 말에는 킵착 칸국이 쇠잔해지므로써 중앙아시아에 힘의 공백 상태가 나타났다. 15세기 중반에 이르자 투르크계 우즈벡인이 시르다리아 강을 지나 서투르키스탄으로 진입하였다. 1500년경 그곳에서 샤이바니(Shaybani)칸의 통솔 아래 우즈벡인은 사마르칸트를 함락시키고 부하라와 히바(Khiva: Khwarizm) 지방에도 진출하는 등 중앙아시아의 주요 지역을 석권하려 했다. 그러나 우즈벡인은 중앙집권적 국가를 건설하지 못하고 내부 분열이 심화되어 혼란에 빠지고 말았다.(나가사와 1990:171-172) 이때 우즈벡인으로부터 이탈한 카자흐인들은 현재 카자흐초원의 중부와 남동부로 이동하여 독립적인 유목집단을 이루었고, 이 집단이 카자흐 민족공동체를 형성하는 기틀이 되었다. 카자흐 카슴(Kazakh Kasym:1511-1523) 통치하에 카자흐 칸국은 인구가 백만 명에 이르렀다. 16세기 중엽 몽골과 투르크계 혼합 부족인 노가이(Nogay) 호르드가 붕괴된 뒤에는 이 국가의 주요 부족들이 카자흐 공동체에 합세하였고 점차 민족 공동체로 발전해 갔다.(최한우 1997: 314)

역사학자 바르톨드(Barthold)는 '카자흐'라는 용어가 터키어 'kaz-배회하다, 또는 거위'에서 파생되었다고 설명하였다. 또한 역사학자 마르타 브릴 올코트(Martha Brill Olcott)는 카자흐족들을 투르크계 우즈벡인으로부터 이탈해 나온 유목민 집단으로 분석하였다.(Arutiunov 1993:127)

카슴 칸(Khan)의 통치 이후, 카자흐 칸국은 독립적인 3개의 호르드(Horde; Ordu)로 나뉘어짐으로써 세력이 크게 약화되었다. 투르크-몽골계 어휘로서 군대(軍隊)를 의미하는 호르드는 군대를 중심으로 형성된 유목민 집단을 의미한다. 大호르드는 오늘날 카자흐스탄의 세미레체와 발카쉬 호수를 중심으로 하는 남부 지역, 中호르드는 카자흐스탄

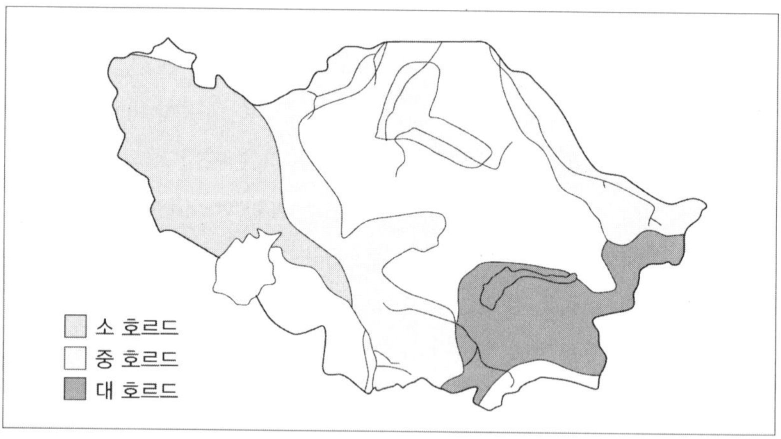

19세기 카작 호르드의 분포 상태

출처: G. Demko, The Russian Colonization of Kazakhstan, Indiana Univ., 1969, p.24.

중부 초원지대, 小호르드는 아랄해 북부 초원지대인 카자흐스탄 서부에 분포(分布)하면서 주로 유목 생활을 했으며 일부는 농사를 지었다.

3) 카자흐 칸국의 정치구조

일반적으로 카자흐 칸국에서의 정치적 권위는 유목생산에 필수적인 주요 자원의 합리적인 분배, 목축 이동로의 확립과 규제, 생산과정에 필요한 일정한 질서의 필요, 분쟁의 조정, 외부 적의 침입으로부터 가축 및 목초지의 방어, 전쟁 등과 관련되어 나타났다.(하자노프 1990: 209)

카자흐 유목 사회의 핵심은 가축 소유의 단위체인 가족이었다. 가깝게 연관된 소수의 개별 가족과 외부로부터 온 일부 가난한 가족이 생산공동체인 아울을 형성하였고, 이는 친족 집단인 루로 통합되었다. 아울 공동체와 루 집단의 지배자는 대부분 재산과 능력이 있어서 수많은 친족들의 지지를 받아야 자신의 역할을 수행할 수 있었다.

생산공동체인 아울은 목초지와 구성원들의 보호를 책임지는 '악사칼'이라 불린 연장자에 의해 통제되었다. 악사칼은 아울공동체의 감독자이자 행정가였고, 다른 아울과의 분쟁에서 아울을 대표하며, 목초지의 사용과 이동로 및 이동시기를 결정하였다. 루는 일반적으로 전통과 관습에 기초하여 내외의 분쟁을 해결하는 사법권한을 지닌 '비'가 지배하였다. 비는 관리가 아니라 지배자로서 루 집단의 목초지를 각 아울에게 분배하는 역할도 수행하였으며, 점차로 관습적 규범의 수정 및 개정, 칸의 선출에 대한 권리를 소유하게 되었다. 비는 실제로 루뿐만이 아니라 아울공동체에 대한 영향력을 가지고 있었다.

비와 악사칼은 루 집단과 아울공동체 내부에서 선출 계승되었으나, 그 계승의 원칙 및 관례는 명확히 존재하지 않았다. 악사칼과 비는 대규모 가축소유자 또는 부유한 계층의 대표자였으며, 이동목축을 주도하였고, 가난한 친족들의 보호자로서의 역할도 담당하였다. 비와 악사칼은 상위 정치 지배자들인 술탄과 칸에 대해 정치적으로 상당히 독립적이었거나 최소한 자치적이었다.(손영훈 1997: 41)

카자흐 칸국의 최고 통치자는 칸이었다. 칸은 루 통합체의 최고 지배자로서 루 집단들 사이에 목초지를 배분하는 권한 및 칸국의 영토를 보호해야 할 책임이 있었다. 칸은 그의 친족들에게 영토를 분할하여 배분하는 권한뿐만이 아니라 외교관계 수립 및 전쟁과 평화협정 체결 권한도 가지고 있었다. 또한 칸은 군의 최고 지휘자였고 사법권 및 법률의 개정권한도 보유하였다. 칸은 비, 가까운 친족 및 계보에 능통한 이들로 칸 위원회를 구성하였다. 칸 위원회에서는 중요한 정치, 군사 등의 다양한 문제들을 논의하여 결정하였다. 또한 부족 간의 분쟁을 해결하였고, 입법권도 가지고 있었다. 그러나 칸이 위원회와의 협의를 거쳐 정책을 수행했다 하더라도 칸국에 일련의 세분화된 행정체계는 존재하지 않았다.

칸의 권한 중의 하나는 칙령을 통한 세금 및 공물의 징수였다. 칸 및 술탄의 근위대로 알려진 '퇼렝그트'는 군사임무를 비롯하여 세금징수 등의 다양한 의무를 수행한 전사집단과 가축을 돌보는 등의 임무를 담당한 하인들로 구성되어 있었다. 칸이 최고 군 지휘자였지만 카자흐 칸국에서 정규군은 존재하지 않았다. 이는 평상시에 카자흐인들이 이동목축생산에 종사했기 때문에 정규군을 구성할 여건이 조성되어 있지 않았다. 단지 적의 침입에 직면하여 일시적인 군대가 형성되었고 이를 칸, 술탄 및 바트르(지휘관)가 통제하였다.

칸은 아들에 의해 계승되는 것이 원칙이었으나 경우에 따라서 사망한 칸의 형제와 그 형제의 아들 중에서 선출 계승되기도 하였다. 칸으로 선출되기 위한 전제조건은 징기스칸의 후손이어야 한다는 것이었다. 칸의 계승자는 술탄 및 루-부족들의 대표자 모임인 '쿠릴타이'에서 재산, 영향력, 용맹성 등을 바탕으로 비들의 지지를 받아 선출되었다. 그 후 새로운 칸의 통치를 승인하는 '칸 추대'라는 전통적 관례를 거쳐 칸의 직위에 올랐다.

징기스칸의 자손이지만 칸으로 선출되지 못한 술탄들은 칸으로부터 부여받은 울르스의 루-부족들을 통치하였다. 16세기의 자료에 의하면 카자흐 칸국은 10개의 울르스로 분할되어 있었고, 각 울르스의 인구는 약 100,000명 정도였다. 각 울루스의 영토는 루-부족들의 하계 목초지와 동영지 및 고정된 이동로를 포함한 지역이었다. 따라서 이동목축이 기본 경제형태였던 상황에서 이러한 울르스의 영토는 일부 중복되기도 하였다. 각 술탄은 징기스칸의 자손이라는 점에서 정치적 지위를 유지할 수 있었다.

그러나 그 지위의 강화는 실제로 악사칼과 비를 비롯한 대규모 가축 소유자들의 지지 여부에 달려 있었다. 따라서 술탄과 지역 지배자들 사이의 관계는 한편에서는 보호와 다른 한편에서는 지지라는 쌍방적 의무를 필요로 하였다.

카자흐 칸국에서 칸의 권력은 지위가 아니라 선출된 칸의 개인적 능력에 관계된 것이었다. 이 때문에 카슴 같은 강력한 칸의 통치하에서는 울르스의 술탄들이 카자흐 칸국의 칸의 정치-군사적 우위를 인정하고 복종하였으므로 일시적인 통합이 유지되었다. 그러나 이러한 짧은 기간을 제외하고는 카자흐 칸국은 중앙집권 국가가 아니었다. 오히려 칸국은 루-부족 통합체와 이를 구성하고 있던 다양한 집단들의 연합체적 성격을 지니고 있었다.(손영훈 1997: 40-43)

2. 우즈베키스탄 민족 공동체의 형성

1) 원시 공동체사회

페르가나와 부하라에서 발견된 석기들은 오늘날 우즈베키스탄 지역에 구석기시대부터 사람이 거주하였음을 증명한다. 바이순 시 근교의 아미르-테미르 동굴, 사마르칸트 근교의 아만-쿠탄 동굴, 타쉬켄트 근교의 오비라흐마트 동굴 및 쿨불락 동굴 등의 유적지에서 발견된 유물들을 근거로 고대 우즈베키스탄의 원시인들이 공동생활을 하였음을 알 수 있다.

기원전 2,000년대 후반에 출현한 청동기 시대에 관개시설을 이용한 농업이 이 지역에 널리 보급되었다. 이 시대의 주요 농산물은 밀, 보리, 조 등이었고 가축으로는 양이 가장 먼저 그 다음에 점차 소와 말 등이 사육되었다. 대규모의 부족연합이 형성되기 시작했으며 청동기 말기에 계급사회로 변천하였다.(최한우,1997:347)

2) 고대 부족국가 형성과 실크로드 교역의 개시(B.C. 5세기-A.D. 5세기)

기원전 12세기와 9세기 사이에 흑해 북부 지역에서 지금의 이란 지역으로 아리안족들이 남하하는 시기에 지금의 우즈베키스탄 지역에는 아리안족과 같은 인도-게르만어계열의 종족들인 소그드인, 박트리아인, 파르티아인이 이주하여 국가를 건설하였다. 따라서 우즈베키스탄과 주변 지역에서는 아리안 계통의 고대 소그디아-콰레즘 문명이 발달하였다. 당시 이 지역에 수많은 부족과 부족연합 공동체들이 형성되어 상호 지배하거나 지배받았기 때문에 문화적 혼합과 상호적 동화과정이 불가피하게 나타날 수밖에 없었다.

고대 시대에 우즈베키스탄 지역의 문명발전을 주도했던 부족은 고대 소그드족이었다. 이들은 비단길 교역을 주도함으로써 중앙아시아 물질문명의 발전에 기여했다. 이 시기에 화폐가 등장하였으며, 상업교류가 활발해져 도시가 번창할 수 있었다. 농업과 원예 등도 발달하여 페르가나 지역에서는 포도재배와 함께 주조기술도 발달하였다.

기원전 6세기경 이 지역은 이란에서 세워진 아케메니드 페르시아제국의 지배하에 들어감으로써 페르시아 문화권으로 통합되었다. 아케메니드 제국은 다리우스 대왕 때 절정에 달하였다. 그는 자신을 '왕중왕'이라 칭하고 강력한 전제정치를 실시하였다. 문화적으로는 조로아스터교가 지대한 영향을 끼쳤다. 그러나 아케메니드 제국이 기원전 4세기경 그리스의 알렉산더 대왕에게 패함으로써 그 지역은 알렉산더 제국과 그 뒤를 이은 셀레우코스 왕국의 지배하에 들어갔다. 셀레우코스 왕국은 박트리아 지역의 강력한 반발로 중앙아시아 지역으로부터 물러나 시리아와 메소포타미아 지역의 통치에 만족해야만 했다. 기원전 250년경 이 지역은 파르티아족의 지배를 받게 되었다. 파르티아는 강력한 제국(B.C.249-A.D.246)을 형성하였으며 정치적인 안정을 이루어 로마 제국, 쿠샨 왕국, 중국의 한조와 더불어 동서양을 잇는 실크로드의 개통을 가능케 하였다.

한편, 깐수지역에는 서구에서 토하라(Tokhara)로 알려진 대월지족이 흉노족으로부터 위협을 받고 있었다. 이 대월지족은 흉노족에게 쫓겨 남서쪽으로 이동하여 기원전 140년경 소그디아와 박트리아 지역을 점령하였다. 인도-유럽계 유목민족으로 추정되는 이 민족은 기원전 1세기경에 트란속시아나 지역에서 인도 북부까지 다다르는 쿠샨(Kushan) 왕국을 세워 인도의 마우리아 왕조와 중앙아시아의 남부지역을 점령하여 지금의 우즈베키스탄 지역에 부분적으로 영향력을 행사하였다.(로베르,1998:30)

A.D. 3세기에 사산조(A.D.226-651) 페르시아 제국이 일어나 파르티아 제국과 쿠샨왕국을 멸망시켰다. 사산조 페르시아 제국의 조로아스터교는 우즈베키스탄 지역을 포함하는 전 중앙아시아에 깊은 영향을 끼쳤으며 이후부터 조로아스터교의 가장 큰 축제일인 노우루즈(Nauruz)가[7] 지켜졌으며 지금도 중앙아시아 일부에서 이와 같은 전통

7) 터키의 동부지역에서는 쿠르드족과 유목민적 관행을 지키는 전통적 터키인들과 일부 이란인들이 노우르즈 또는 네브루즈(Nevruz)로 지칭하며 이날을 명절로

을 유지하고 있다.

440년경에는 페르시아계 민족인 에프탈리테(Ephthalite)[8]가 알타이 지역에서 남하하여 트란속시아나, 박트리아, 호라산(Khorasan) 지역을 비롯한 페르시아 동부지역을 점령하여 봉건국가를 건설하였다. 당시 에프탈리테는 이란 지역에 성립된 사산조 페르시아에 영향력을 행사할 정도로 강한 국가였다. 에프탈리테 왕국은 몽골리아 서북부에 있던 월지국[9]과 좋은 관계를 가지고 발전했는데, 6세기 중엽 돌궐국가에 의해서 멸망하였다. 이후에 우즈베키스탄을 비롯한 중앙아시아에 돌궐족(투르크족)들의 본격적인 유입과 지배가 시작되었고 이 지역의 새로운 세력으로 부상하게 되었다.

서돌궐의 유목민들이 대거 유입하면서 사회는 정착농민과 유목민들로 이중적인 구조를 가지게 되었다. 동돌궐의 왕을 카간(Kaghan)으로, 서돌궐의 통치자를 야브구(Yabgu)라고 불렀다. 대부분의 농경지는 전통적인 지주 데칸(Dekhan)에 속하였다. 우즈베키스탄 지역의 자연조건에 따라 면화재배와 원예가 이 지역에서 성행하였으며 비단 및 면화의 교역이 활발하게 진행되었다. 또한 크즐쿰 사막지역에서는 금, 구리, 납, 철, 은 등의 금속들이 많이 채굴되었다. 이러한 경제적인 안정 속에서 상인과 지주계층이 성장할 수 있었고 이로 인해 이 지역에 봉건제도가 발달하는 계기가 되었다.(최한우,1997: 349)

3) **중앙아시아의 이슬람화**(8c-13c)

7세기 중엽 사산조 페르시아 제국을 멸망시킨 아랍인들은 8세기 초

성대하게 지키는데 봄이 시작하는 날을 새해 첫날로 여기며 3월 22일에 해당한다.

8) 에프탈리테가 유럽에는 아바르(Avars)족으로 알려져 있다.

9) 중국 서북 지역에 위치한 감숙 지방이 월지국의 중심 무대였다. 월지는 흉노족에 밀려나 지금의 옥서스강 북쪽에서 유목국가를 이루었는데, 이를 대월지국이라고 한다.(나가사와 가즈도시 1990: 53)

에 호라산 총독 이븐 무슬림의 지휘 하에 중앙아시아에 진입하였다. 아랍 우마이야조의 아랍인들은 무력으로 중앙아시아 원주민들을 복속시키고 이슬람을 중앙아시아에 전파시켰으나 원주민들의 거센 저항에 부딪혔다. 이슬람의 전파는 시르다리야강까지가 한계였고 카자흐스탄 중북부 지역까지는 미치지 못하였다.

이슬람의 중앙아시아 진출의 결정적인 계기는 탈라스(Talas) 전투였다. 중국 당나라와 장기간 대립해 왔던 돌궐계(투르크계) 부족은 당나라의 중앙아시아 진출에 반발하여 중앙아시아로 영역을 확장하려는 아랍의 압바스 왕조를 도와 이 전쟁에 참여하였다. 당나라과 위구르 연맹군이 돌궐계 카를룩, 티벳, 아랍 등의 연합군과 751년 지금의 타쉬켄트 부근 탈라스강 유역에서 충돌하였다. 아랍 연합군이 고구려 유민 고선지 장군이 지휘하는 당나라와의 전투에서 승리함으로써 중앙아시아 지역에 대한 중국의 영향력이 급격히 감소하였다. 아랍 연합군의 승리는 중앙아시아에 유입한 투르크족에게 이슬람의 전파를 가능하게 만든 요인으로 설명될 수 있다.

카자흐스탄 스텝 지역에 거주하는 투르크 부족들은 8세기에 세미레체 지역에서 카를룩(Karluk) 부족을 중심으로 연맹체를 결성하였다. 카를룩 부족이 세운 카라한조는 아랍 압바스조가 정체하는 과정에서 부하라 지역을 중심으로 발흥한 페르시아계 사만 왕조(A.D. 874–999)의 중계 역할을 통해서 이슬람을 받아들인 최초의 투르크계 국가가 되었다.

사만 왕조는 점차로 압바스조 칼리파의 영향력에서 벗어나서 독자적인 새로운 페르시아 문화를 형성시켰으며 이 페르시아 문화는 지금의 우즈베키스탄 지역에서 찬란하게 꽃피웠다. 이 시기에 수학자이자, 천문학자, 지리학자, 역사학자로 명성을 떨쳤던 알-자브르(Al-Djabr)는 오늘날까지 대수학을 의미하는 algebra라는 용어에서 그의 이름이 남아있고 12세기에 라틴어로까지 번역되어 유럽의 의학에 지대한 영향을 끼쳤던 이븐 시나(Ibn Sina: A.D. 980–1037) 및 인도의 역사(History of India)를 집필한 알-비루니(Al-Buruni)와 같은 유명한 학자도 이 시대 중앙아시아에서 배출된 인물이다.

중앙아시아가 이슬람권에 포함됨으로써 이슬람 상인들의 교류가 활발하게 이루어졌으며 특히 사마르칸트, 타쉬켄트와 부하라 등지에 많은 인구가 정착하여 수공업이 발달하고 대상무역을 통해 도시와 농촌 간의 접촉이 크게 증가했다.

4) 우즈벡 민족공동체의 형성

우즈벡 민족 공동체는 사만조(874-999)의 형성과 발달로 인해 먼저 중앙아시아에 정착했던 타직 민족 영토에 인접하여 부족집단을 이루었다. 즉, 투르크족이 콰레즘, 소그드인, 사카인 등 페르시아계 중앙아시아 고대 원주민들과 혼합하여 우즈벡 민족이 새롭게 구성됐다고 할 수 있다. 투르크족과 원주민들과의 인종적, 문화적 상호 혼합은 11-12세기 동안에 가속화되었으며 트란속시아나 지역에서 후에 우즈벡인이라 불린 민족의 원형이 형성되기 시작했다.(최한우 1997: 301)

우즈벡인들이 민족적 정체성을 가진 집단으로 조직화되기 시작한 것은 13세기 몽골 침입 이후였다. 1219-1221년 사이에 중앙아시아 지역은 타타르 전사를 주축으로 한 징기스칸의 몽골군대의 침략을 받은 뒤 몽골의 영향을 받게 되었다. 몽골제국 통치기에, 중앙아시아 스텝 서부 지역에서 이미 이곳으로 진출해 있던 투르크족과 13세기 초부터 이동해 온 몽골족이 상호 혼합되는 과정이 전개되었다. 11-13세기에 현재의 우즈베키스탄 중심부에는 카라한과 카를룩 사람들이 이미 차지하고 있었으며 서부는 오우즈(Oghuz)인들, 북부는 큽착(Kypchak)인들과 크막(Kymak)인들, 동부는 우이구르(Uyghur)인들이 차지하고 있었다.

몽골제국의 세력이 위축되던 시기인 1312년에서 1340년까지 시르다리야강의 북부 스텝지역을 통치한 사람은 우즈벡 칸(큽착 칸국의 9대 칸: 1341사망)이었다. 우즈벡이라는 이름이 여기서 처음 언급되어 후에 왕조와 공국의 명칭, 그리고 민족명으로 사용되기에 이르렀다. 14세기까지 이 지역 사람들은 큽착인이라 불렸으며 "우즈벡"이 민족명으로 사용된 것은 15세기 말 16세기 초 무렵으로 추정된다. 14세기 중엽 이후 차가타이 칸국이, 14세기 말에는 큽착 칸국의 부족연합이 와해되기 시작함으로써 중앙아시아에 힘의 공백 상태가 나타났다. 큽착 칸국이 쇠잔해진 이유는 톡타미쉬(큽착 칸국 12대 칸:1377–95 재위)와 티무르 군대 간에 있었던 전쟁에서 톡타미쉬 군대가 대패하였기 때문이다.

15세기 중반에 이르자 투르크계 우즈벡인이 시르다리아 강을 지나 서투르키스탄으로 진입하기 시작했다. 15세기 중엽 투르크계 장군 아불카이르(압알하일) 칸이 큽착 초원에 강력한 세력을 구축함에 따라 그의 일족들과 그를 따르던 자들을 특별히 '우즈벡'이라고 부르게 되면서 이 이름이 널리 알려지게 되었다. [10]

그들의 후예들은 큽착 스텝에서 시르다리아강 남부로 본격적으로 남하하여 중앙아시아의 정착 지역을 침공하기 시작했고 1507년에 티무르 왕조를 멸망시키고 샤이바니(Shaybani) 왕조를 세웠다.[11] 그 후

---

10) 1. 15세기 중엽에는 아불카이르(압알하일)칸이 강력한 국가를 세웠다고 했는데 당시의 국가 이름이 큽착 칸국인가요?

답. 큽착 칸국은 1237-1419년에 걸쳐 존속했습니다. 큽착 칸국 또한 부족연합국이라고 칭할 수 있습니다.부족연합이 와해됐다고 보아야 합니다. 큽착 칸국의 징기스칸의 혈통을 가진 아불카이르(압알하일) 칸이 시르다리야 북쪽에 있던 지역을 1430-31년에 회복했습니다. 1446년에는 티무르조를 압박할 정도로 강해졌습니다. 아불카이르는 1468년 사망했으며 샤이바니는 아불카이르 칸의 손자였습니다.

2. 16세기 초에 형성된 사마르칸트, 키바, 코칸트, 부하라가 합하여 샤이바니 왕조인가요? 아니면 다른 국가 명칭인가요?

답. 샤이바니 왕조는 부하라를 중심으로 세워져서 부하라 칸국이라고도 합니다. 사마르칸트는 부하라 칸국 내 도시입니다. 하지만 코칸드 칸국, 키바(히바) 칸국은 또 다른 우즈벡인의 일파에 의해 건설되었습니다.

11) 김호동 외, 유라시아 유목제국사, 사계절,1999, pp.666-670.

이를 계승한 왕조들이 부하라를 중심으로 세워졌기 때문에 이를 총칭하여 부하라 칸국(Bukhara Khanate)이라고 부른다. 또 다른 우즈벡인의 일파는 16세기 초 콰리즘에서 히바 칸국(Khiva Khanate)을 건설하였다. 초원지대에서 농경지대로 이주한 우즈벡 유목민들은 서서히 정착생활에 적응하게 됐고 이로써 우즈벡이라는 민족명이 이 지역의 다른 투르크족들에게도 널리 알려진 것이었다. 이들은 기존의 투르크계, 몽골계, 혹은 페르시아계 부족들을 흡수하여 동화시키면서 우즈벡 민족공동체를 형성시켰다.(최한우,1997:351) 킵착 스텝에서 남하한 우즈벡인들은 몽골 지배층과 투르크 유목민 혼혈집단의 후손들로 여겨진다.

3 타지키스탄 민족공동체의 형성

1) 고대 국가 형성

기원전 12세기와 9세기 사이에 흑해 북부 지역에서 카프카즈 산맥을 넘어 지금의 이란 지역으로 아리안족의 일파인 인도-이란인들이 남하하여 정착하기 시작했고 그 무리들 중에서 다시 인도 북부로 이주한 집단과 지금의 타지키스탄 지역과 그 주변에 정착한 집단이 있었다.(이은구,1995:3) 이 집단은 고대 이란계 종족인 소그드인들로서 트란속시아나 지역에서 도시 국가를 건설하였으며 고대 소그디아 철기문명의 기틀을 마련했다. 농업과 목축업에 기반을 둔 고대 소그디아 문명은 이미 정교한 농수로 관개 시설을 갖추고 있었으며 당시 사람들은 도시를 이루고 살았다. 이러한 도시의 흔적이 소그디아나[12] 지역에 남아있다.(김대성,1998:25,최한우,1997:296)

12) 소그디아나(Sogdiana)의 중심지는 마라칸다(Maracanda)로서 이 도시는 오늘날의 사마르칸트(Samarkant)에 해당된다.(나가사와 1991: 42, 44)

고대 소그디아 문명이 발생했던 지역은 서남쪽에 페르시아 문화권, 동쪽에 중국 유교문화권, 남쪽에 인도 문화권, 북쪽에 투르크 유목문화권으로 둘러싸여 있어 이들 문화권들 간의 충돌과 교류가 활발하게 진행되었던 곳이었다. 따라서 이곳에 거주했던 소그드인들은 주위 민족들의 세력확장기에는 타민족들의 지배를 당하였으며 주위 민족들의 침체기에는 독자적으로 독립왕조를 이루기도 하며 발전해왔다.

기원전 6세기 경, 이란 지역에서 발생한 아케메니드조 페르시아 제국은 동북쪽으로 팽창하여 소그드인들을 예속민으로 삼았다.[13] 아케메니드조 페르시아 제국의 영토는 서쪽으로 이집트와 소아시아 반도에서부터 북쪽으로 아제르바이잔과 그루지아, 동북쪽으로 우즈베키스탄, 타지키스탄, 동남쪽으로 아프가니스탄과 파키스탄까지 포함하였다. 페르시아 제국의 건설은 제국의 종교였던 조로아스터교[14]를 지금의 중앙아시아 지역에까지 확산시켰으며 이 지역의 문화적 기반이 이 조로아스터교의 영향 하에 다져지게 되었다.

기원전 4세기경 이 제국이 알렉산더 대왕에게 패함으로써 중앙아시아 지역이 알렉산더 제국의 통치하에 들어갔으며 그리스 문화가 중앙아시아 지역에 유입되었다. 중앙아시아 지역에서 그리스계 국가로 남게 되었던 박트리아 왕국이[15] 지금의 타지키스탄 지역에 존재했었으며 그 북부에는 소그드인들의 국가가 존재했었다. 이 두 왕국에 대해서는

---

13) 다리우스Darius(522-486 BC)의 비문에 페르시아제국의 속민으로 묘사되어 있다.

14) 조로아스터교는 조로아스터에 의해 시작된 종교이다. 이 종교는 세상에는 선한 신 아후라 마즈다와 악한 신 아리만 사이에 전쟁이 계속된다고 믿고 있다. 조로아스터교도들은 진리와 선을 최고의 추구할 가치로 삼으며 선의 신이 궁극적으로 승리할 것을 의심하지 않는다.

15) 박트리아 지방(Bactria: 大夏)은 아무다리아 강 남쪽에 위치했으며 알렉산더 대왕의 東征 과정(334-323 B.C.)에서 평정됐으며 알렉산더는 1만 3천의 병사를 박트리아에 주둔시키고 일부 주력부대를 지휘하여 인도 정벌에 나서기도 했다.(나가사와 1991: 43, 45)

알려진 바가 매우 적지만 비단길 동서무역이 이 두 국가에 의해서 연결되었고 불교, 이슬람교, 기독교, 마니교 등이 이 국가들을 관통하여 전파되었다.

기원전 250년 경 소그디아 지역에서 그리스계 세력이 약화된 틈을 타서 유목민족인 파르티아족이 이 지역의 패권을 장악하기 시작했다. 파르티아는 강력한 제국을 형성하여 정치적인 안정을 이루었으며 중국의 한조와 더불어 동서양을 잇는 실크로드의 개통을 가능케 하였다.(김대성,1998:25; 로베르,1998:30)

약 2세기 간 번영을 누렸던 파르티아 제국은 AD 3세기에 일어난 사산조 페르시아 제국(224-651)에 의해 멸망당하였다. 이 시기에 중앙아시아지역에 조로아스터교의 영향력이 크게 증대되었으며 페르시아어와 페르시아 문화가 현대 타직인들의 조상들을 비롯하여 중앙아시아의 민족들에게 전파되었다.(FRDLC,1998)

또 한편, AD 440년경 이란계 민족인 에프탈리테Ephthalite(유럽에는 아바르Avars족으로 알려짐)가 알타이 지역에서 남하하여 트란속시아나, 박트리아, 호라산 지역을 사산조 페르시아 제국으로부터 빼앗아 봉건국가를 건설하였다. 당시 에프탈리테는 이란 지역의 사산조 페르시아를 위협할 정도로 강한 국가였다. 그러나 에프탈리테 왕국은, 서진하는 돌궐제국에 의해서 560년 멸망하였다. 돌궐(투르크)제국이 중앙아시아 실크로드를 장악한 이후 페르시아와의 무역협정을 추진했으나 이에 실패하자 돌궐제국은 소그드인들을 통해 비잔틴 제국과 외교관계를 맺게 되었다. 장기간 사산조 페르시아가 비단교역을 주도해 왔었지만, 소그디아 지역을 돌궐제국이 장악한 이후로 비단교역에 투르크인들이 개입하기 시작했다. 이후로 투르크인들은 타지키스탄을 비롯한 중앙아시아 지역에 점차 확산되었다.

2) 페르시아 민족의 이슬람화(8-9c)와 타직 민족공동체의 형성

사산조 페르시아 제국이 아랍 이슬람 세력에게 점령당한 7세기 중엽 이후 이슬람은 계속 동쪽으로 전파되어 8세기 초에는 호라산 총통 이븐 무슬림의 지휘 하에 중앙아시아까지 확산되었다. 페르시아계 원주민들이 이슬람을 전파하려는 아랍인들과 충돌하기도 했으나, 이슬람은 중앙아시아에서 뿌리를 내리며 확산되기 시작하였다. 결국 8세기 전반기에 우마이야조를 통해 중앙아시아의 박트리아, 부하라, 사마르칸트 지역까지 이슬람이 전파될 수 있었다.

중앙아시아에서 이슬람의 확산은 광범위한 사회, 문화적 혼합의 직접적인 원인이 되었다. 이슬람이 페르시아인들의 종교인 조로아스터교를 대체했으며, 칼리프 중심의 정교일치의 통치체제가 페르시아의 절대군주제의 전통에 도전했으며, 이슬람의 언어인 아랍어 또한 페르시아와 투르크계 주민들의 생활 언어를 일부 잠식해 갔다. 그러나 페르시아의 역사, 문화적 전통 때문에 페르시아 문화는 아랍인의 지배 이후 투르크와 몽골의 지배 속에서도 자신들의 정체성을 보존할 수 있었으며 오히려 이슬람 문화의 발전에 크게 기여하였다.(세이버리,1994:270)

페르시아 문화의 저력은 압바스조의 출현 이후 구체적으로 나타났다. 아랍 우마이야조를 이은 압바스조(750-1258)는 페르시아인들을 관리와 정부요직에 많이 등용하였으며 이 관리들이 중앙아시아에 대거 진출하여 그곳에서 공적인 업무에 종사하면서 페르시아어의 활용 범위를 넓혀 결국 12세기 경 페르시아어는 문어로서 확고한 위치를 차지하였다.(FRDLC,1998)

또한 페르시아계 사만조(875-999)는 부하라, 사마르칸트, 니샤푸르, 헤랏, 발흐, 코잔드와 같은 전통적인 고대 문화도시를 하나의 정치적 단위로 묶는데 성공하였으며 강력한 중앙집권화를 이룩해 정치적 안정을 꾀한 후, 관개수로를 개선하여 정착생활이 가능한 환경을 조성하는 동시에 교역로를 장악한 지리적 이점을 이용해 경제적인 부도 획득할 수 있었다. 지금의 타지키스탄과 우즈베키스탄 지역을 통치했던 사만조는 이란 지역에 세워졌던 페르시아계 사파르조(Saffarids: 쉬아 이슬람)를 900년에 정복함으로써 전 페르시아권을 장악하게 되었으며 이로써 타직 민족의 정체성이 확립되는데 결정적인 시·공간적 배경을 제공하였다.(신양섭, 1997:61) 사만조시기에 부하라는 페르시아 문화와 지식의 중심지이자 문학가와 학자들의 집합장소로 알려졌으며, 이곳에서 문어 페르시아어가 크게 부흥했다. 또한 사만조는 페르시아 제국의 부활을 시도하려고 이슬람 이전의 페르시아 문화를 복구하기도 했다. 이때 사만조에서 발달했던 페르시아어로부터 타직어가 발전되었으며 사만조로 인해 언어, 지리, 문화적 측면에서 타직 민족의 정체성이 형성되기 시작했다.

타직이라는 말은 본래 아라비아 반도 남부의 한 부족명칭 타지(Ṭāzī)[16]에서 유래되었으며 8-11세기에 중앙아시아에서 아랍인뿐만 아니라 이란인들을 포함하여 무슬림들을 통칭하는 말로 보편적으로 사용되었다. 그런데 당시 중앙아시아 지역에 진출한 무슬림들은 수적으로 아랍인들보다는 이란인들이 월등히 많았기 때문에 시대가 흐름에 따라 타직의 범위 내에서 아랍의 요소는 점차 사라지고 이란의 요소만 남게 되었다. 그 후 티무르가 중앙아시아를 지배하던 14세기에 타직은 중앙아시아의 이란계 무슬림을 지칭하는 말로 정착되었으며, 16세기 초 이란에서 세워진 사파비 왕조가 쉬아 이슬람을 국교로 채택함으로써 순니 이슬람을 주로 따르던 타직인들은 정치적, 문화적, 종교적으로 이란 본토와 멀어져 독자적인 타직 민족의 정체성을 형성하게 되었다.(신양섭, 1997:52)

16) 중세 페르시아어인 파흘라비어에서 Tāchīk, 중국어에서는 T'a-shi(大食)으로 표기되었다.

3) 혼란의 시대(999-1370) : 투르크계 민족의 흥망과 몽골의 침략

서돌궐 제국이 중앙아시아 지역에 세워진 이후로 투르크계 민족은 계속적으로 서쪽으로 이동하여 타직 민족과 인접하여 국가를 건설하였으며 결국 트란속시아나 지역에서 군사, 정치적 지배권을 구축하게 되었다.

투르크계의 카를룩족이 932년 카쉬가르를 수도로 카라한조(the Qarakhanids)[17]를 세워 사만조의 영토와 접하였으며 962년경 아프가니스탄 지역에서 투르크계 가즈나브조(the Ghaznavids)가 세워졌고 985년에는 오구즈 투르크 계열의 셀주크족이 부하라 주변지역으로 이주해와서 페르시아 민족과 접하게 되었다. 이러한 투르크족의 유입으로 말미암아 결국 999년 사만조는 가즈나브조에 의해 멸망되었다. 이로써 가즈나브조는 이라크에서 신드에 이르는 거대한 영토를 차지하게 되었으나 1040년 메르브(Merv) 근처의 단단칸(Dandanqan) 전투에서 셀주크 국가에게 패함으로써 타직족은 다시 셀주크 국가의 지배를 받게 되었다.

셀주크 국가는 부와이흐조에 의해 점령당해 있던 압바스조의 수도 바그다드를 1055년 점령하여 술탄제국을 건설하였으며 계속 제국을 팽창시켜 1071년 말라즈기르트 전투에서 비잔틴 세력을 무찌르고 아나톨리아 반도를 점령할 수 있는 발단을 마련했으며, 1073년 동쪽의 카라한조까지 멸망시켰다. 셀주크 국가에서 페르시아어가 문학과 법정 용어로 사용되었기 때문에 한때 역사학자들은 셀주크 제국을 페르시아계 제국으로 착각하기도 했었다. 타직족은 셀주크제국의 지배를 받았으나 문화적으로는 도리어 그들에게 지대한 영향을 주었다.

1092년 술탄 말리크 샤(Malik Shah)가 죽은 후 셀주크 제국은 아나

---

17) 이 카라한조는 사만조(A.D. 874-999)의 중계로 이슬람을 받아들여 투르크계 국가 중 최초의 이슬람 국가가 되었다.

톨리아, 이란 및 중앙아시아(타지키스탄 영토를 포함) 3개 지역으로 분리되었고 제국의 쇠약해진 틈을 타서 몽골-퉁구스계인 카라히타이(the Qarakhitai)가 1140년 트란속시아나 지역을 점령하였다. 한편, 이란 지역의 셀주크 제국 연합체가 해체됨으로써 투르크계 콰리즘 왕국이 트란속시아나 지역의 맹주로 성장하기 시작했고 1210년 콰리즘 왕국은 트란속시아나를 지배하고 있던 카라히타이를 멸망시켰다. 그러나 콰리즘 왕국의 우위도 단명했으며 1220년 징기스칸이 이끄는 몽골군에 의해 부하라와 사마르칸트, 그 이듬해에 아프가니스탄까지 점령돼 타직인들은 또 다시 몽골족의 지배하에 놓이게 되었다.

4) **티무르 제국**(1370-1405)

징기스칸의 사후에 몽골제국은 4개의 칸국으로 나뉘게 되었고 트란속시아나 지역은 차카타이 칸국의 지배하에 들어갔다. 1321년 차카타이 칸국은 파미르 고원을 경계로 다시 서쪽의 트란속시아나 지역과 동쪽의 무굴리스탄 지역으로 분열되어 동·서 차카타이 칸국 사이에 대립이 계속되었다. 동서의 대립과 항쟁이 전개되는 과정에서 서차카타이 칸국에서 왕위를 둘러싼 승계분쟁으로 혼란에 빠졌을 때 동차카타이 칸국의 투글룩 티무르(1346-63)가 강력한 지도자로 등장하여 1361년 트란속시아나 지역을 완전히 정복하여 동·서 차카타이 칸국을 통일하게 되었다. 한편, 오늘날 우즈베키스탄에서 민족의 영웅으로 추대되고 있는 아무르 티무르는 1336년 서차카타이 칸국에서 출생했는데 1363년 투글룩 티무르를 제거하고 트란속시아나 지역에 자신의 제국을 건설하였다.

이 티무르 제국은 1380-87년 사이에 이란을 정복하는 것을 시작으로 1395년 큽착 칸국(금호르드)를 공략하여 잠시 동안 모스크바를 점령하였으며, 1398년 인도의 델리 술탄국, 1400년 시리아의 맘룩조, 1401년 바그다드를 점령하였으며, 1402년 앙카라 전투에서 오스만 술탄 바예지드 1세(Bayezid I)의 군대와의 앙카라 변경에 벌어진 전투에서 승리하는 등 방대한 영토를 공략할 수 있는 강력한 국가로 성장하였다. 그러나 1405년 티무르가 사망하고 그의 아들들이 제국을 나누어 통치하면서 제국은 점차로 약화되었다. 티무르의 아들 샤 루흐(Shah Rukh,1405-47)의 재위 기간이 끝나고 아부 사이드(Abu Sa'id)가 등극하자마자 제국은 백양조(Akkoyunlu)와 흑양조(Karakoyunlu)의 연합세력과의 계속된 전쟁을 치러야 했고 결국 1507년 우즈벡족의 샤이바니(Shaybani)에 의해 멸망당하였다.

티무르 제국 하에서 타직족은 페르시아 문화를 크게 꽃피우는 계기를 맞이하였다. 아무르 티무르와 그의 아들 샤 루흐의 재위 기간 중에 시인, 건축가, 예술가 등이 티무르 제국의 수도 사마르칸트로 초청되었으며 제국은 이들이 최상의 작품들을 만들어 낼 수 있도록 지원하였다. 사마르칸트에는 웅장한 궁전을 비롯해서 다수의 이슬람 사원들이 축조되었다. 특히 '비비 하늠' 사원이라 알려진 사마르칸트 대사원은 당시 중앙아시아의 최대 사원이었다. 또한 당시 사마르칸트는 이란, 시리아, 오스만투르크에서 데려온 수공업자들에 의해 견직물, 유리, 무기류, 도자기, 융단, 종이, 금속세공 등 여러 가지 수공업이 번성했으며 시장과 도로 및 대상 숙소의 정비와 함께 실크로드를 통하는 동서교통, 교역의 중계지역이 되었다. 그 결과 사마르칸트를 중심으로 하여 페르시아 문화를 기조로 하는 투르크 이슬람문화가 발전했으며, 이후 티무르를 계승한 샤 루흐, 울루 벡 등의 군주들도 문화진흥에 힘을 기울였다.(우덕찬,1998:163-4)

5) **부하라 칸국**(1507-1920)

15세기 초 티무르 제국이 점차 쇠약해져갈 때 큽착 스텝으로부터 투르크계 장군 아불카이르(압알하일)의 지도 하에 우즈벡인들이 시르다리아 강 남부로 남하하기 시작하였으며 그들의 후예들이 1500년에 티무르 제국으로부터 사마르칸트를 빼앗고 1507년 부하라를 점령함으로써 티무르 제국을 멸망시키고 이란 사파비조와 국경을 접하는 샤이바니(Shaybani) 왕조를 세웠다. 샤이바니 왕조의 첫 수도는 사마르칸트였으나 그 후 이를 계승한 칸들이 부하라를 중심으로 통치했으므로 이 국가는 부하라 칸국(Bukhara Khanate)이라고 불린다. 부하라 칸국은 샤이바니조 이후에 자니드조(Janid dynasty), 만기트조(Manghit dynasty)로 이어지면서 19세기에 들어 러시아 제국의 침략을 받게 되었다.

우즈벡인의 남하 이후 타직인은 부하라 칸국 내에서 우즈벡인의 지배를 받으며 근대에까지 이르렀으며 19세기 말과 20세기 초에 러시아 제국과 소비에트의 침략을 받을 때까지 타직인은 부하라 칸국의 일원으로 간주되어 소비에트 연방에 편입되었다.

우즈벡 유목민이 정착하는 과정에서 일부 타직인들의 투르크화가 발생하기도 했으나, 사마르칸트나 부하라와 같은 중심도시에서는 타직인이 많이 남아 있어서 오히려 타직어가 문학과 법정 언어로 사용되었다. 우즈벡인이 주로 군 지휘관, 재판관, 지방 군주 등 지배 엘리트 지위를 차지했지만 재정 및 하위 행정직은 타직인들이 맡았다. 한편 만기트조에 이르러서는 통치자인 아미르는 중앙집권체제를 유지하기 위해서 투르크 부족장들 대신에 아미르에게 복종하는 타직인들을 고위관직에 등용하기도 했다.(Pankratov,Bukhara.html)

부하라 칸국은 19세기 중반 이후 남하하는 러시아 제국의 식민지배를 받게 되면서부터 급속한 쇠퇴의 길을 걷게 되었다. 1865년 시작된 러시아와 부하라 칸국 사이의 3차례의 전투 끝에 부하라 칸국의 아미르 무자파르 알딘(Muzaffar al-Din,1860-85)은 러시아의 투르케스탄 통치자 본 카우프만(A.P. Von Kaufman)과 1868년 6월 18일 평화협정을 맺음으로써 사마르칸트와 그 관할 지역을 러시아에 넘겨주었고 러시아 상인들에게 국내에서 자유롭게 활동할 수 있는 권리를 부여했다. 그 후 부하라 칸국은 러시아 제국의 간섭을 받으며 국가의 권력을 유지하다가 결국 1920년 8월 말에 소비에트 군대의 침략으로 부하라 칸의 통치가 막을 내리고 부하라 인민 소비에트 공화국이 선포되었다.

4 투르크메니스탄 민족공동체의 형성

1) 투르크멘 민족공동체의 형성

오우즈부족은 알타이산맥 주변지역에서 8세기경에 중앙아시아로 이동하였다. 이 부족 중의 일부는 투르크메니스탄 인구의 부족적인 토대가 되었다.

투르크멘인의 기원은 중세 초기의 유목민 종족인 오우즈연합체로 거슬러 올라간다. 그들은 지금의 몽골과 남부 시베리아의 바이칼호수 근처에서 살고 있었다. 도쿠즈(Dokuz: 아홉) 오우즈로 알려진 이 연합체는 투르크어를 말하는 사람들로 이루어져 있었고, 그들은 내륙아시아에서 강력한 스텝 돌궐제국의 토대를 형성하고 있었다. 도쿠즈 오우즈의 연합체는 8세기 중반에 중앙아시아로 이주해왔다. 아랍어 기록에 따르면, 그들은 9세기에 구즈란 이름으로 시르다리아 강의 중류와 하류에 자리 잡고 있었다. 10세기까지 오우즈는 아랄해의 서부와 북부까지 현재의 카자흐스탄안으로 영역을 넓혀가는 과정에서 이란인뿐만이 아니라 큽착 투르크인들을 흡수하였다.

군사적인 전투에 의한 오우즈연합체의 팽창은 적어도 볼가강과 우랄산맥까지 확대됐지만 그들의 지배 영역의 지리학적인 한계는 아랄해 서부를 벗어난다고 할 수 없었다. 오우즈연합체는 부족연맹국이었으므로 지배부족의 권력이 약화되는 현상이 일어나면 소속부족의 이탈이 가능했다. 이질적인 정체성과 광활한 지역의 점유로 인해 오우즈족은 일체감을 가지고 협력하는 데는 한계가 있었다. 9세기 초 시르다리아 주변에 정착한 오우즈족은 10세기 초 예니켄트(Yeni kent)를 중심으로 국가를 건설했다. 오우즈연합체는 장기간 지속되지 못하고 그 주요 세력인 셀주크 부족이 이탈하므로써 해체되었다.(이희수 1993: 132) 11세기 전반기에는 셀주크 부족이 중심이 된 강력한 부족연합체가 나타나 현재의 투르크메니스탄과 이란 지역으로 이동했다. 셀주크는 이란 지역을 중심으로 칼리프 통치권 내의 이슬람 지역을 정복하고 서쪽으로 전진하여 아제르바이잔을 지나 아나톨리아(소아시아)를 침입하기에 이르렀다. 셀주크 제국의 초대 술탄 투우룰(1040-63)의 재위기에 중부 아나톨리아 시바스까지 셀주크 군대가 약탈과 탐색을 겸한 공격을 감행했으며, 이때 비잔틴 제국의 성곽과 요새의 일부를 파괴시켜 방위체제에 심각한 타격을 입혔다. 1071년에는 술탄 알프아슬란이 말라즈기르트(Malzgirt) 전투에서 비잔틴 황제 디오니게네스와 일부 군지휘관을 생포할 만큼 대승을 거두었다. 말라즈기르트 승리 이후에는 투르크멘들이 점령지역으로의 이동과 정착을 목적으로 가축과 함께 아나톨리아로 들어갔다.(김대성 1991: 5-7)

투르크멘이란 이름은, 10세기의 셀주크 영토 안으로 이주해 와 이슬람을 받아들인 오우즈 그룹을 스텝에 남아있던 다른 오우즈 집단과 구별하기 위해 사용됐었다. 점차, 이 용어는 무슬림 투르크인을 지칭하는 제한적 의미에서 벗어나 '오우즈'와 '투르크멘'을 총칭하는 의미를 갖게 되었다. 투르크멘이란 단어의 기원은 불분명하다. 11세기까지 유행한 어원에 따르면 이란어의 요소인 '~를 닮은'이라는 의미를 나타내는 'manand'가 첨가돼 'Turk-manand'는 '투르크인을 닮은'의 의미이다. 'Turk-manand'가 점차 'Turk-man'으로 발음되기 시작했던 것으로 추정하기도 한다. 반면에 현대 학자들은 man/men은 강의어로 말하고 있으며 '순수한 투르크'나 '투르크 중에서 가장 투르크 같은'의 단어로 번역되었다고 설명한다.

2) 셀주크 시대

11세기에 셀주크 영토는 아무다리아 강의 삼각주에서 이란, 이라크, 코카서스, 시리아와 소아시아 지역까지 확대되었다. 1055년에 셀주크 세력은, 이슬람 심장부인 바그다드를 점령하고 있는 부와이흐조를 칼리프의 요청에 따라 축출하고 진입하였다. 술탄 베르크야룩(Berkyaruk: 1094-1104)의 재위기에 왕권에 도전하는 세력이 나타나 국력이 크게 소모되었다. 술탄의 권위에 도전하는 세력은 동생인 메흐메트 타파르와 타파르를 지원하는 산자르와 귀르보아 같은 유능한 영주들이었다. 1104년에 베르크야룩이 사망하자 타파르가 군사력을 동원해 1105년 술탄위에 올랐다. 술탄 타파르가 1118년에 병사한 뒤 호라산 영주인 산자르(1118-1157)가 자신을 술탄으로 선포하자, 타파르의 아들 마흐무드는 자신을 추종하는 집단을 중심으로 호라산의 산자르에 대항하는 이라크 셀주크조를 이끌어갔다. 극심한 내부 투쟁으로 이미 셀주크 제국은 사실상 분열된 것이나 다름이 없었다. 호라산의 산자르도 끊임없는 외부의 도전에 직면하며 통치력을 근근이 유지해 나가는 와중에 카라한조와 카라히타이(西遼)와의 투쟁으로 커다란 인명피해를 입었다. 이와 같이 내외의 적대세력과 소모적인 전쟁으로 부족민의 이탈이 증가하였고 파괴적인 대립은 셀주크조의 종말을 재촉하였다. 혼란을 피하려는 투르크멘인들은 자신의 가족과 가축을 데리고 이미 일부 투르크멘들이 진입해 정착한 아제르바이잔과 아나톨리아 등으로 이주를 시도했다. 이 기간에 현재의 투르크메니스탄 지역에 정착을 선택한 부족들도 있었다. 투르크멘들은 카스피해, 코페트 산맥, 아무다리아 강, 무르갑 강 주변의 거주지역에 살고 있는 이란인들과 섞여 공존하였다. 특히, 메르브와 같은 도시는 광범위한 농경지가 있어서 경제적-문화적 중심지로 발전했으며 실크로드 통행의 중요한 경유지(經由地)의 역할을 맡았다.(FRDLC, 1998, http: //lcweb2.loc.gov /cgi-bin/query)

3) 혼란의 시대(1190-1873): 이란과 히바 칸국의 침략

아나톨리아 반도로 이동하지 않은 투르크멘들은 트란속시아나와 만그스락(Mangyslak) 지역에서[18] 우즈벡, 카자흐, 키르기즈와 카라칼팍인 등과 같은 여타 투르크계 부족들과 어울려 살았다. 이들 가운데 투르크멘들은 몽골과 티무르 통치하에서 위기를 느껴 일부 서진하여 아나톨리아 반도로 이동하기도 했으나 코페트 산지(현재 이란과 투르크메니스탄 국경에 인접한 산) 주위를 정착지로 선택하였다. 코페트 산지 주변 지역에서 테케투르크멘(Teke Turkmen)들은 야무드(Yamud), 임랄리(Imrali)와 여타 투르크멘들과 간헐적으로 대립하기도 했으나 부족 연합공동체를 이루어 생존하였다. 투르크멘 연합체는 히바 칸국(1511−1873)과 이란의 중간지역에 위치하고 있었으므로 이 두 나라와 충돌할 수밖에 없었고 그 결과 약체(弱體) 집단으로서 존망의 위기를 맞이하기도 했다.

이란에서 아프샤르(Afshar) 투르크멘계 출신인 나디르 칸(Nadir: 1729−1747)은 아프카니스탄을 정복하고 연이어 1739년에는 인도 원정에 올라 무갈제국의 수도인 델리를 점령할 정도로 강성한 국가를 이루었다. 나디르 칸은 여세를 몰아 투르크멘 연합체를 공격하여 저항군과 양민을 무자비하게 학살하였다. 나디르 칸이 1747년 암살당하자 이란은 군 지휘관과 부족 간의 세력 다툼으로 혼란에 빠졌다.(김정위 1987: 267) 이 기회를 이용해 18세기 중엽 투르크멘 연합체는 이란의 호라산으로부터 멀리 이동하는 방법을 택했으며 활동 중심지를 동북쪽에 위치한 메르브(Merv: Mary)로 옮겼다. 투르크멘 연합체는 외침에 대비하여 테젠드 데리아(Tecend Derya) 강 근처에 성곽을 건설했으나 1830년대까지 주변국 이란과 히바 칸국의 위협에 시달리지 않을 수 있었다.(Saray 1996: 334)

---

18) 카스피해 동쪽과 인접해 있는 투르크메니스탄 서북부 국경 지대의 북부.

제5장

러시아의 중앙아시아 진출

1. 러시아의 카자흐스탄 지역 진출

1) 러시아의 진출과 영향력 확대

16세기 후반부터 러시아는 시베리아 진출의 기회를 포착하여 동진(東進)하였고, 중가르(Zhungar)[19] 칸국도 중앙아시아 지역으로 세력을 확대시키려 하였다. 특히 18세기 초 몽골 서쪽의 중가르 칸국도 간헐적으로 중앙아시아 지역으로 침입했다. 1710년, 1728-29년에 있었던 중가르 칸국의 침입을 카자흐 제후들이 힘겹게 막아낼 수 있었으나 재침(再侵)의 위험이 상존하고 있었다. 대외적 위협에 직면하고 있음에도 불구하고 17-18세기에 호르드의 지도자들이 내적으로 분열하여 대립하는 과정에서 자기 집단의 생존 가능성을 확대시키기 위해 일부 카자흐 지도자들은 러시아와 협조하였다. 또한 일부 지도자들은 러시아의

19) 17세기 서몽골의 '좌익 주민들' 또는 '왼팔'이라는 의미를 가진다. 참고: 김호동, 유라시아 유목제국사, 사계절 p.721.

책을 인식하고 러시아와의 공조를 반대함으로써 카자흐 공동체 내의 상호지원을 모색하였다. 이와 같은 노선 대립과 상호 반목의 격화는 카자흐 세력을 무력하게 만든 주요 원인이 되었다.

중가르 칸국의 공세를 방어하려는 의도로 아불카이르(Abulkhair)칸은 러시아의 지원을 요청했고 1731년에 이 요청이 수락되어 결과적으로 소(小) 호르드는 러시아의 영향권 내로 흡수되었다. 1735년 아불카이르 칸의 요청으로 러시아는 오르(Or: 현재 Orsk)강 어귀에 요새를 건설하였다. 1740년 초에 중가르의 공격이 재개되자 러시아의 국경 수비대가 개입하여 방어할 수 있었다. 외침의 위기에서도 여전히 카자흐 지도자들의 권력투쟁이 진행되었고 그 와중에 1748년 소 호르드는 아불카이르 칸이 피살되는 불운을 맞이하였다. 권력을 계승한 누랄리(Nuraly)는 러시아의 지원을 받아 중(中) 호르드와 히바(Khiva)까지 세력권을 확대시키려 했으나 실패하였다. 대(大) 호르드에서는 그 영토의 대부분을 지배하던 중가르 칸국이 청(淸)나라의 공격을 받아 패망함으로써 일시적으로 힘의 공백이 나타났다. 이 기회를 이용한 코칸드 칸국(Kokand : 1700−1876)은 침켄트(Chimkent)를 포함한 현 카자흐스탄 남부지역을 장악하였다.

아불카이르 칸이 러시아의 지원을 요청하면서 시작된 러시아의 카자흐스탄 진출은 19세기로 들어서자 남하정책의 일환으로 체계적으로 전개되었다. 러시아에게 조공을 바쳐오던 중·소 호르드가 각각 1822년과 1824년에 병합되었고, 1846년에는 대 호르드의 카자흐인이 주로 거주하던 일리(Ili)강 유역의 세미레체 지역까지 흡수되었다.(이무열 1996: 204) 1840년대에 코칸드 칸국과 히바 칸국(1511−1873)은 러시아의 남하정책에 경계하여 그 대응책으로 카자흐스탄 남부 지역을 공격하기도 했다. 코칸드 칸국은 1860년 가을 20,000명의 병사로 카자흐스탄 남부를 공격했으나 슬라브계 코사크(Kosak)와 러시아 군대의 연합 대응에 밀려 후퇴함으로써 세미레체 지역이 러시아 수중에 들어가

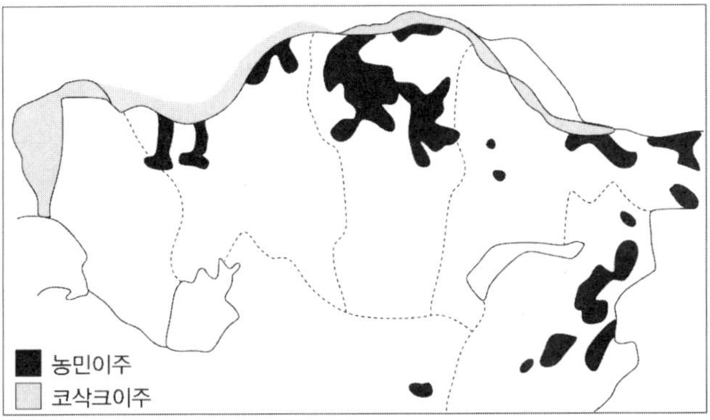

1900

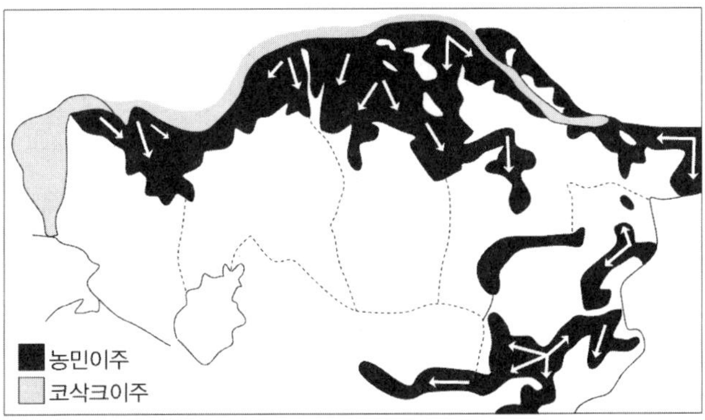

1915

1900~1915 러시아인 이주 형태의 변화

출처: G. Demko, The Russian Colonization of Kazakhstan, Indiana Univ., 1969, p.122.

게 됐다. 결과적으로 1860년대에는 러시아가 카자흐스탄 대부분을 흡수하여 행정개혁을 단행할 수 있었다.(최한우 1997: 319)

러시아가 중앙아시아 지역으로 관심을 집중시킨 것은 크림전쟁(1853-56)에서의 패배의 치욕을 만회하기 위한 대안인 동시에 경제적 이익 추구가 가능한 실크로드 무역로의 활성화 계획을 염두에 두었기 때문이었다. 이때부터 투르키스탄 공략이 커다란 장벽에 부딪히지 않고 가속화되었다. 1864년 러시아 군대는 오렌부르그(Orenburg) 사단의 참모장 체르나예프(Cherniaev)의 주도로 침켄트를 점령했다. 중앙정부는 점령을 추인했으며 동시에 중앙의 외교부 정책보다 현지 군사령관들의 결정에 우선권을 두기로 결정하였다. 1867년 타쉬켄트에 투르키스탄 총독부가 설치됐으며 그 이듬해에 부하라 칸국(1500-1868)이 군사적 압력 하에 러시아의 보호국이 됐다. 1873년에는 히바 칸국, 1876에는 코칸드 칸국이 러시아에 합병되므로써 현재 우즈베키스탄의 주요 도시가 러시아의 지배하에 놓이게 됐다.

러시아는 카자흐스탄을 러시아의 광역경제체제로 편입시키려고 행정구역을 재편하였다. 세미레체와 시르다리아 유역은 1867년에 투르키스탄에 편성시키고, 우랄스크와 투르가이 지역은 1868년 오렌부르그에, 악몰린스크(Ak Molinsk)와 세미팔라친스크(Semipalatsinsk) 지역은 서시베리아 총독의 관할 하에 두었다. 이러한 행정구역 개편에 대해 카자흐인 대부분이 불만을 가지고 있었다. 술탄을 비롯한 소수의 지배계층은 권한의 축소에 대해, 그리고 일반인은 세금 증가, 토지 소유의 규제 및 식민통치에 따른 제약에 대해 각각 반발하였다. 우랄스크, 투르가이와 만그스락 등지에서 저항운동이 발생하였다. 이슬람 지도자들이 민족 저항운동에 가세하였으나 러시아 군대가 개입하여 저항세력을 무력화시켰다.

2) 러시아인의 식민통치

19세기 말 20년 동안 러시아인과 여타 슬라브 농민들이 카자흐 스텝에 정착하기 위해 이주하였다. 19세기 말에 토착인구가 약 150만 가구(家口)에 달했으며 이들은 주로 천막에 거주하며 유목생활을 하였다. 러시아의 행정구역 개편과 러시아 농민에게 토지 분배에 따른 유목생활의 제약 때문에 카자흐인들은 전통적인 유목생활을 중단할 위기에 놓이게 되었다. 저항운동이 발생했지만 틀에 박힌 듯 곧 진압되었고 이와는 대조적으로 슬라브계 이주민들의 숫자가 점점 증가할 수 있는 환경이 조성되었다. 1900년대 초에는 포괄적인 농업정책의 일환으로 약 50만 가구가 러시아에서 카자흐 스텝지대로 이주하였다. 이와 같은 상황에서 카자흐인들은 비옥한 목초지를 새로 유입한 러시아 농민들에게 빼앗길 수밖에 없었다. 1904년 시베리아 횡단철로가 완성된 뒤에는 이곳에서 생산된 곡물이 러시아의 여타 지역으로 운반되기 시작했다. 식량 이외에 식민통치기에 카자흐스탄은 러시아의 주요 원료 공급원으로 이용됐다. 러시아는 1905년 시베리아 철도와 오렌부르그-타쉬켄트 철도를 건설하여 석유시추와 광산개발에 박차를 가했다. 카자흐스탄에서 공업화가 도입되는 과정에서 러시아인들은 기술 집약적 연구과 생산을 담당했으며 다수의 카자흐인들은 육체노동자로 활동했다. 1913년에 대규모 사업과 농장에 약 이만명의 근로자가 고용됐는데 이들 대부분은 낙후된 유목과 농촌 생활을 탈피하려는 농민들이었다. 19세기 말부터 20세기 초에 걸쳐 형성된 자본주의적 경제구조가 극소수의 카자흐인 민족자본 형성을 자극시켰으나 발전하는 계기를 제공하지는 못했다. 19세기까지 카자흐 유목민들은 중앙아시아 남서부의 이슬람권과 긴밀한 관계를 유지하지 못했다. 짜르 정부는 유목민들을 순화시켜 지배한다는 전제하에 카자흐 유목민들의 이슬람화를 추진하였다. 그러나 바로 이슬람화의 위험성을 인식하고 방향을 선회하여 기독교인 선교사를 파견해 유목민의 기독교화를 시도한 바 있다. 카자흐인들은 역시 기독교에 거의 관심을 나타내지 않았다. 짜르 정부는 가능한 수단을 동원하여 카자흐인들의 러시아화를 강화시켜 카자흐인들의 민족적 저항을 사전에 차단해 나갔다.

제1차 세계대전에 러시아가 참전함으로써 경기 침체에 빠질 수밖에 없었고 따라서 경제적 고통과 부담을 카자흐인들에게도 요구하게 되었다. 카자흐인의 가축과 농산물의 강제 징발 그리고 조세와 기타 징수금의 증가, 물가 인상 및 주민의 강제 동원 등은 카자흐인들의 분노를

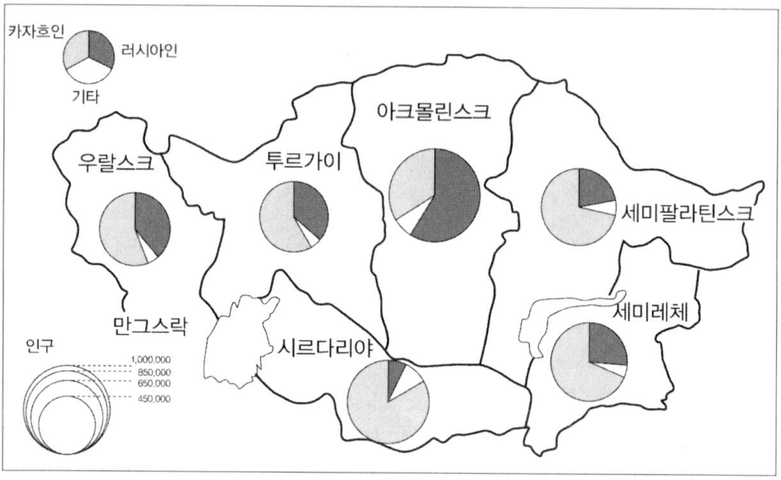

자료: Demko, 1959, p.134.

카자흐스탄 지역의 민족별 민족구성, 1916년

야기하였다. 특히, 1916년 비전투 요원으로의 인력 동원에 격앙된 카자흐인들이 산발적으로 현지 러시아인들을 공격하기도 했다. 이로 인해 양측에 사상자가 적지 않게 생겼으며 물질적 손실이 수반됐다. 수천의 카자흐인들이 위기의식을 느껴 가축을 몰고 중국으로 도주하여 정착하는 현상이 나타나기도 했다.(Arutiunov 1993: 128)

2. 러시아의 우즈베키스탄 지역 진출

러시아의 중앙아시아 진출은 1556년 러시아 제국 이반 4세가 카스피해 북쪽에 위치한 아스트라 칸국을 정복하면서 시작되었고 이때부터 러시아는 중앙아시아의 투르크계 부족들과 대립상태에 놓였다. 19세기 초부터 러시아가 이 지역에 대해 세력 확장을 본격화시켰으며 특히 19

세기의 마지막 35년 동안 러시아는 대부분의 중앙아시아 국가들을 속국으로 만들었다.

19세기 후반부에 러시아가 중앙아시아 진출을 본격화한 동기는 몇 가지로 생각해 볼 수 있다. 당시 영국 정치인들은 식민지 인도에 대한 러시아의 위협에 대해서 언급하고 있었으며 이에 반하여 1830-1840년대의 러시아 정치인들은 러시아 제국의 중앙아시아 이권에 대한 영국의 위협에 대해 우려하고 있었다. 이러한 국제정치 환경에서 1855년 러시아가 크림전쟁에서 패배한 직후, 짜르 알렉산더 2세는 영국의 중앙아시아 진출을 사전에 차단해야 할 필요성을 인식하였고 또한 중앙아시아에서 러시아의 군사, 전략적 우위선점의 차원에서 중앙아시아 진출을 적극 지원하였다. 이러한 군사, 전략적 요인 외에 경제적인 고려 또한 러시아의 중앙아시아 진출에 영향을 끼쳤다. 1800년대 중반 제국주의의 식민지 확보 경쟁에서 뒤진 러시아는 제조된 공업제품의 시장으로 중앙아시아를 선택했으며 따라서 중앙아시아와의 무역에 위협적인 요소를 제거하기 위해서 이 지역을 속국으로 만들 필요를 느끼고 진출을 서둘렀다.(Anderson,1997:9-10)

러시아 군대는 1865년 6월 타쉬켄트를 점령하고 3년 후 1868년에 부하라 공국의 사마르칸트를 점령하였다. 그리고 1873년 히바 칸국, 1876년 코칸드 공국이 차례로 러시아에 복속되었다. 히바 칸국은 크즐쿰 사막 남쪽에 위치하여 지형적 접근이 용이하지 않았지만 결국 1873년 러시아 군대에 의해 점령되었다.

우즈베키스탄을 비롯하여 중앙아시아에 대한 러시아의 식민통치는 파견된 군총독의 통제 아래 지역적인 문제에 대해서는 대부분 토착 행정인력을 통해 이루어졌다. 따라서 러시아는 해당국의 외교문제를 제외한 경제, 사회, 법률, 종교, 관습 등 내부문제에는 거의 관여하지 않았다. 그러나 투르크계와 이란계 무슬림 상인들이 주도해 왔던 러시아와 중앙아시아의 교역이 러시아 진출 이후로는 러시아 군대의 비호를

받는 러시아 상인들에 의해 독점되는 현상이 나타났다.(Anderson, 1997:12-13)

우즈베키스탄에서 러시아 식민통치의 주된 관심은 면화재배를 증진시키는 일이었다. 1884년 초에 품질이 우수한 것으로 알려진 미국의 면화가 이 지역에서 재배되기 시작했으며, 코칸드를 포함한 페르가나 지역은 러시아의 주요 면화 제공 원천지가 되어 1890년대 말, 우즈베키스탄 산업 중 면화생산이 차지하는 비중이 50%가 넘었다. 이러한 면화 생산의 증가로 인해 시르다리야강과 페르가나 계곡으로 러시아 농민이 대규모 이주하는 현상이 나타났다. 또한 면화 수송을 위한 철도가 건설되어 1899년에 트란스카스피해 철도, 1905년에 오렌부르그-타쉬켄트 철도, 그리고 1910-16년 사이에 페르가나 철도와 부하라 철도가 완공되었다.

3. 러시아의 타지키스탄 지역 진출

러시아의 중앙아시아 진출은 1556년 러시아 제국 이반 4세가 카스피해 북쪽에 위치한 아스트라칸국을 정복하면서 시작되었고 이때부터 러시아는 중앙아시아의 투르크계 부족들과 대립상태에 놓였다. 19세기 초부터 러시아가 이 지역에 대해 세력 확장을 시도했으며, 특히 19세기의 마지막 35년 동안에는 대부분의 중앙아시아 국가들을 속국으로 만들었다.

19세기 후반부에 러시아는 중앙아시아 진출을 본격화하였다. 1855년 크림전쟁에서 패배한 러시아는 유럽 지역에서 영국과의 경쟁이 불리하다는 사실을 직시하고 중앙아시아로의 진출이 차선책이라는 결론을 얻게 되었으며 이러한 군사-전략적 요인 외에 중앙아시아를 러시아 면화산업을 위한 목화의 공급처로서 여기고 중앙아시아 진출을 계

획했다.(Anderson,1997:9-10)

러시아 군대는 1865년 6월 타쉬켄트를 점령하고 3년 후 1868년에 부하라 칸국의 사마르칸트를 점령하였다. 그리고 1873년 히바 칸국, 1876년 코칸드 칸국이 차례로 러시아에 복속되었다. 그러나 러시아는 사마르칸트를 제외한 부하라 칸국의 나머지 지역에 대한 점령을 보류하였다. 그 이유는 부하라를 비롯해 인도 북부와 인접한 중앙아시아 지역을 점령했을 경우 영국으로부터의 반격을 우려했기 때문이다.(FRDLC,1998)

중앙아시아에 대한 러시아의 식민통치는 타쉬켄트 군총독부를 중심으로 중앙정부에서 파견된 군총독의 통제 아래 이뤄졌으며 지역적인 문제에 대해서는 대부분 토착 행정인력을 통해 다스려졌다. 따라서 러시아는 해당국의 외교문제를 제외한 경제, 사회, 법률, 종교, 관습 등 내부문제에는 거의 관여하지 않았다. 그러나 이전까지 이란계 무슬림 상인들에 의해 이루어졌던 러시아와 중앙아시아의 교역을 러시아 진출 이후로는 러시아인들이 장악하게 되었다.

타지키스탄에서 러시아 식민통치의 주된 관심은 면화재배를 증진시키는 일이었다. 타지키스탄의 남동부 지역은 파미르 산지로 이루어져 있지만 파미르에서 공급되는 물을 농수로 이용할 수 있는 오아시스 지역은 면화생산지로 적합하였다. 1884년 초에 품질이 우수한 것으로 알려진 미국의 면화가 이 지역에서 재배되기 시작했으며, 1905년까지 타지키스탄을 포함한 중앙아시아에서 생산되는 면화는 러시아 제국의 면화산업 필요량의 1/3을 충당하였다. 또한 제1차 세계대전 시기에 최초의 면화공장이 동부 부하라에 세워졌다. 또한 면화 수송을 위한 철도가 건설되어 1899년에 트랜스 카스피해 철도, 1905년에 오렌부르그-타쉬켄트 철도, 그리고 1910-16년 사이에 페르가나 철도와 부하라 철도가 완공되었다.

4. 러시아의 투르크메니스탄 지역 진출

19세기 후반 러시아제국이 중앙아시아에 진출할 때까지, 투르크멘인들은 여전히 부족을 중심으로 정치, 경제적 생활을 유지하고 있었다. 투르크멘 영토에 대한 러시아의 침입은 19세기 후반기에 본격적으로 시작되었다. 모든 중앙아시아 국가들의 민족이 러시아의 진출에 저항했던 것처럼 투르크멘들도 러시아의 팽창에 대해 단호하게 저항했다. 러시아제국의 투르크메니스탄에 대한 본격 진출은 1869년 스트레토프 장군 휘하의 러시아 군대가 카스피해 동쪽 해안에 상륙해서 크라스노봇스크(Krasnovodsk: 현재 Turkmenbashi) 항을 건설하면서 시작되었다. 1881년 아쉬하바드가 러시아군에게 점령된 뒤 1882년 카프카스 총독관구 내의 자카스피주(州)가 되었다. 1880-88년 자카스피 철도가 부설되면서 러시아 중앙부와 연결되었고 투르크메니스탄의 식민지 경영이 본격화될 수 있었다. 목화의 재배면적이 1890년 983ha에서 1915년 6만 2천ha로 급증함으로써 투르크메니스탄은 러시아 면공업에서 중요한 원면공급지가 되었다.

1881년 미하일 스코벨레프(Mikhail D. Skobelev) 장군 휘하에서 러시아 군대는 아쉬하바드 서남쪽인 투르크멘의 마지막 요새 중의 하나인 괵데페(Gokdepe)를 포위, 장악했다.(Saray 1996: 350) 러시아가 괵데페를 점령할 때 투르크멘인들이 전개한 저항투쟁은 러시아의 중앙아시아 진출시 가장 치열했던 저항으로 알려져 있다.(Arutiunov 1993:160) 투르크멘의 패배(현재는 국가 자존심의 상징이자 애도를 위한 날로 정하고 있다) 직후 러시아는 이란과 조약을 맺고 이란과 투르크메니스탄 사이의 현재의 국경을 설정하였다. 1897년에 러시아와 아프가니스탄 사이에도 국경을 설정하는 조약이 체결되었다. 러시아로의 병합 이후, 투르크멘 거주 지역이 카프카스 총독관구로 분리되어 군 장교와 관리들에 의해 관할되는 식민지로 전락하고 말았다. 1880년대 철도가 크라스노봇스크에서 아쉬하바드까지 부설되었고 이는 이후 부하라와 타쉬켄트까지 연장되었다. 철도 부설의 목적은 투르크메니스탄을 원면 공급지로 활용하는 것이었다. 다수의 투르크멘인들이 러시아인 이주민들에게 목초지를 뺏기고 좌절감을 맛보기도 하였다.

제1차 세계대전 중에 전시 노동력을 확보하려는 징집령에 반발하여 1916년에 대규모의 반란이 일어났다. 쥬나이드 칸(Junayd Khan)의 지도 아래 투르크멘인 전사들은 아쉬하바드의 볼세비키 세력을 축출하고 1918년에 단기간이나마 독자적인 지배권을 획득할 수 있었다. 그러나 1920년 적군이 쥬나이드 칸의 세력을 제압하자 후자는 바스마치 운동(Basmachi; 대 볼세비키 저항 투쟁)의 주요 세력으로 참여하였다.

제6장

소비에트 체제하의 중앙아시아

1. 소비에트 체제와 카자흐스탄

1) 소비에트 체제와 사회주의 카자흐스탄

1917년 러시아 혁명의 소용돌이가 몰아치자 보수-민족주의 지도자들은 독립 카자흐스탄을 건설하려고 임시정부를 수립했다. 이들은 임시정부 산하에 투르키스탄 위원회, 임시정부의 지역 및 군 위원회, 집행위원회, 시(市)와 볼로스트(Volost: 郡) 위원회 등을 구성하였다. 민족주의자들은 보수주의 노선을 견지했으므로 사회주의 혁명에 반대하는 러시아 자본가와 카자흐인 부농의 지원을 얻기도 하였다. 따라서 카자흐 민족주의자들이 정치조직으로 결성한 알라쉬 오르다(Alash Orda) 당과 사회주의 진보집단은 대립할 수밖에 없었다. 1917년 12월 이슬람 지도자와 부르조아 민족주의자들이 오렌부르그에서 모여 독립을 선언하고, 부케이하노브(Bukeikhanov)를 중심으로 독립정부를 수립했다.

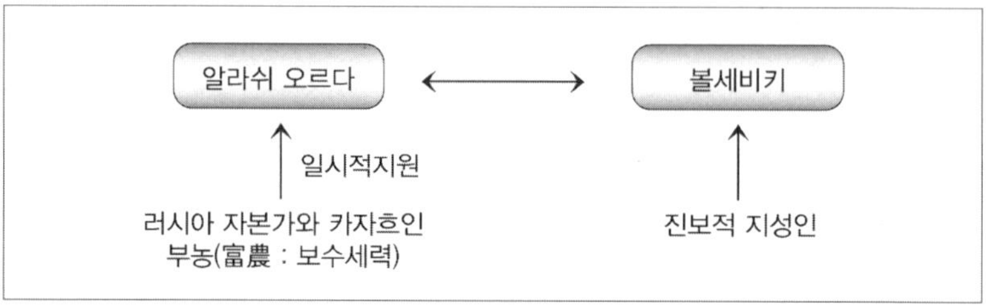

알라쉬 오르다 당(黨)과 주변 정치세력간의 관계

볼세비키는 알라쉬 오르다당의 임시정부의 해산과 소비에트 체제로의 흡수를 급선무로 보았다. 레닌이 무슬림 노동자들을 소비에트 체제에 동참시키기 위해 설득하여 상황을 유리하게 전개시키고 있을 때 알라쉬 오르다당과 부르조아 세력 간의 제휴에 비판적인 진보적 카자흐 지성인들은 볼세비키 대열에 합류하였다. 진보적 지성인들은 볼세비키의 정치 노선이 근대화된 카자흐스탄 민족국가 건설에 유리한 요소로 작용할 것으로 믿었기 때문이다. 혁명세력과 반혁명세력 사이에 격렬한 투쟁이 전개되는 동안에 인명 손실을 피할 수 없었고 막대한 경제적 손실 또한 뒤따랐다.

1918년 상반기에 소비에트는 내전에서 우위를 차지하게 됐고 이에 따라 새로운 소비에트 국가기구 창설계획에 의거해 각 지역에 소비에트가 설치됐다. 카자흐스탄 소비에트 자치정부의 결성이 있었고, 남부 지역 시르다리아와 세미레체는 1918년 4월에 결성된 투르키스탄 자치공화국에 편입됐다. 궁극적으로 적군(the Red Army)이 승리하여 정권을 장악했으며 보수-민족주의자들은 소비에트 조직에 무릎을 꿇고 말았다. 보수세력의 지원을 받았던 알라쉬 오르다 당도 1920년 이후 활동을 중지하였다. 1920년 8월 26일 러시아 중앙집행위원회와 인민평의회는 오렌부르그를 수도로 하는 카자흐스탄 국가 창설을 위한 포고령에 인준하였다. 1920년 10월 4-12일에 카자흐스탄 소비에트 입헌의회가 오렌부르그에서 개최됐다. 카자흐스탄은 현재의 키르기즈스탄을 포함하여 키르기즈 사회주의 자치국으로 출범했던 것이다.

카자흐인들이 유럽인들에 의해 보편적으로 키르기즈인들로 호칭됐던 점을 착안하여 1920년 소비에트 지도부는 현재 카자흐스탄과 키르기즈스탄을 포괄하는 자치국가를 세울 때 키르기즈 사회주의 자치국으로 명명했었다. 키르기즈인들을 카자흐인들과 구별하기 위해 카라 키르기즈(Kara Kyrgyz: 검은 키르기즈)로 부르기도 했다. 1924년과 1925년에 중앙아시아 공화국들은 민족 거주지역에 따라 민족 단위로 국명을 재편성하였다. 1925년 4월 15-19일에 열린 제5차 전체 카자흐스탄 소비에트의회는 카자흐 명칭을 사용해 국명을 카자흐 소비에트 사회주의 자치공화국(Kazakh ASSR)으로 변경했다. 이때 카자흐스탄의 수도는 오렌부르그에서 크즐오르다로 이전됐는데 1929년 5월에 다시 알마티로 변경됐다. 1936년에 행정구역이 재편성되는 과정에서 카자흐스탄 자치공화국에 속해 있던 카라칼팍(Karakalpak) 자치주가 분리되어 우즈베키스탄 공화국으로 흡수됐고, 카자흐스탄 자치공화국은 그 지위의 승격 절차에 따라 소련을 구성하는 독립공화국인 '카자흐스탄 소비에트 사회주의 공화국'으로 명명됐다.

소비에트 관리들은 카자흐스탄을 사회주의 체제에 적합한 구성원으로 전환시키기 위해 생산환경 개조의 필요성을 인식했다. 1921-1922년의 토지 및 급수 개혁에 따라 과거 짜르정부에 의해 강탈된 47만 헥타르에 해당하는 카자흐와 키르기즈 주민들의 토지가 원소유자에게 반환됐다. 토지 재분배 계획은 일부의 부작용을 야기하기도 했다. 스텝에서 여름과 겨울에 초지를 찾아 원거리를 이동하는 유목민들에게 고정된 지역에서의 정착은 바람직스럽지 않은 강요였다. 그럼에도 불구하고 소비에트 관리들은 유목민의 생활방식을 바꾸도록 압력을 행사해 심한 반발을 사기도 했다. 1920년대에 소련이 거국적으로 공업화를 추진하는 과정에서 농업이 상대적으로 경시되었다. 1928년 10월 1일을 기점으로 제1차 5개년계획을 수립했으며 자본주의 세계와 맞서기 위한 군사력 강화의 필요성 때문에 농업은 항상 뒷전으로 밀려났다. 농산품을 공산품과 불평등 교환시킴으로써 농업부문이 희생됐고 게다가 식량생산 부진으로 카자흐인들은 많은 희생자를 냈다. 이러한 대기근 속에서 러시아인과 카자흐인 정치 지도자들은 권력투쟁을 전개했으므로 사실상 농민들은 준전시체제 속에서 사는 것과 다름이 없었다. 1920년대 전반기에 발생한 기근으로 수천 명이 사망했다. 모스코바 당국은, 유목생활을 포기하고 정착의 의지를 표시한 카자흐인들에게 토지를 분배하겠다고 약속했으나 대체로 척박한 농지가 카자흐인들에게 돌아갔다. 대부분의 옥토가 러시아 정착민에게 할당됐다는 사실을 알고 카자흐인들은 분개했지만 식민지적 구도를 바꿀 수는 없었다. 정착의 의지가 있는 카자흐인이라고 할지라도 농기구뿐 아니라 파종할 씨앗마저 부족하여 유목민 생활로 복귀하는 현상도 나타났다. 경작지와 건초용 목초지의 재분배 정책에 따라 빈농(貧農)과 중농(中農)은 농촌 지주가 관리하던 125만 헥타르의 경작지와 136만 헥타르의 목초지를 배분받았다. 그 결과 농촌 지주계급인 쿨락(Kulak)이 사리지게 됐다.

1929년에 소련 전역에 걸쳐 토지의 집단화가 착수되면서 소농경제를 대체한 사회주의적 집단농장으로의 재편이 실시됐다. 강제력에 의한 집단화는 농민들의 거센 반발을 야기하여 1930년 초 러시아 전역에서 2,000여 건의 반집단화 농민폭동이 일어났다. 카자흐스탄도 예외는 아니어서 강력한 농민의 저항이 있었고 여기에 동조한 농민은 강제수용소로 보내지거나 처형됐다. 중앙간부들은 집단화에 소극적인 지방간부들을 비난하는 과정에서 카자흐스탄 제1서기장 러시아계인 골로시체킨(Goloshchekin)을 포함한 다수의 지방 간부들이 숙청됐다. 그 결과 37년에는 소련 전역에 걸쳐 집단농장 24만 3,700여 개 소에 전농가의 93%가 들어왔다. 이로써 콜호스(집단농장)와 소프호스(국영농장)가 생산한 곡물의 대부분이 국가에 의해 수매됐으나 농업 부문의 부진은

생산한 곡물의 대부분이 국가에 의해 수매됐으나 농업 부문의 부진은 해결되지 못했다.

카자흐스탄에 사회주의 체제를 정착시키기 위해 산업화를 유도하였다. 러시아계 고급 엔지니어, 기술자와 노동자가 카자흐스탄 건설 공사와 기업체에 파견되었고 이들은 기술력의 일부를 카자흐스탄 노동자들에게 전수하였다. 우크라이나 돈바스(Donbas) 탄전의 광부는 카라간다로, 바쿠(Baku)와 그로즈니(Grozni)의 유전 노동자들은 엠바(Emba)로, 스베들로프스크(Sverdlovsk: 우랄산맥 남쪽의 공업도시)의 기계기술자들이 카자흐스탄의 여러 지역으로 파견되기도 했다.

2) 스탈린의 숙청과 스탈린 이후 시대

1924년 1월 21일 혁명운동과 사회주의 건설에 헌신적이었던 레닌이 마침내 사망했다. 레닌 사후 권력 계승에 성공한 스탈린은 농업집단화를 동반한 강력한 공업화 정책을 채택했다. 소련에서 농업은 상대적으로 경시돼 공업화의 성과에 눌려 생산이 격감하고 진통을 겪고 있었다. 스탈린은 단기간 내에 사회주의적 공업화를 완수하기 위해 대중의 힘을 일정한 방향으로 유도하려 했고 이 정책에 반대하는 세력과 국민들을 격리시켜 나갔다. 1930년대에도 정치적 혼란은 계속됐다. 스탈린의 대숙청은 다른 지역에서와 마찬가지로 1937-1938년에 카자흐스탄에서 절정에 달했다. 카자흐스탄 서기장 미르조이안(L. I. Mirzoian)을 포함하여 카자흐인 지성인들이 체포되어 형 집행을 받거나 처형당했다. 대숙청은 사회에 대한 일종의 테러였으므로 공포와 경계심을 야기하여 스탈린은 자신의 정치적 목적을 달성할 수 있었다. 그 결과 1938년 말에는 저항이 강했던 카자흐스탄 지방 인구의 98%가 집단농장 생활을 선택했던 놀라운 기록이 달성됐다.

제2차 세계대전의 발발로 스탈린은 카자흐인들에게 행하던 가혹행위를 중단하기에 이르렀다. 전쟁 기간에 反이슬람 강경정책을 완화시들의 반발을 야기할 수 있는 정치 논쟁을 가능한 한 억제해 나갔다. 카자흐스탄의 알마티와 여타 도시들이 전쟁을 피해서 도피처를 찾는 러시아인들의 중요한 정착지가 됐다. 아울러 이 도시들은 전시체제에서 생산활동을 지속시키려는 공장과 산업체의 현장으로 이용됐고 전략적으로 중요한 천연자원의 은닉처로 부상했다.

제2차 세계대전이 끝난 뒤 경제회복이 소련의 주요 관심사였다. 제4차 5개년계획(1946-50)의 마지막 연도인 1950년에 공업생산은 계획을 초과달성했으며, 반면에 농업생산은 부진하여 기대에 미치지 못했다. (이무열 1996: 413-414) 1950년대 초 농업은 전쟁 이전의 수준을 회복했지만 투자부족과 생산동기의 유발 실패, 의사결정의 통제 등으로 여전히 저조한 상태에 있었다. 1953년 스탈린이 사망한 뒤, 흐루시초프가 농업개혁정책을 제시하며 차세대 지도자로 부상했다. 흐루시초프는 농산물 수매가 인상, 콜호스에 대한 지원 확대, 농업의 기계화 등의 정책으로 농업생산의 증대를 꾀했다. 대규모 처녀지 개척사업을 주도해 카자흐스탄과 시베리아 남부에 새로운 농경지를 조성했다. 1954년 2월에 발표된 처녀지 개척사업(Virgin Land Program)은 밀 경작지를 확보함으로써 우크라이나 지역에서 밀 경작의 실패에 대비해 식량부족을 해결하려는 농지확보 정책이었다. 당국은 러시아와 우크라이나 지역에서 지원자를 모집해 카자흐스탄 스텝지대에 정착시켜 토지를 개간시켰다. 그 결과, 카자흐스탄에서 다량의 목초지가 사라져 유목민의 불만을 유발시켰을 뿐만 아니라 과거 러시아제국이 추진한 식민화 정책과 다르지 않은 것으로 인식됐다. 이 계획은 엄밀히 말해서 성공적이라고 평가되지 못했는데, 특히 1960-1964년에 있었던 대규모의 폭풍우와 토지 침식으로 개척사업지의 반 정도에 해당하는 약 1,200만 헥타르가 손실됐다. 알마티의 북서쪽 960 Km에 위치한 아크몰라(Akmola)는 처녀지 개척사업의 주요 지역이었으며 흐루시초프의 실각 이후 이 지역의 밀밭이 다시 목초지로 변했다. 하지만 카자흐스탄에서 처녀지 개척

사업은 우여곡절 속에서도 성과가 있어서 곡창지대를 출현시킬 수 있었다. 1964년 흐루시초프의 실각 이후, 농업 저성장이라는 이유로 그의 농업정책이 많은 비판을 받고 중단됐다.(Rashid 1994: 115-116)

흐루시초프의 기반이 붕괴된 후, 당 제1서기에 브레즈네프(재임:1964-82)가 취임하자 흐루시초프의 경제정책은 원점으로 돌아갔으며 다른 지역에서와 유사하게 카자흐스탄의 정치권에도 구조적 변화가 일어났다. 브레즈네프 계열의 인물로 알려진 카자흐인 딘무하메딘 쿠나예프(Dinmukhamed Kunayev)가 카자흐스탄 공산당(Communist Party of Kazakhstan) 제1서기로 임명됐다. 1971년 소련 공산당 정치국원으로 임명된 쿠나예프는 1986년 12월 16일 부정혐의로 해임될 때까지 15년간 카자흐스탄을 지배했다. 쿠나예프는 알마티 주변에 오리 사냥터를 마련해 브레즈네프를 초청할 만큼 각별한 관계를 유지했다. 쿠나예프의 제1서기 재직시 카자흐스탄 공산당 내에 러시아인들이 주요 보직을 차지하고 있었으나 점진적으로 카자흐인들을 배치하여 자신의 정치세력을 구축해 나갔다. 모스코바에 절대적으로 충성하는 한편, 민족주의적 색체를 나타내는 카자흐인 정치집단을 조심스럽게 배출시켰다.

1985년 서기장에 오른 고르바초프(1985-1991)는 쿠나예프 정권의 부패와 이에 대한 러시아인들의 불만 때문에 1986년 그를 해임시켰다. 그 자리에 임명된 켄나디 콜빈은 친러시아계 츄바쉬(Chuvash)인으로 카자흐스탄 공산당을 일신시키는 임무를 수행하고자 했으나 지역적 기반을 갖지 못했다. 고르바초프가 켄나디 콜빈을 카자흐스탄 공산당 제1서기직에 임명한 것은 치명적인 실수였다. 고르바초프는 이미 카자흐인들이 외부의 압력에도 불구하고 흔들리지 않을 만한 민족적 기반을 구축해 놓은 것을 감지하지 못하고 있었다. 12월 17일 콜빈의 임명에 항의하기 위해 약 10,000명이 참가한 대규모의 시위가 알마티에서 발생했다. 그 당시까지 다인종 간의 조화와 균형을 유지해 왔기 때문에 소련 내에서 모범적 독립공화국으로 알려졌던 카자흐스탄에서 민중의 시위는 예상을 뛰어넘는 사건이었다. 게다가 아프카니스탄에서 소련 군대와 이슬람 저항군이[20] 장기간 대치하고 있던 시기였으므로 알마티의 대규모 시위는 소련 공산당 간부들에게도 긴장감을 증폭시켜 전달됐다. 시위대와 진압경찰 간에 발생한 무력충돌로, 공식적인 발표에 따르면, 200명 이상이 부상당하고 경찰요원 3명을 포함하여 17명이 사망하는 참사가 벌어졌다. 이 사건 이후 콜빈은 장기적인 권력누수 현상에 직면하게 돼 카자흐스탄 공산당의 지지를 상실할 수밖에 없었다. 마침내 1989년 3월 소연방 인민대표위원 선거에서 카자흐인 누루술탄 나자르바이예프(Nursultan Nazarbayev)가 카자흐스탄 제1서기로 임명됨으로써 카자흐스탄의 국내적 정치불안이 진정될 수 있었다.(Rashid 1994: 117)

2. 소비에트 체제와 우즈베키스탄

1) 10월 혁명과 소비에트 체제의 수립

1917년 러시아의 10월 공산혁명은 러시아의 지배를 받던 투르크계 민족들에게는 독립의 가능성을 제시하는 새로운 희망처럼 여겨졌다. 타쉬켄트 지역에 거주하는 진보적인 우즈벡인들은 식민지적 통치체제를 불식시키고 민족국가의 건설을 당면 목표로 삼았다. 이와는 대조적으로 십 알리 라핀(Ship Ali Lapin)을 비롯한 이슬람 성직자들이 주축을 이룬 보수세력은 이슬람 조직의 영향력 확대에 우선권을 두었다. 진보진영과 보수진영이 추구하는 노선이 각각 상이했으므로 우즈벡인들이 볼세비키 정부와 효율적으로 정치적 협상을 전개시켜 나갈 수 없었다. 10월 혁명 당시 우즈베키스탄 지역에는 이슬람 성직자들과 봉건적 수

20) 소련과 아프카니스탄 간의 전쟁이 1979-1989년간에 진행되었음.

10월 혁명 당시 우즈베키스탄 지역에는 이슬람 성직자들과 봉건적 수장들이 지배하는 부하라 칸국과 히바 칸국이 있었다. 부하라 칸국과 히바 칸국은 개혁운동을 원천적으로 차단시키기 위해 러시아 군대의 지원을 받고 지탱하던 보수주의 체제였다. 따라서 지향 노선이 다른 진보 및 보수 집단이 볼세비키 정부에 대응할 만한 결집력을 확보하기에는 역부족이었다.(Kim 1993:140) 새로 출범한 소비에트 정부는 처음에는 이들 칸국들에 대하여 민족 자결 원칙을 표방하면서 간섭하지 않았는데 그 이유는 잠정적이라고 할지라도 볼세비키 진영에 호감을 갖게 하려는 유인정책이 긴급히 필요했기 때문이다. 그러나 소비에트 정부의 본심을 파악하기 시작하게 되면서 민족 자본가들과 이슬람 성직자들을 중심으로 반혁명세력이 형성되고 독립운동이 일어나기 시작하였다.

우즈벡인들과 이슬람 성직자들이 주도해서 1917년 12월 코칸드 열린 중앙아시아 무슬림 총회에서 무스타파 초카에브(Mustafa Chokaev)를 의장으로 하는 54명의 민족의회 의원이 선출되었고 투르케스탄의 자치가 선포되었다. 그러나 1918년 2월 타쉬켄트 소비에트 군의 진압에 의해 코칸드 자치 정부 선언은 무효로 돌아갔다.(Anderson,1997:23) 이 밖에 소비에트에 더 심각한 위협이 되었던 대표적인 중앙아시아의 저항운동으로 바스마치(Basmachi) 운동이 발생했다. 이 저항운동은 코칸드 방위군 책임자였던 이르가쉬 벡(Irgash Beg)의 지도하에 안디잔에서 일단의 무장집단이 일으켰으며 1919년에 이슬람의 색채가 비교적 짙은 페르가나 전 지역이 마다민 벡(Madamin Beg)의 지도 아래 이 운동에 동참하였다. 이 바스마치 운동의 지도자들은 본격적인 전쟁을 통해 한때 잘랄아바드(Jala Abad)와 오쉬 등을 정복하고 임시정부까지 수립하였으나 소비에트 군대의 공격으로 패망하고 말았다. 이러한 상황에서 1921년 오스만 제국의 육군성장관이었던 엔베르 파샤(Enver Pasha)가 중앙아시아의 투르크 민족을 규합하기 위해 바스마치 저항운르 파샤의 개입에도 불구하고 바스마치군은 소비에트 정부의 저항세력 내분전략에 의해 분열됨으로써 무력화되고 말았다. 결국 1922년 8월 4일 러시아 기계화부대의 기습을 받은 엔베르 파샤가 전사한 뒤에 바스마치 저항운동이 쇠퇴의 길로 접어들었다. 결국 1922년 12월부터 중앙아시아 투르크계 국가들이 소비에트 연방에 가입함으로써 중앙아시아는 소련의 일부가 되었으며 우즈베키스탄은 1925년에 소비에트 연방에 편입되었다.

2) 소비에트 체제에서의 우즈베키스탄

소비에트 연방에 편입된 우즈베키스탄은 다른 중앙아시아 국가들과 함께 공산주의 정권의 통제정책에 의해 정치, 경제, 사회적으로 자율성을 상실한 위성국가로 전락하고 말았다.

소비에트 정부는 중앙아시아에서 발생했던 범투르크주의와 범이슬람주의가 재등장할 것을 우려하여 중앙아시아 민족들의 유대감을 약화시키려고 분리주의 정책을 취했다. 이 과정에서 볼셰비키 정부는 임의대로 국경선을 나누기도 하였는데 러시아 본토에 인접하여 러시아인을 가장 많이 이주시켜 러시아화를 촉진시키던 지역을 카자흐스탄으로 명명하여 중앙아시아 국가들 가운데 가장 넓은 영토인 2,717,300㎢를 배당했으며, 이슬람-투르크 문화의 중심지였던 지역은 우즈베키스탄으로 분리하여 447,000㎢의 영토를 배당하였다. 이 밖에도 임의적인 국경선 분리로 인해 타(他) 민족명으로 붙여진 공화국에 소수민족으로 전락하는 집단들이 다수 발생한 부작용을 들 수 있다. 우즈베키스탄 소련 연방 공화국의 국경 내에 사마르칸트의 타직인, 카라칼팍의 카라칼팍인과 투르크멘인 등이 포함되었고 그 뒤에 발생한 소수집단간의 차별은 민족갈등과 정치불안을 일으키는 원인으로 여겨졌다.(Kulchik, 1996:2-3)

한편 1920년대 중앙아시아는 전쟁, 내전, 혁명을 거치면서 경제가 파탄지경에 이르렀다. 1920-1921년에는 150만 명이 기아상태에 처할 정도로 식량상황이 악화됐다. 이러한 여건 속에서 소비에트 정부는 식량생산을 전쟁 전의 수준으로까지 회복시키기 위한 정책의 일환으로 착수된 집단농장화 정책을 통해 중앙아시아 지역의 농업생산 구조의 전환을 시도했다. 집단농장화는 정치적으로도 중앙아시아 투르크계 민족들이 범이슬람주의나 범투르크주의로 연합하는 것을 차단하는 방편으로 이용되기도 했다. 우즈베키스탄 자치공화국은 특별히 면화산업 특화지구로 선정되어 1970년대 말까지 공화국 전체 노동인구의 40%가 이 산업에 종사하고 면화산업이 공화국 총산업생산량의 65%나 차지하게 됐다.(Anderson, 1997: 37-41)

소비에트 연방에 속한 우즈베키스탄에서의 가장 큰 변화는 사회, 문화적인 부분에서 일어났다. 볼세비키 정권의 초기에는 이슬람 사회의 관습과 규례가 인정되고 종교학교 운영이 허용되었지만 1927년 이후 이슬람식의 전통 법정 및 종교학교가 폐지되었고 동시에 세속적 교육제도가 도입되었다. 또한 1927년 3월부터 여성해방을 지원하는 노력의 일환으로 진보화운동이 시작되었다. 거대한 대중 기념행사장에서 여성들이 베일을 벗어 불태워버렸다. 우즈베키스탄에서는 2달간 9,000명의 여성들이 베일을 벗어 태워버렸다. 이 운동의 목표는 여성 억압과 관련된 모든 관습을 폐지하는 것이었다. 또 다른 1920년대 말에 진행되었던 운동은 이슬람에 대한 공격이었다. 1930년대에 대다수의 이슬람 사원이 폐쇄당했고 이맘(Imam)과 물라(Mullah)들의 종교적인 활동은 제재를 당하게 되었다.

이와 같은 소련 정부의 중앙아시아 통제 외에 1938년에서 1939년 사이에 투르크 민족주의자들에 대한 대숙청 작업이 있었다. 이때 우즈벡 민족주의 지도자들이 대부분 국외로 추방되었고 그 결과 우즈베키스탄에 대한 모스코바 중앙 정부의 통치는 한층 수월해졌다.

고르바초프 등장 이후 그가 표방한 페레스트로이카와 글라스노스트는 소련연방내의 민족문제를 외부로 표출시킬 수 있는 계기를 제공하였다. 이 시기에 우즈베키스탄에서 민족주의 운동과 이슬람 부흥운동이 동시에 산발적으로 일어났다. 도시에서 이슬람 사원이 재건축되거나 새로 건설되는가 하면, 민족주의 성향이 강한 신문들이 출간되었다.

이 시기에 이슬람 카리모프는 이슬람 원리주의 운동과 민족주의 운동의 극단적인 확산을 적절하게 제어하고 이를 정치적으로 활용하였다. 그는 1989년 6월 우즈벡 공산당 제1서기장이 되었고 1990년 3월 최고의회에서 간선 대통령으로 선출된 이후, 1990년 6월 26일 독립국가로서 우즈베키스탄의 주권을 선언하였다.

3. 소비에트 체제와 타지키스탄

1) 10월 혁명과 소비에트 체제의 수립

1917년 러시아의 10월 공산혁명은 투르크와 타직 민족의 역사를 뒤바뀌게 한 하나의 분수령이 되었다. 타지키스탄은 오랫동안 부하라 칸국의 한 부분으로 동 부하라 혹은 소 부하라로 불려오다가 소비에트 정부에 의해 하나의 독립국가로 발전하게 되었다. 따라서 타지키스탄의 정치사(政治史)는 소비에트 정부의 전략과 정책에 의존하여 전개되었다. 타지키스탄 국가 수립은 기본적으로 파미르산지 지역에서 소비에트 권력을 확고히 구축하는데 목적을 두었다.

새로 출범한 소비에트 정부는 처음에는 중앙아시아 국가들에 대하여 민족 자결 원칙을 표방하면서 간섭하지 않았는데 그 이유는 잠정적이라고 할지라도 볼셰비키 진영에 호감을 갖게하려는 유인정책이 긴급히 필요했기 때문이다. 그러나 부르주아 민족 자본가들과 이슬람 성직자들을 중심으로 반혁명세력이 형성되고 독립운동이 일어나기 시작하

자 군사력을 동원해 강제적으로 병합시키기 시작했다.(김대성,1998:30)

1918년 적군은 반혁명세력을 타도한다는 명목 하에 부하라의 동부 즉, 현재의 타지키스탄 지역을 점령하기 위한 작전을 개시했다. 이때 적군은 부하라 공산당의 이름으로 동원된 노동자 및 농민을 반혁명세력을 제압하기 위한 자원으로 활용했다. 당시 투르케스탄 전선의 지휘관이었던 푸룬제(M.V. Frunze) 장군은 1920년 8월 30일 커다란 저항에 부딪히지 않고 부하라를 점령하였으며 볼세비키 정권은 연이어 부하라 인민 소비에트 공화국을 구성하였다. 그리고 1921년 2월 21일 두샨베를 점령함으로써 두샨베는 동 부하라의 정치중심지가 되었다.(Tealakh, 1992:89−92)

소비에트의 점령에 대항하여 페르가나 지역에서 일어난 일종의 무력저항운동인 '바스마치 운동(Basmachi Movement)'이 정점에 달했으나 1922년에는 위기를 맞이하게 되었다. 1922년 8월 4일 중무기를 동원한 적군의 대규모 공격을 받은 엔베르 장군의 사망 이후 바스마치 운동은 소멸되었다. 바스마치 운동은 투르크와 타직 민족의 저항운동으로 볼 수 있는데, 저항세력 간의 의사소통이 원활하지 못해 결집력이 약하여 강력한 힘을 발휘할 수 없었을 뿐만 아니라 소비에트는 이 세력을 민족별로 분산시킴으로써 그 저항세력을 무력하게 만들었다.

소비에트는 투르케스탄 지역의 반혁명 세력들의 봉기를 진압하고 통제하기 위해 "특별명령위원회"(The Extraordinary Dictatorial Commission)를 설치하여 운영하였다. 소비에트는 저항세력을 무마하려는 의도로 "당근과 채찍" 양면 전략을 활용했다. 소비에트는 저항세력을 강력하게 탄압할 뿐만 아니라 부하라를 점령하기 전에 이미 농민들에게 소득세 납부를 면제해 주면서 농민과 노동자의 지지를 받기도 했었다. 결국 1922년 12월부터 중앙아시아 투르크계 국가들이 소비에트 연방에 가입함으로써 중앙아시아는 소련의 일부가 되었으며 타지키스탄은 1924년 10월, 두샨베를 수도로 하고 바다흐샨 자치주(Oblast)를 포함하여 우즈벡 연방 공화국에 속한 자치 공화국(Tajik Autonomous Soviet Socialist Republic:TASSR)으로 소비에트 연방에 편입되었다.

2) 소비에트 체제에서의 타지키스탄

소비에트 연방에 편입된 타지키스탄은 다른 중앙아시아 국가들과 함께 공산주의 정권의 정치, 경제, 사회-문화적 통제정책에 의해 자율성을 상실한 위성국가로 전락하고 말았다.

소비에트 정부는 중앙아시아에서 발생했던 바스마치 운동과 같은 범투르크주의와 범이슬람주의가 재등장할 것을 우려하여 각 민족들의 분리, 통치 전략을 선택했다. 이 과정에서 중앙아시아 민족 분포 상황을 의도적으로 무시한 볼세비키 정부가 임의대로 국경선을 나눈 결과 새로운 이름으로 구성된 각각의 공화국 내에 소수민족으로 전락하는 집단들이 다수 발생하였다. 타직인들과 우즈벡인도 예외가 아니었다. 타직인들의 전통적 거주지이자 문화, 정치의 중심지였던 사마르칸트와 부하라는 우즈벡 공화국에, 한편 우즈벡인들이 다수 거주하는 코잔드 지역이 타지키스탄 공화국에 귀속되었다.(Kulchik, 1996:2-3)

한편 1920년대 중앙아시아는 전쟁, 내전, 혁명을 거치면서 경제가 파탄지경에 이르렀다. 1920-1921년에는 150만 명이 기아상태에 처할 정도로 상황이 나빴다. 이러한 여건 속에서 소비에트 정부는 농업 및 축산업을 전쟁전의 수준으로까지 회복시키기 위해 힘을 다하였다. 1926-1929년 사이에 중앙아시아 지역의 농업구조가 국영농장(Sovkhozy)과 집단농장(Kolkhozy)으로 편성되었다.(Anderson, 1997:37-41) 특별히 타지키스탄공화국에 대한 소비에트 정권의 농업정책은 남부 지역 목화재배에 맞춰졌으며 그 과정에서 농민들에 대한 폭력, 관개시설의 확장, 파미르 산지 주민들의 남부 목화농장으로의 강제이주 등의 사건이 발생했다. 1930-36년 사이에는 이러한 강제적인 농업집단화에 반대하는 저항운동이 재개되기도 하였다.

1929년 집단농장화 과정이 끝났을 때 타지키스탄은 자치공화국에서 타지키스탄연방공화국(Tajikistan Soviet Socialist Republic:TSSR)으로 승격되었다. 중앙아시아 이슬람 역사의 권위자인 Kolarz는 소비에트 정권이 타지키스탄을 하나의 독립공화국으로 승격시킨 결정을, 영국의 영향력 아래 있는 아프가니스탄에 대한 소련의 영향력을 확대하기 위한 하나의 방편으로 아프가니스탄 내의 타직인들에게 친소감정을 주입시키기 위한 정치적 전략이라고 해석하였다. 상당한 수의 타직인들이 살고 있는 아프가니스탄에게 타지키스탄 공화국의 수립은 상당한 부담요인이 되었던 것이다. 하지만 아프가니스탄의 타직인들은 타지키스탄공화국보다는 아프가니스탄에 충성심을 보였다.(Tealakh,1992:94)

소비에트 연방에 속한 타지키스탄공화국에서 일어난 가장 큰 변화는 사회, 문화적인 부분에서 일어났다. 볼셰비키가 무엇보다 시급하게 처리해야 할 임무는 잠재적인 대결 사상인 이슬람의 무력화였다. 이 투쟁은 1920년 "문화혁명"이라는 슬로건 아래 시작되었다. 볼셰비키 정권의 초기에는 이슬람 사회의 관습과 규례가 인정되고 종교학교가 허락되었지만 1927년 이후 이슬람식 전통 법정 및 종교학교가 폐지되었고 동시에 세속적 교육 시스템이 소개되었으며 문맹퇴치 운동이 1929-36년 사이에 일어나 1937년에는 문맹률이 28% 정도로 감소했다. 또한 1927년 3월부터 여성해방을 지원하는 노력의 일환으로 진보운동이 시작되었다. 거대한 대중 기념행사장에서 여성들이 베일을 벗어 불태워버렸다. 이 운동의 목표는 공산주의 사회에서 노동력을 제공하는 여성에 대한 억압과 관련된 모든 관습을 폐지하는 것이었다. 1930년대 초에 소련이 무신론 국가임을 선포하는 새로운 헌법이 채택되면서 대다수의 이슬람 사원이 폐쇄됐고 이맘(Imam)과 물라(Mullah)들의 종교적인 활동은 제재를 받게 되었다.

1930년대에 공산주의에 대항하는 타직 민족의 독립운동이 재발되었다. 이 운동이 타직 공화국의 소련으로부터 분리와 독립을 주장하는 것이었으나 실패로 끝난 후 1937년에 다시 독립정부 수립을 위한 타직인들의 봉기가 있었지만 그때마다 소비에트 정권의 러시아인들은 엄격하게 이를 저지하였다. 1933–35년 사이에 타지키스탄 공산당 간부의 70%에 해당하는 타직인 10,000여명의 간부가 해임되었고 러시아인들이 간부직에 대거 임명되었다. 스탈린 치하의 1937–38년 대규모적인 숙청이 이뤄졌다.

스탈린의 공업화 정책과 공산당 체제 강화 정책에 따라 이슬람에 대한 억압이 강화되었지만, 1941년 독일군의 침공을 받자 많은 무슬림들의 지원이 필요하여 이슬람 억압정책이 일시적으로 중단되었다. 그 후 1959–64년까지 후르시초프의 집권기간 동안 다시 수많은 이슬람 사원이 폐쇄되는 등 억압정책이 강화되었고, 1964–82년까지 브레즈네프 통치기에는 다시 반 이슬람 정책이 점차 약화되어 1970년대 후반부터 이슬람 사원들이 다시 문을 열게 되었다.(고재남,1996:159)

3) 제2차 세계대전 이후의 타지키스탄

제2차 세계대전으로 타지키스탄은 새로운 전기를 마련할 수 있었다. 제2차 세계대전이 진행되는 동안 소련의 전략가들은 중앙아시아에 특별한 관심을 기울였다. 알마티와 여타 도시들이 전쟁을 피해 떠나 도피처를 찾는 러시아인들의 중요한 정착지가 됐다. 아울러 이 도시는 전시체제에서 생산활동을 지속하려는 공장과 산업체의 주요 기지로 이용됐고 전략적으로 중요한 천연자원의 은닉처로 부상했다. 소련은 제2차 세계대전 중에 군수 및 일반 산업시설을 우랄과 중앙아시아 지역으로 이전했다. 중앙아시아는 안전한 지대이면서 풍부한 자원을 가지고 있었기 때문이었다. 타지키스탄공화국으로도 일부 산업시설이 이전되었다. 이 당시 산업시설의 이전으로 중앙아시아에서 산업 기반이 조성되었다. 1941–1943년에 타직공화국은 전투기와 탱크를 생산할 수 있게 되었으며 수많은 훈장과 상(賞)이 군수장비를 만들어낸 타직인들에게 수여되었다. 그 후 1955년 타직 공화국의 국내총생산량이 1940년과 비교해 300% 성장할 정도로 고도의 산업성장이 이루어졌다.

후루시초프가 소비에트 정권을 잡은 기간(1953-1964) 동안 타지키스탄은 당과 정부 재조직 프로젝트의 효과를 보게 됨으로써 사회 각 부분에서 괄목할만한 발전이 일어났다. 특별히 1957-1958년 사이에 시행된 처녀지 개발 프로젝트를 통해 타지키스탄에서 경제가 크게 성장하였다. 그리고 후루시초프를 이은 브레즈네프 정권 기간(1964-1982)에 행정구역들과 지역이 재편되기도 했다.

소비에트 기간의 타직 공화국의 특징 중의 하나는 스탈린 집권 이후에 제1서기관이 모두 레니나바드(지금의 코잔드) 출신이라는 것이다. 1940년대 말에 제1서기가 되었던 Ghafurov를 이은 Tursunbai Uljabayev(1956-1961)는 타직 공화국의 목화생산을 과장해 보고하였다는 것과 레니나바드 고향 친구들을 편파적으로 당 요직에 임명하였다는 명목으로 제1서기 직위에서 물러나야 했고 1961년 Jabbor Rasulov로 대체되었다. Rasulov는 브레즈네프의 "간부의 안정(Stability of Cadres)"정책에 의해 브레즈네프의 사망으로 고르바초프 정권이 등장할 때까지 타지키스탄의 제1서기로 재직하였다.(FRDLC,1998)

고르바초프 등장 이후 그가 표방한 일련의 개혁정책은 글라스노스트(glasnost, 개방), 데모크라티자치야(demokkratizatsiia, 민주화), 그리고 호즈라시체트(khozraschet, 경제적 자치경영)로 대표될 수 있다. 이러한 개혁정책은 소련인의 잠재력을 최대로 활용해 보자는 의도에서 추진되었으나 연방공화국들에 의해 자국 또는 자민족의 이익을 확대시키기 위한 수단으로 활용됨에 따라서 정치, 경제 상황을 더욱 악화시키고 말았으며 결국 소수민족 분리주의를 촉발시켰다.

글라스노스트는 오랫동안 금기시되어 왔던 불평과 불만을 공개적으로 토론의 주제로 다룰 수 있게 해주었으며 금기시 되었던 언론 매체의 이용을 가능하게 해줌으로써 사회적 다원주의를 발전시켰다. 이는 타직인들을 비롯한 소련 내의 다른 소수 민족들의 민족의식과 결속력을 강화시켜 주는 계기가 되었다.

타지키스탄의 엘리트들은 러시아어가 지배적인 언어로 변화되어가는 문제를 심각하게 받아들이고 지방 신문에 이에 대한 논평을 기고하였다. 그 결과 수많은 학생과 시민들이 동참한 시위가 1989년 2월말 수도 두샨베에서 발생하였고 최고회의도 이에 동조하여 타직어를 국어화하였고 타직어 교육을 확대, 강화하는 언어법을 동년 7월에 채택하였다. 이러한 타지키스탄 정부의 민족주의 정책은 민족 간의 긴장을 증대시킴으로써 러시아인 노동자들과 관리들이 타지키스탄을 떠나기 시작하였고 1989년 여름에는 타직인과 키르기즈인 간의 충돌이 양국 국경지역에 위치한 집단농장에서 토지소유권을 둘러싸고 벌어지기도 하였다. 또한 우즈베키스탄과 타지키스탄 정부가 자국어를 공식어화하는 언어법을 통과시킴에 따라서 양국 내에 거주하는 양 민족의 차별문제를 둘러싸고 양국 정부 간 갈등이 드러나기도 하였다.(고재남, 1996:349-350)

또한 민주화 정책에 의해 연방공화국 지도자들이 선거를 통해 자국민의 심판을 받게 되었다. 따라서 이들은 연방정부보다는 해당지역 주민들의 지지를 확보하기 위한 자국(自國) 우선주의를 취할 수밖에 없었다. 고르바초프는 1987년 1월, 복수후보 인정 및 비밀투표를 보장할 수 있도록 선거법을 개정하고, 1988년말 기존의 최고회의를 개편하여 '인민대표회의'를 신설함으로써 개혁지향적 인사들이 회의로 진출하도록 허용하였으며, 1990년 3월 공산당의 권력독점을 폐기하는 복수정당제를 도입하였다. 타지키스탄은 중앙아시아 국가로는 최초로 1990-1991년 사이에 다당제를 도입하였고 공산당에 반대하는 야당이 4개나 존재하게 되었다. 이들 4개 야당은 민주주의를 주장하는 민족민주당, 문화적 민족주의를 주장하는 라스토헤즈 애국당(Rastokhez는 부흥이란 뜻으로 민족, 종교적 요소를 혼합한 정강을 내세웠으며 지식인들이 주요 구성원임), 고르노 바다흐샨 지역의 자치를 주장하며 파미르인들의 지지를 받는 랄리 바다흐샨(Lali Badakhshan) 그리고 종교적 색채의 이슬람부흥당(IRP)이다.

고르바초프의 개혁정책으로 인해 중앙아시아 타 국가들처럼 타지키스탄도 1990년 8월 주권선언을 하였으며 1991년 8월 고르바초프 개혁정권에 반대하여 모스크바에서 발생한 쿠데타(이하 8월 쿠데타)가 실패로 돌아간 이후 타지키스탄은 같은 해 9월 9일 독립을 선포하였다. 타지키스탄은 다른 중앙아시아 국가들에 비해 내부적인 분열이 심하여 독립국가를 수립하는데 많은 어려움을 겪어야 했다. 민주화에 의해 생겨난 많은 야당들은 독립이후 바로 대통령 선거를 요구했고 1991년 11월 24일 선거가 치러졌다. 이 선거에서 공산당 출신의 라흐만 나비예프가 57%의 지지를 받아 대통령에 선출되었으나 반정부 세력들은 선거 결과에 승복하지 않고 대통령선거에 부정이 있었다고 주장하였다. 독립과 함께 시작된 정치적 내분은 1992년부터 본격적인 내전으로 발전해 갔다.

제7장

중앙아시아의 여성과 이슬람

1. 무슬림 여성의 사회적 지위

서구 근대화 이후 여권(女權)의 신장이 어느 정도 주목을 받아왔는가? 이 문제에 대해 일반적으로 페미니스트(Feminist)들은 계몽주의라는 세계관에 의해 지원을 받아 진행된 근대화는 여성들에게 커다란 권리를 제공하지 못했다고 비판적 입장을 가지고 있다. 계몽사상은 18세기의 프랑스가 낳은 필연적인 것이었다. 칸트가 "계몽이란 인간정신의 미숙 상태로부터의 해방이다"라고 표현한 바와 같이, 계몽사상은 단순히 한 분야에서 다른 한 분야로 이동하는 경향을 나타내는 것이 아니라 모든 사상의 영역을 포함하는 총체적 세계관의 태동인 것이다.

그러나 페미니스트들은 계몽주의가 마련한 개인의 자유는 사회의 공적 영역에서 남성의 활동을 보장해 준 제한된 자유로 꼬집고 있다. 따라서 근대화는 남성을 해방시키고 남성에게 권한을 부여한 반면 여성에게는 그렇지 못했다는 것이다. 근대화는 남성중심적으로 진행됐으므로 여성에게는 차별적이고 억압적인 방향으로 전개된 것으로 페미니스트들에 의해 평가되고 있다. 부르주아 중심의 근대화는 백인 유럽인 남성을 제외한 성적 종속과 인종적 차별을 오히려 강화시켰다고 지적을 받는다. 완전한 시민권이 여성들과 노예에게는 거부됨으로써 근대화는 근대적인 남성을 창조해 냈지만 여성들의 지위를 등한시했다.(Moghissi 1999: 79)

여권신장은 근대화 이후 오늘날까지 꾸준히 발전돼 왔지만 여전히 제한된 범위를 벗어나지 못한 것으로 평가되고 있다. 그러나 최근 효율성과 생산성을 고도로 중시하는 신자유주의[21] 체제하에서는 남성중심의 급여체계라는 전통적 개념이 무너지고 여성들도 이 경쟁 체제 속으로 급격한 속도로 진입하고 있어서 과거와 같이 고정된 여성차별적 제도가 더 이상 무의미하다는 견해가 대두되고 있다. 신자유주의 체제는 여성들에게 가부장적 사고방식에 대한 도전과 홀로서기 등을 적극적으로 생각할 수 있는 가능성을 열어 놓았다.

여성의 지위가 과거에 비해 전반적으로 높아졌지만, 여전히 유럽, 아시아와 아프리카 등 각 지역권과 문화권에 따라 크게 다르며 장래 여권신장의 가능성 또한 큰 차이를 보일 수밖에 없다. 중앙아시아 무슬림 여성들의 지위는 어떤 수준에 있는가라는 질문은 매우 광범위해 용이하게 답할 수 없다. 중앙아시아 각국에서 일반적으로 관찰되는 이슬람의 진보 또는 보수 성향의 정도와 한 국가 내의 다민족 구성비율에 따라 무슬림 여성의 지위는 상이하게 나타난다. 이는 여성과 관련된 꾸란의 구절을 적용하는 사회적 분위기와 비무슬림 가운데 절대다수인 러시아인의 영향력 정도가 무슬림 여성에 대한 사회의 의식형성

21) 신자유주의는 자본의 경쟁이데올로기와 이를 뒷받침하는 정치·경제적 정책 방향을 의미한다. 영미식 신자유주의는 친자본적, 반노동자적 성향을 지니며 노동시장의 유연화, 효율성 강조, 대폭적인 규제완화, 사회복지제도의 축소, 공기업의 민영화, 국제화 등으로 나타나는 총체적인 자본전략으로서 국가경쟁력 강화 이데올로기로 연결된다. 천보선, 김학한, 신자유주의와 한국교육의 진로, 한울, 1998, p.38.

과 직결되어 있기 때문이다. 중도적 이슬람 성향을 나타내는 우즈베키스탄의 무슬림 여성과 명목적 이슬람 성향을 가진 카자흐스탄의 무슬림 여성의 사회적 지위는 결코 동일할 수 없다.

2. 중앙아시아의 국가별 구분

중앙아시아를 정치, 지리적으로 구분할 경우 카자흐스탄, 우즈베키스탄, 키르기즈스탄, 투르크메니스탄과 타지키스탄이 포함된다. 이 다섯 나라는 과거 소비에트 연방에 속해 있어서 유사한 문화를 가지고 있다고 속단할 수 있겠지만 각 국가별 인종 구성비와 민족별 이슬람의 성향에 따라 제각기 상이한 특색을 가지고 있다. 우즈베키스탄의 인구는 약 23,470,000명(1997년)으로 그 가운데 우즈벡족 80%, 러시아인 5.5%, 타직족 5%, 카자흐족이 3% 정도 차지하며 나머지는 약 20만 명의 고려인을 포함한 다른 소수민족이다. 카자흐스탄의 인구는 약 16,800,000(1997년)으로 그 가운데 카자흐족 51%, 러시아인 32%, 우크라이나 4%, 독일인이 3% 정도 차지한다. 타지키스탄의 인구는 약 595만 명 정도인데 그 가운데 타직족 65%, 우즈벡족 25%, 러시아인 3.5% 정도 차지한다. 투르크메니스탄의 인구는 415만 명 정도로 그 가운데 투르크멘족 73.3%, 러시아인 10%, 우즈벡족 9%, 카자흐족 2% 정도 차지한다. 키르기즈스탄의 인구는 약 467만 명으로 키르기즈족이 52%, 러시아인이 15% 정도를 차지하며 인구 특성이 카자흐스탄과 어느 정도 유사하다.(http://www.kazak.co.kr/uzbekistan/ jongjok.htm)

각 국가 내 민족들은 자신들의 관습과 종교적 관행에 따라 생활하며 여성들도 자신이 속한 민족의 전통을 의식하며 사회생활을 영위해 가고 있다. 예를 들어, 고려인들의 경우는 여성의 활동을 자유롭게 인정하므로 여성의 학력 수준이 높은 편에 속하고 따라서 사회 참여도 거의 제약을 받지 않는다. 고려인 여성들이 사회 엘리트에 속하는 교수와 교사직 등의 전문직에 다수 진출해 있다는 사실이 그들의 지위를 잘 반영하는 것이다. 고려인 여성들은 사회활동에 참여하면서도 그들의 관습에 따라 가정에서의 역할을 원만하게 유지하는 편이다.

러시아인 여성들은 대부분이 러시아 정교도로서 정교도 전통을 지키며 살아간다. 러시아 성당에서 세례를 받고 자라며 결혼을 포함해 종교적 명절 등을 포함해 중요한 날을 교회에서 맞이하며, 사망할 경우에도 정교도식에 따라 장례 절차가 이루어진다. 정교도 또한 공산통치 시절 교회가 폐쇄되고 사제가 유형을 떠나는 등 대대적인 탄압을 받았다. 전통적인 신앙생활의 장소가 사라지고 영적인 목자가 사라지자 많은 사람에게 신앙의 상실을 의미하였다. 그러나 일부 사람들은 외부 탄압을 피해 지하로 숨어들어 신앙생활을 견고하게 지속시켜 나갔다. 제2차 세계대전 발발과 함께 스탈린은 정교회의 지지를 받기 위해 교회 탄압 정책을 변경해 일부 교회에 다시 예배를 볼 수 있도록 허락하였다. 탄압이 완화됐으나 국가는 교회를 여전히 속박하고 있었다. 이러한 혼란 가운데 전후세대 러시아인들의 신앙심은 크게 약화돼 형식적으로 변했으며 성당을 종교적 명절 등을 지키는 장소라는 관념으로 받아들이게 됐다. 러시아 여성들의 사회활동은 제약을 받지 않으며 학력 수준이 높아 전문직으로의 진출이 용이하다. 그러나 전문직 진출이 충분한 보수를 보장하는 것이 아니어서 서구 물질주의의 영향을 받은 소수의 여성들은 도덕적 혼란에 빠져 타 민족의 여성들에 비해 비교적 쉽게 이혼을 결정한다. 고등교육을 받고 자유로운 사고방식을 소유한 여성들은 홀로서기를 할 수 있는 가능성을 많이 가지고 있으나 이로 인한 독신주의 확산, 이혼율 증가와 조기 단산(斷産) 선호 등이 증가하므로 사회문제로 대두되고 있다.

사회 진출의 기회가 가장 크게 제한을 받는 여성들은 무슬림들이라고 해도 과언이 아니다. 무슬림 여성들은 꾸란과 하디스(무함마드의 언행록)가 제시한 원리를 따르도록 권유를 받는다. 그래도 카자흐스탄과 키르기즈스탄은 러시아인들이 차지하는 인구비가 커서 러시아의 영향을 많이 받았고 그 결과 이슬람 성향이 주변 우즈베키스탄이나 타지키스탄에 비해 크게 보수적이지 않으며 무슬림이라고 해도 명목적인 무슬림들이 많다. 카자흐스탄과는 대조적으로 타지키스탄은 쉬아파 무슬림이며 이란과 아프가니스탄의 영향을 받아 원리주의적 성향이 강해 여성들에게 이슬람의 규율에 철저히 따르도록 지도하고 있다. 따라서 여성들의 사회활동이 크게 제한을 받고 여아들에게 교육기회조차 부여하지 않는 가정도 적지 않다. 심지어 일부 가정에서는 남성과 동행하지 않는 여성의 외출을 금지시키고 있다. 이러한 원리주의적 성향은 이웃 국가인 아프가니스탄의 탈레반(Taliban) 정권의 정책으로부터 다소 영향을 받은 것으로 평가된다. 이란은 타직족을 페르시아계 민족의 일부로 받아들여 타지키스탄 내의 이란의 영향력 확보와 쉬아 이슬람 확산을 위해 타지키스탄의 독립 이후 다각적으로 노력해 왔다.

따라서 중앙아시아 무슬림 여성의 생활과 지위를 중앙아시아 국가 가운데 인구가 가장 많고, 전체인구 가운데 다수민족이 투르크계이며 중도적 이슬람 성향을 추구하는 우즈베키스탄의 여성과 카자흐스탄의 전체 여성을 통해서 이해하는 것이 바람직하다고 본다. 우즈베키스탄의 여성들 가운데 고등교육을 받고 대도시에 거주하는 소수 여성을 제외하면 다수의 여성들은 이슬람 관행을 의식하며 살아가야 하는 환경에 놓여있다. 카자흐스탄은 러시아의 영향을 우즈베키스탄에 비해 많이 받았고 여성들의 교육수준이 높아 여성들이 의식이 진보적이며 개방적이다. 이들을 이해하자면 이슬람에서의 혼인과 이혼에 대한 일반적 개념과 우즈베키스탄 무슬림 여성의 지위와 카자흐스탄 전체 여성의 지위를 연계해서 파악해야 한다. 지난 70년 간 소련 통치하에서 진행된 반종교 선전에 따라 러시아 정교도와 마찬가지로 이슬람에 대한 비판이 강도 높게 추진돼 제2차 세계대전 후세대의 신앙심이 약화됐지만 이슬람의 관행이 여전히 그들 생활에서 적지 않은 비중을 차지하고 있음을 부인하기 어렵다. 우즈벡족의 중도, 보수적인 사람들은 이슬람을 자신들의 정체성을 지탱해 주는 중요한 요소로 보고 있다. 러시아인이 전체 인구의 32% 이상(1997년 기준)을 차지하는 카자흐스탄에서는 이슬람의 영향력이 축소되었으므로 카자흐 여성들은 성향에 있어 우즈벡 무슬림 여성들과는 다소간 차이가 있다.

유니세프(UNICEF)가 2001년에 보고한 중앙아시아 국가별 여성에 관한 통계자료에서 여성의 생활여건을 개략적으로 판단할 수 있다. 중앙아시아 5개국 가운데 5세 이하 영아의 사망률을 볼 때 타지키스탄이 가장 높고, 그 다음 투르크메니스탄, 키르기즈스탄, 우즈베키스탄, 카자흐스탄 순으로 나타난다. 남성대비 여성의 중등교육률은 우즈베키스탄이 가장 낮고, 그 다음 타지키스탄, 키르기즈스탄과 카자흐스탄은 동일 순위로서 가장 높다. 피임제 사용률은 타지키스탄이 가장 낮고, 그 다음 우즈베키스탄, 키르기즈스탄, 카자흐스탄 순으로 높은 것으로 나타난다. 투르크메니스탄은 여성의 중등교육률과 피임제 사용률의 통계치

여성의 생활 여건

국 가	5세 이하 영아 사망률: 세계순서	남성 대비 여성 수명률(%)	남성대비여성 중등교육률	피임제 사용률	산부인과에서 출산률
아프가니스탄	4	102	34	2	8
타지키스탄	61	109	89	36	76
투르크메니스탄	64	111	-	-	81
우즈베키스탄	70	109	88	56	98
키르기즈스탄	67	113	111	60	98
카자흐스탄	83	114	111	66	98
한국	175	110	100	79	98

자료: Unicef, Dunya Cocuklarinin Durumu, 2001, pp. 102-105

에 나타나지 않았다. 이러한 내용을 종합해 볼 때 타지키스탄과 우즈베키스탄에서 여성의 생활여건이 가장 열악하며, 반면에 카자흐스탄에서 높은 것으로 평가된다. 참고로 타지키스탄과 우즈베키스탄 남부에 위치한 이슬람 국가인 아프가니스탄과 한국의 자료를 제시하여 비교 대상으로 삼아보았다.

3. 소련 지배하의 이슬람

소비에트국가는 종교란 사회적 압박과 경제적 착취의 산물이라고 선전하였고 종교 집단의 해체와 신도의 강제적 세속화를 추구하였다. 소비에트의 종교정책의 결과 우즈베키스탄과 카자흐스탄에서의 가장 큰 변화는 사회, 문화적인 부분에서 일어났다. 이슬람의 재정을 담당하는 재단인 와크프(Vakif)의 재산을 몰수하였다. 재산의 대부분이 토지였는데, 토지를 수용하여 농민들에게 재분배하고 이 재단이 운영하는 학교와 병원들이 국가기관의 사무소로 이용되었다. 모스크들이 대부분 폐쇄되어 1912년에 26279개에서 1942년에는 1312개로 줄었다. 이슬람 법정 또한 폐쇄돼 무슬림의 소송을 소비에트 법정이 담당하게 되었다. 모스크를 폐쇄하는 과정에서 종교인들은 인민들을 속이는 자였음을 공개적으로 자인하기도 했다. 우즈벡족과 카자흐족이 지켜오던 이슬람 전통에 대한 공격도 뒤따랐다. 특히, 여성의 노동력을 이용하려고 여성해방을 추진했으며 여성들의 베일착용 거부는 남성들에게 가장 충격적이었다. 1927년 국제 여성의 날에 여러 곳에서 개최된 집회에 참석한 무슬림 여성들이 베일을 벗어 불에 태웠다. 우즈베키스탄에서는 2달간 약 9000명의 여성들이 베일을 벗어던졌다. 이 운동의 목표는 여성 억압과 관련된 무슬림의 관습을 폐지하는 것이었다. 그러나 일부 지역에서는 베일 착용을 거부하는 여성들에 대한 반감이 커져 무슬림 남성들이 그들을 공격하였다. 다수의 여성들이 살해되거나 구타당하고 혹은 강간당하는 사태가 벌어졌다. 지역 경찰들도 대체로 그 지역 출신이어서 여성 보호에 소극적이었던 것으로 알려졌다.(김영석 1991: 240)

천년 이상 지켜온 종교적 관습을 강압정책으로 일소하는 일은 사실상 불가능했다. 무엇보다도 신비주의 종단을 중심으로 지하조직을 통해 신앙관습을 전달하고 유지시켜 나갔다. 이곳에서 정부 당국에 의해 불법화된 각종 종교의식이 행해질 수 있었다. 하지만 종교적 탄압이 전혀 비효과적이지는 않았으며, 그 결과 어린 세대는 과거에 비해 신앙심이 약해졌으며 게다가 러시아어의 공용화 정책으로 인해 무슬림의 전통이 도시에서 크게 변질되었다.

제2차 세계대전의 발발 이후 소련 중앙정부는 무슬림들을 전쟁의 인적자원으로 이용하기 위해 반이슬람 선전을 다소 약화시키고 관변(官邊) 이슬람지도조직인 '중앙아시아 무슬림 영적지도회(Central Asian Spiritual Directorate of Muslims)'를 조직해 제한된 범위 내에서 종교활동을 지도하려는 시도에 착수했다.(송재우 1995: 26) 이 영적지도회는 중앙아시아의 공식 이슬람조직으로 소비에트의 이념에 배치되지 않는 범위 안에서 무슬림들의 종교생활인 종교 교육, 훈련과 예배 등을 관장하는 업무를 맡았다. 소비에트 당국이 관변조직을 통해 무슬림들을 통제하면서도 관변조직을 전적으로 신뢰하지 못하고 있었다. 무슬림 영적지도회의 역할이 소비에트의 법이 꾸란(Kuran)에 우선하는 것이라기보다는 소비에트 법의 원리가 이슬람의 관행에 배치되지 않음을 설득하는 선에 머물고 있기 때문이었다. 하지만 무슬림 영적지도회는 당국과 무슬림 인민 사이의 갈등을 중재하는 과정을 통해 양 진영으로부터 부분적으로 그 필요성을 인정받았다.(Olcott 1995: 25)

브레즈네프 시기의 중앙정부는 영적지도회를 이용해 외교적으로 이슬람 지역국가들과의 교류를 강화해 갔다. 당국은 이들 지도자들을 중동 지역으로 파견해 UN의 외교무대에서 자국의 정책에 반대하지 않도록 설득하였다. 영적지도회의 지도자들은 이슬람 원리에 정통했고 아랍어를 원만하게 구사함으로써 소련의 무슬림들의 상황을 미화해 중동 국가들의 동정심을 받을 수 있어서 소련 당국은 소기의 목적을 이루었다. 고르바초프 시기에는 이슬람의 영향력이 점차 증가되고 공인된 이슬람 성직자의 수가 두 배로 늘어나 당국이 불안을 느끼면서도 이슬람에 대한 노골적 비난을 절제했다.(송재우 1995: 30-32)

고르바초프 시기의 후반기에는 표현의 자유 확대와 더불어 종교적 활동에 대한 제한도 완화돼 독립 운동이 전기가 마련되었다. 1991년 8월 독립 이후 특히 투르크메니스탄과 우즈베키스탄에서 민족주의 운동과 이슬람 부흥운동이 동시에 일어났으며 모스크가 재건축되거나 새로 건설됨으로써 우즈벡인들의 이슬람 의식이 점차 강화되었다.

4. 이슬람에서의 혼인과 이혼

무슬림들에게 혼인은 특별한 사유가 없는 한 해야 하는 신성한 계약 또는 의무로 강조한다. 결혼을 종교적 미덕으로 가르친 무함마드는 남녀 간의 결혼은 신앙의 절반을 완성한 것으로 받아들였다. 꾸란에 나타난 결혼의 의미는 종교적 미덕이요 사회적 요청이고 육체적 타락을 막는 최선의 대책이다.(최영길 1995: 133-134) "결혼은 신앙이라. 그것으로 신앙의 절반이 완성되며, 그것으로 가장 깨끗하고 순수한 상태에서 알라를 만나게 되느니라." 이 표현처럼 결혼은 신앙의 절반을 완성하는 과정이고 나머지는 인간이 신을 경외함으로써 완성해 가는 것이기 때문에 종교적 미덕이라고 할 수 있다. 사회를 구성하는 인간이 남녀의 결혼을 통해서 출생하므로 결혼은 사회를 존속시키기 위한 요구가 되는 셈이다. 알라는 남녀의 결혼을 통해 후손의 번성을 계획해 놓았다. "인간들이여, 한 몸에서 너희를 창조하시고 배우자를 두어 많은 남녀를 퍼뜨리라고 촉구하신 너희 주님을 경외하라"

또한 결혼은 신으로부터 받은 남녀 성적본능을 충족시키는 동시에 성적 타락을 막는 가장 합리적 수단으로 제시되었다. 신으로부터 받은 성적 본능을 무시한다면 성적 타락을 야기하여 결국 부정한 길로 빠진다는 것이다. "결혼하라. 그것이 음탕해질 수 있는 너희 눈을 보호하는 최선의 방법이요, 성적 불륜행위에 빠질 너희를 구원해 줄 최선의 방법이라. 그리고 결혼할 능력이 없거든 단식을 해라. 단식이 너의 성욕을 감퇴시켜 줄 것이라." 이처럼 이슬람에서 결혼은 특별한 사유가 없는 한 무슬림이 지켜야 할 신성한 의무로 여겨진다.(최영길 1995: 137) 심지어 예언자는 이슬람 공동체를 번성시키는 사람은 결혼한 사람이고 이슬람 공동체에 해가 되는 사람은 독신주의자라고 할 정도로 독신주의를 배격했다.

이슬람권에서는 혼인하기 전에 신부값을 신랑과 신부 양가의 합의하에 결정해야 한다. 신부값에 대해서 양가의 의견이 맞지 않을 경우에는 두 사람이 사랑한다고 해도 부모들의 반대로 거의 혼인하지 못한다. 딸이 출가하는 것이 경제적인 손실이라고 해서 이것을 신부값으로 보상해야 한다는 견해와 신부값이 신부가 결혼 후 과부나 이혼녀가 됐을 때 경제적으로 독립해서 살아갈 수 있는 경제적 수단 견해가 있다. 지역에 따라서 신부값이 신랑이 신부를 사랑하는 정도의 표현이라는 부차적인 설명도 있다.(공일주 1996: 314)

무슬림들은 혼인 전 여성의 순결을 유지해야 함을 강조한다. 여성의 처녀성을 확인하는 관습을 지킬 뿐만 아니라 꾸란에서 여성의 순결을 가르치기 때문이다, "믿는 여성들에게 일러 가로되, 그녀들의 시선을 낮추고 순결을 지키며 밖으로 드러나는 것 외에는 어떤 것도 보여서는 아니되느니라. 그리고 가슴을 가리는 머리수건을 써서 남편과 그녀의 아버지, 남편의 아버지, 그녀의 아들, 그녀의 형제, 그녀 형제의 아들, 자매의 아들 외에 다른 사람들 앞에서는 꾸미매를 드러내지 말라.(꾸란

24:31-32)" 꾸란 33장 59절에서도 여성이 취해야 할 태도를 가르치고 있다. "예언자여 그대의 아내들과 딸들과 믿는 여성에게 베일을 쓰라고 이르라. 그때는 외출할 때이니라. 그렇게 함이 가장 편리한 것으로 간음되지 않도록 함이니 실로 알라는 관용과 자비로 충만하시도다." 처녀성에 자신이 없으면 정상적인 혼인을 기대하기 어렵다. 미혼 여성이 혼인할 경우에는 본인과 보호자의 승낙이 있어야 하되 처녀성을 잃은 여성, 과부나 이혼녀의 경우는 보호자의 동의가 필요하지 않고 본인의 승낙만 있으면 된다.(최영길 1995: 141) 혼인할 경우에 두 명 이상의 남성 무슬림이 입회하여 그 결혼을 확인하고 증인으로 서명하는 절차가 요구된다.

꾸란에서는 특수한 조건하에서의 일부다처제를 인정하고 있다. 특히, 전쟁미망인들의 물질적 결핍은 국가나 사회단체가 충족시켜 줄 수 있지만 그들의 성적욕구는 결혼에 의해서만 충족된다고 보기 때문에 처녀와는 물론 과부와의 결혼을 허용하고 있다. "고아로 남은 여성들에 대해 공평성을 확보해 줄 수 없을까하고 염려된다면 적당하다고 생각하는 여성 가운데 둘, 셋 또는 넷과 결혼하라. 그러나 이들에게 공정하게 대해 줄 수 없을 것 같은 두려움이 있다면 한 여인이나 네가 소유한 여종으로 충분하다. 이처럼 정의로부터 벗어나지 않도록 해야 한다."(꾸란 4:3)(Kazici ve Taylan 1982: 56) 일처 이상의 부인과 결혼했을 때 오히려 자신과 부인들에게 해로울 것으로 우려될 경우는 다처와의 결혼 포기가 권장된다. 따라서 다처의 경우에는 둘째, 셋째 아내에게도 가정 내에서 원칙상 동등한 권리가 부여된다. 일부다처를 허용하는 반면 합법적 결혼 이외에 남녀 간의 은밀한 접촉은 처벌의 대상이다. 꾸란은 간음을 살인과 우상숭배와 마찬가지로 개인과 사회적 타락을 유발시키는 죄의 근원으로 여겨 간통죄를 중형으로 다스리도록 하였다. 기혼 남녀 간에 간통죄가 입증된다면 이슬람국가에서는 투석에 의한 사형이 구형된다.(최영길 1995: 156)

무슬림들은 이혼을 수치스러운 행위로 간주하며 결혼 생활을 유지하는 동안 부부간의 동고동락을 당연하게 받아들인다. 부부가 최후의 수단으로 이혼의 불가피성을 확신하기 전까지는 가족들이 중재를 맡는다. "만일 둘 사이에(부부) 헤어질 우려가 있다면 남자 가족 중에서 중재자 한 사람, 그리고 여자 가족 중에서 중재자 한 사람을 정해라. 만일 그들 둘 다 화해를 원한다면 알라는 그들 사이를 화합하게 하느리라."(꾸란 4:35) 이 중재자들이 부부를 화해시키도록 시도하지만 만일 합의가 이루어지지 않으면 이혼이 뒤따른다. 다음의 경우는 중대한 이혼 사유가 된다. 1) 처의 부정에 대해 확신할 경우, 2) 신체적인 결함으로 부부생활이 어려울 경우, 3) 남자가 아내를 부양할 능력이 없거나 능력이 있어도 부양하지 않을 경우, 4) 남자가 약속한 신부값을 결혼 후에 지불하지 않는 경우, 5) 부부가 인격적으로 대하지 않을 경우, 6) 남편이 장기간 집을 비우거나 장기형이 확정된 경우 등이 있다. 5)의 경우는 남성 중심으로 해석될 때가 많다. 예를 들어, 만일 아내가 남편을 공경하지 않는다고 여겨지면 별거생활을 하다가 해결이 되지 않으면 남편은 이혼을 공식화하는 절차를 밟는다.

5. 우즈베키스탄의 무슬림 여성

1) 우즈베키스탄 무슬림 여성의 지위

전통적 무슬림 여성들은 사회 진출을 적극적으로 생각하지 못한다. 전통적인 남성들이 여성의 사회활동과 다양한 대인관계를 부정적으로 평가하기 때문이다. 소련 통치시 여성의 교육기회와 사회진출이 증가했지만 여전히 일부다처의 관습은 유지되고 있다. 이슬람의 전통에는 아내 넷을 맞이할 수 있으나 능력이 있는 보수적 남성은 대체로 두 명

차도르

부르카

히잡

의 아내를 둔다. 가정에서도 여성들은 남자 손님이 방문했을 때 합석해서 대화를 나누지 않는 것이 보통이다. 보수적인 가정에서는 여성이 남자 손님과 인사를 나누는 것도 꺼린다.(http://www.uzbek.co.kr/)

진보적 여성들은 양장을 하기도 하나 중도, 보수적 여성들은 화사한 색깔의 전통의상을 입어 자신들의 정체성을 표시한다. 머리는 길게 따거나 묶으며 스카프로 가린다. 짧은 머리는 서구 여성의 상징처럼 여겨져 바람직하지 않다. 특히, 낯선 남성이 있거나 모스크나 묘지에 갈 때에는 필수적으로 머리를 가린다. 보수적인 여성은 얼굴 전체를 다 가려 그녀의 얼굴을 볼 수 없게 한다.

여성들은 가사를 주로 책임지며 직장을 가진다고 해도 가사를 소홀히 해서는 안 된다. 그렇다고 가사 전체를 여성만이 책임지지는 않으며 일정 부분 남편과 아이들이 맡아 처리한다. 고등교육을 받고 사회 진출의 기회를 가진 소수 여성들은 지나치게 가부장적인 가정생활에 자신이 없어 독신으로 지내기도 한다. 아이들도 일손을 돕고 가축을 돌보거나 농사를 지으며 또는 가정에서 생산된 농산품이나 수공업품을 시장에 내다 판다. 여아들도 어린 나이에도 불구하고 가축을 돌보기 위해 유목에 참여하기도 한다.

독립 이후 가부장적인 남성중심의 문화의 확산과 과중한 노동으로 인해 우즈벡 여성들의 생활환경이 점차 악화되는 것으로 한 웹사이트(http://www.uzbek.co.kr/)에서 보고된 바 있다. 러시아의 지배 하에서 여성의 평등권을 일부 경험한 여성들이 남성의 우월적 문화를 강조하는 이슬람의 부상과 노동 환경 악화, 농장에서의 고된 노동을 이기지 못해 자살을 선택하는 사례도 나타나고 있다. 농촌 여성들은 과중한 육체노동, 빈곤과 대가족 제도 등으로 지치게 된다. 여름에 섭씨 40도가 넘는 더위 속에서 노동을 계속할 경우 탈진 상태에 이른다.

다산을 하는 산모의 사망률이 높으며 약 5백만의 여성이 19세에서 49세까지 자녀를 출산하고 낙태금지라는 전통 때문에 피임이 잘 이루어지지 않는 환경이 유지되고 있는 형편이다. 우즈벡 여성의 70% 정도가 피임기구를 이용하지 못한다. 대가족에 속해 사는 이 여성들은 평균적으로 다섯 명의 자녀를 출산하며, 약 20만 명의 여성이 10명 이상의 자녀를 두는 것으로 보고되고 있다. 여성의 출산주기가 짧은 편에 속하고, 우즈벡 여성의 18%는 출산주기가 2년 이상이지만 70% 이상의 여성의 출산주기가 1.5~2년이다. 과중한 노동, 열악한 노동 환경과 짧은 출산주기가 여성의 정신과 건강을 위협하는 요소이다.

전통적 우즈벡인들은 다산하며 자식이 많은 것을 자랑으로 여긴다. 대가족은 조부모, 부모, 자녀들 그리고 삼촌과 사촌 등으로 구성되며 이들이 한 집에서 살아간다. "많은 자녀들이 있다면 그 집은 시장처럼 활기가 넘칠 것이다. 그러나 자녀가 없다면 그 집은 공동묘지와 같다." 이 속담은 자녀의 중요성을 강조하고 다산을 바라는 우즈벡족의 특성을 여실히 보여 준다. 다산의 선호는 다산이 공동체의 번성에 기여한다는 이슬람 사회의 전통에 근거하고 있다.

중앙아시아 무슬림 여성들은 갈등적인 두 가지 가치를 접하며 살아간다. 이 두 가치는 사회주의 이념과 이슬람 원리이며, 전자는 이슬람을 부정하고 남녀에게 평등한 교육기회 부여를 강조한 반면 후자는 사회주의 체제하에서 부정됐으나 최근에는 부상하고 있으며 남성우월적 측면을 강조한다. "(꾸란 4:34) 남성이 여성보다 위력하여 그들을 보호한다. 남성은 그들의 재산으로 여성을 보호한다. 좋은 여성이 복종하는 여성이다. ....복종하지 않을 것 같아 염려되는 여성에게는 충고를 하고 별거를 하라....) 따라서 사회주의 체제에서 고등교육을 받고 사회진출에 적극적인 여성들은 이슬람 전통이 강화되는 현상을 환영하지 않는다. 반면에 무슬림 남성들은 이 여성들이 전통에서 벗어나 러시아화됐다고 말할 뿐 아니라 진보적 여성 가운데 일부가 혼전, 혼외 관계에 커다란 죄책감을 느끼지 않는다고 비난한다.(중앙아시아 현지조사)

부하라의 아델라 신학교의 한 여학생인 라노 율다세바(18세)는 기혼자인데 가정에서 여성의 역할을 강조한다. "여성의 자리는 가정이고 어머니입니다. 서구의 여성해방론자들은 스스로 여성이기를 포기했습니다. 그들이 페미니스트라면 우리는 우머니스트입니다."(중앙일보 1995. 7월 '중앙아시아를 간다' No: 9) 이처럼 자신들의 가치관에 따라

우즈베키스탄의 여학생 교육 상태 변화

(단위: 천명)

연도	1991	1992	1993	1994	1995	1996	1997
직 업 학 교	50.3	47.5	44.6	46.8	51.8	54.2	54.6
고등교육기관	40.2	39.3	39.3	39.6	38.9	39.4	37.4

여성의 역할을 평가하는 시각 차이가 중앙아시아 여성들 사이에서도 좁혀질 가능성이 당분간 희박하다.

독립 이후 우즈베키스탄에서의 여성의 고등교육 상태는 과거에 비해 퇴보하는 경향을 나타내고 있다. 1991년 소련 붕괴 후 우즈베키스탄은 독립을 선언했으나, 오히려 경제적 상황의 악화와 보수적 가치관의 부상으로 인해 고등교육을 받는 여성들의 숫자가 1991년부터 1997년 사이에 크게 감소했다.

2) 전통적 우즈벡 여성의 결혼

결혼 적령기에 부모들이 대체로 배우자를 선택해 주며 남자의 부모가 결혼하게 될 신부의 부모와 결혼 조건에 대해서 논의한다. 가족 내에서 대개 나이 순서에 따라 결혼한다. 여성은 17~18세가 되면 결혼할 수 있으며 고등교육을 받지 않는다면 20세 전후로 결혼한다. 남성들은 여성들에 비해 1~3년 늦게 결혼한다. 결혼적령기에 있는 여성이

우즈벡 여성들의 모임

대학생일 경우에 학교 동료들과 사진을 찍을 기회가 우연하게 생겼을 때 남자 동료와 단둘이 찍으면 오해를 받게 되므로 주의해야 한다.

신부는 결혼하면 시댁 사람이 된다. 결혼 후에 40일 동안 신부는 시댁에 머물며 요리, 세탁, 청소 등의 일을 떠맡는다. 이 기간에 신부는 스카프로 얼굴 일부를 가리고 보통 전통 의상을 입는다. 막내아들의 신부라면 집안일을 완전히 책임지게 된다. 남성은 4명의 여성과 혼인할 수 있지만 이러한 일은 매우 드물다. 전통적 우즈벡 여성은 흔히 우즈벡 남성과의 결혼을 선호하며 러시아인과는 거의 하지 않는다. 독립 이전에는 우즈벡 여성과 타직 남성과의 결혼을 큰 거부감 없이 받아들였지만 독립 이후에는 자민족 중심의 결혼이 선호되고 있다. 신랑 측은 신부 값을 지불해야 하며 신랑과 신부 아버지 사이에 논의되고 결정된다. 신부값은 일정하지 않고 가정 형편에 따라 달라진다. 살림이

전통 의상을 입은 우즈벡 여성들

넉넉하지 못한 가정이 신부값으로 소 한 마리와 양 5 마리 정도를 주고 신부에게는 예복, 옷, 스카프 등의 개인 용품을 비롯해 카페트와 침구 같은 살림살이를 마련해 준다. 신부 집이 경제적 여유가 있으면 신부도 신랑에게 예물을 준비한다. 우즈베키스탄에서 신부값은 중동 지역의 그것에 비해 상징적 의미를 띨 정도로 적다.

결혼은 동네잔치로 치러진다. 보수적인 결혼식이 진행되는 동안 여성은 얼굴을 드러내지 않는다. 결혼식 당일 오전 10시경 신랑, 신부와 증인들은 모스크에 가서 혼인 서약식을 갖는다. 모스크에서는 이슬람식 결혼이 이맘의 주례로 이루어지고 이맘의 기도문 낭독과 축복이 있다. 전통적 우즈벡인은 이슬람식 결혼을 통해서 신의 축복을 받을 수 있다고 믿는다. 결혼 잔치는 먼저 신부집에서 열리며 다음날 아침 신랑집에서 하객들에게 음식을 대접한다. 이날 저녁에 연회장에 가서 피로연을 열기도 하는데, 이때 친지들이 축의금과 선물을 주기도 한다. 피로연에는 부모의 친구들이 먼저 초대되고 신랑과 신부의 친구들이 나중에 초대된다.(http://www.uzbek.co.kr/)

신랑과 신부가 첫날밤을 맞이한 뒤 나이든 양가 여성 각 한 명이 이들의 침구를 집 식구들에게 보여 신부의 처녀성을 확인한다. 만일 처녀성이 확인되지 않으면 딸이 곧 바로 친정으로 쫓겨가는 불상사가 일어나기도 한다. 지역에 따라서 동침 첫날밤에 침구를 확인하는 관습이 유지되고 있다.

6. 카자흐스탄의 여성

1) 카자흐스탄 여성의 지위

카자흐스탄 지역에서는 이슬람의 영향력이 중앙아시아의 여타 지역에 비해서 상대적으로 미약한 것으로 평가된다. 이 지역에 이슬람 전파는 10세기경부터 이루어졌으나 유목생활이 만연해 모스크와 종교학교 등의 설립에 거의 관심을 보이지 않고 오히려 초원에서는 유목 관습법과 샤머니즘이 의식과 행동을 지도하는 가치로 여겨졌다. 러시아의 캐서린 2세의 통치기에 카자흐인들을 교화시키기 위해 사상적 도구로 이슬람을 일시적으로 장려하기도 했다. 그러나 19세기말에 본격적인 식민화 정책과 더불어 이슬람에 대한 억압이 실시되었다. 19세기말 우즈베키스탄 지역의 부하라와 코칸드에서 일시적으로 지지를 받았던 범이슬람주의와 범투르크주의도 카자흐인들의 관심을 끌지 못했다.

현재 카자흐인들은 일종의 명목적 무슬림들로서 모스크에 가서 예배 의식에 참여하는 이들은 소수에 불과하다. 카자흐스탄의 주요 목표는 경제성장과 다민족간의 화합이라고 할 수 있다. 따라서 정부는 다양한 종교의 차이를 표면적으로 극소화하며 각 종교를 인정하는 풍토를 조성하고 있다. 예를 들어, 국가적 행사에서 대통령을 비롯해 이슬람과 러시아 정교 지도자들이 참석한 장면을 의도적으로 TV를 통해 보여주고 있다. 종교로 인한 사회적 차별은 민족 간 갈등 요인으로 여겨지지 않는다. 카자흐스탄 여성에 대한 통계는 민족 별로 구분되어 있지 않아서 전체 여성의 사회적 지위를 일별하였다.

종교로 인한 남녀의 차별 또한 주변 중앙아시아 국가들에 비해 미미하다. 카자흐스탄에서 여성의 교육수준은 남성의 그것에 비해 높은 편이다. 1999년 기준으로 여성 가운데 고등교육과 전문교육을 받은 사람의 비율이 39.12%이며, 이에 반해 남성 가운데 전문대 이상의 교육을 받은 사람의 비율은 33.2%에 해당된다. 카자흐스탄 전체인구가 14,953,126명 중 여성이 51.8%(7,751,341) 남성이 48.1%(7,201,785)인 점을 감안 할 경우 전문대 이상의 교육을 받은 여성의 수는 남성에 비해 더 커진다. 카자흐스탄 14개 주와 아스타나와 알마타 교육위원장 가운데 44%에 이르는 7명의 여성이 활동하고 있다. 아래 표에서 나타

15세 이상 남성과 여성의 교육수준의 비교(1999년도)

전체 남성인구	대졸 이상	대 퇴	전문대	고 졸	중 졸	국 졸
5,024,075	589,341	90,888	989,574	2,023,781	996,035	302,711
100%	11.7%	1.8%	19.7%	40.3%	19.8%	6.0%
전체 여성인구	**대졸 이상**	**대 퇴**	**전문대**	**고 졸**	**중 졸**	**국 졸**
5,652,847	729,559	91,885	1,388,358	1,908,817	932,038	499,921
100%	12.9%	1.8%	24.6%	33.8%	16.5%	8.8%

Agency of the Republic of Kazakhstan on Statistics, Women and Men of Kazakhstan-Gender Statistics, Almaty, 2000, pp.50-52.

교육기관별 남녀의 성비(1999년도)

	여 성	남 성
총 인 구	1,873,200(50.2%)	1,824,200(49.8%)
기초직업 교육기관	35.8%	64.2%
전 문 대	60.0%	40.0%
대 학 교	54.1%	45.9%
대 학 원	56.1%	43.9%

ibid., pp.53-54.

난 바와 같이 전문대 이상의 고등교육 기관에서 여성이 차지하는 비율이 높으며 이러한 현상은 여성이 경제활동에 차지하는 역할 범위의 확대에 기여할 수 있다.

카자흐스탄 경제활동 가능 인구는 7,500,000명으로서 이 가운데 여성이 46%를 차지한다. 여성의 활동 분야는 전문직종에 집중되어 있으며, 이는 여성의 높은 사회적 지위를 여실히 보여준다. 특히, 의료센터와 사회보장 분야의 전체 고용인 중 82%가 여성이며 음식공급업, 정보기술 및 교육 분야에 76%, 문화 분야에 70%, 교역 분야에 63% 그

전통의상을 입은 카자흐 여성

리고 재정 및 보험 분야에 66%를 여성 인력이 차지하고 있다. 독립 후 중소 규모의 비즈니스와 서비스 분야에서 여성의 비중이 크게 늘어났다. 1997년 통계에 따르면 소매업에 11,600(56.5%)의 여성이 참여하고 있다.(National Action Plan on Improving the Status of Women in the Republic of Kazakhstan, Astana, 1999.)

여성의 경제활동 인구는 늘어났으나 국가 정책결정 과정에 참여하는 국가기구를 대표하는 여성의 수는 여전히 소수로 나타난다. 아래의 표를 통해서 하위직에는 여성의 비율이 높으나 상위 직책으로 올라가면 현저하게 떨어진다는 사실을 알 수 있다. 중앙정부의 하위직 공무원 가운데 여성이 차지하는 비율이 57%로서 남성비보다 훨씬 높으나 부장급, 국장급 및 장차관급에서는 남성의 비율이 절대 우위를 차지한다. 이러한 현상은 권력집단에 진입하는 문턱이 여전히 여성들에게 높으며 여성 지위향상에 어느 정도의 한계를 드러내고 있다.

중앙정부기구 국가 공무원(1997년)

	여 성	남 성
전 체	1,718(50%)	1,716(50%)
하위직 공무원	57%	43%
과 장 급	40%	60%
부 장 급	37%	63%
국 장 급	15%	85%
장 차 관	8%	92%

Agency of the Republic of Kazakhstan on Statistics, Women and Men of Kazakhstan-Gender Statistics, Almaty, 2000, pp.87-91.

2) 카자흐 여성의 결혼

대도시에서 결혼적령기에 이른 남녀의 약 60% 정도는 연애를 통하여 배우자를 선택한다. 대도시에서는 고등교육을 받거나 직장생활을 통해 연애결혼을 할 수 있는 기회를 가질 수 있다. 대도시에서의 일반적인 결혼 연령은 남성이 23-25세이고, 여성은 22-23세인 반면, 농촌에서는 결혼 연령이 더 낮아진다. 독립 이후에는 여성들의 사회활동이 점차 증가하므로 결혼 연령이 높아지고 있는 편이다. 카자흐 여성들은 교육수준이 높고 농촌에서 생활한다고 해도 중, 고등학교 교육을 대부분 마쳤으므로 문맹자는 거의 없다. 대도시에서 고등교육을 받은 카자흐 여성들도 배우자로 대체로 카자흐 남성을 선호한다. 다른 이슬람 국가에서 보편화돼 있는 신부값 제도가 농촌에서 일부 지켜지지만 도시의 직장 여성들은 신부값을 받지 않고 결혼한다.

결혼은 도시와 농촌을 불문하고 예식장 결혼예식과 이슬람식 예식을 혼합하여 진행된다. 결혼 당일 오전에는 거주지역 관할 공무원과 증인으로 참석한 부모와 친지들 앞에서 결혼서약을 하고 공무원이 발

평균 결혼 연령

성별 \ 연도	1996	1997	1998	1999
여 성	22.2	22.4	23.3	23.2
남 성	24.7	24.9	26.0	26.0

Agency of the Republic of Kazakhstan on Statistics, Women and Men of Kazakhstan-Gender Statistics, Almaty, 2000, p.19.

급하는 혼인증명서를 받으며 결혼반지를 교환한다. 간단한 공식적 결혼예식 이후 신랑과 신부는 친구들과 축하 파티를 공원 또는 피로연장에서 거행한다. 경제적 능력에 따라 신혼여행을 가기도 하나 대체로 가까운 곳으로 1박 2일 정도로 마친다. 신혼여행 전후로 이맘의 기도를 받으며 이슬람식 예식을 치르는 것이 일반적이다.

결혼 후 단기간 시댁에서 살며 결혼을 축하하기 위해 방문하는 손님을 대접하고 시댁의 관습을 배운다. 손님들에게는 신부가 준비한 차와 음식을 내놓는다. 결혼하면 대체로 분가하나, 부모들이 원하면 막내아들이 그들과 같이 살게 된다. 최근 젊은 부부 사이에 가사를 분담하는 경향이 일반화되고 있다. 전술한 표에 나타난 바처럼 다수의 여성들이 고등교육을 마치고 나서 남성들과 대등하게 전문직에 종사하며 맞벌이를 하기 때문이다. 카자흐 여성들이 결혼 뒤 사회활동을 지속하면서도 아직까지는 자녀 양육과 내조를 주부의 가장 중요한 일로 여긴다. 한 가족의 자녀의 수는 알마티와 아스타나 등의 대도시에서는 2-3명이 보통이고, 농촌에서는 그 수가 증가하며 5명 이상의 자녀가 있는 가정이 적지 않다. 도시의 부부들이 선호하는 자녀의 성은 아들-딸, 아들-아들로 나타난다. 카자흐스탄에서는 이혼율이 높은 것으로 알려져 있는 데 이혼 결정에 있어서 러시아인 여성들에 비해 카자흐 여성들은 소극적 자세를 보인다. 이혼의 주요 원인으로 남성의 외도, 경제적 능력 상실과 구타 등을 꼽는다.

결혼과 그 후 생활에서도 카자흐 여성들은 우즈벡 여성들에 비해 종교적 관습에 얽매이지 않는 모습을 보인다. 여성의 교육 수준이 높아 경제적 자립이 가능할 뿐 아니라 러시아인이 전체 인구의 30% 이상을 차지하므로 카자흐 여성들은 종교적 성향 면에서 우즈벡 여성들과는 다소 차이를 보인다.

7. 지역적 특성과 전통에 따른 여성 지위의 변화

중앙아시아 여성들의 지위는 어떤 수준에 있는가라는 질문은 매우 광범위해 용이하게 답할 수 없다. 이곳 여성들의 사회적 지위는 이 지역에서 지금까지 형성되어 온 융합된 문화 속에서 규정될 수 있다. 중앙아시아 여성조차 자신의 가치관에 따라 그 지위와 정체성을 다양하게 평가하고 있다. 보수적인 무슬림 여성들은 현상에 익숙해져 여성의 사회진출과 활동에 의미를 별로 부여하지 않는 반면 진취적인 여성들은 이슬람과 유목민의 전통이 여성의 활동을 과도하게 제한한다고 비판한다. 심지어, 중앙아시아의 진보적 여성들은, 서구의 페미니스트들도 국가별 특성, 상이한 전통과 문화적 상대성 등을 고려하여 이슬람권 여성의 지위 개선을 권유하는 데 소극적 입장을 취해 왔다고 평가한다.

이 지역 여성의 지위는 각 국가별 인종 구성비, 지역적 특성과 전통적 관습 등에 따라 변할 수밖에 없어서 국가별로 상이하게 나타난다. 보수적 이슬람 성향이 나타나는 우즈베키스탄 농촌 지역에서는 카자흐스탄에 비해 여성의 생활과 교육 환경이 열악하다. 참고로, 여성의 교육수준과 사회진출에 관한 통계자료를 찾는 과정에서도 우즈벡 여성에 대한 자료에 접근하는 과정이 어려워 카자흐스탄의 자료만큼 객관성이 있는 자료를 확보하기 어려웠다.

엄격한 가부장제에서 비롯되는 여성성에 대한 차별, 여성에게 균등한 교육기회의 차단, 여성이 소유한 잠재력의 발견과 활용의 한계라는 측면에서 중앙아시아 무슬림 여성의 지위신장이 서구와 일부 아시아 국가들의 그것과 비교해 볼 때 제한된 범위에 머물고 있음을 인지할 수 있다.

제8장
카자흐스탄 사회와 정치

1. 사회

1) 인구

(1) 인구의 특징: 다인종 국가

러시아제국 말기에 카자흐스탄 지역으로 러시아인들이 지속적으로 유입됐는데, 이러한 현상은 볼세비키혁명이 일어난 후에 더욱 가속화됐다. 스탈린 통치기에 러시아인을 비롯하여 독일인, 우쿠라이나인, 타타르인과 한인(韓人) 등이 강제로 이주됐다. 소비에트 공산당이 카자흐인들의 전통적 유목생활을 약화시켜 체제 순응적인 정착민 생활을 강요하는 과정에서 1920-30년대에 카자흐인들의 인구가 급감하였다. 정착생활을 강요받은 카자흐인들의 일부가 국경을 넘어 중국의 신강과 아프카니스탄으로 또는 터키와 몽골로 도피했다. 1926년과 1936년 사이에 인구의 자연 증가추세가 보편적인 현상으로 나타났으나 이와는 대조적으로 카자흐인 인구는 대략 400만 명에서 300만 명으로 줄어드는 기현상을 보였다. 같은 시기에 슬라브계의 인구 유입이 크게 증가하여 1939년의 인구통계에서 카자흐스탄 사회주의 공화국에서 러시아인이 카자흐인에 비해 오히려 다수를 차지하였다. 러시아인이 인구의 40.2%를 점했던 반면 카자흐인은 총인구의 38%에 불과했다.

1959년의 인구통계에서는 러시아인이 크게 증가하여 전체 인구의 42.7%에 육박했고 카자흐인 인구는 더욱 감소해서 30%로 떨어졌다. 제2차 세계대전 기간에 우크라이나와 볼가 지역의 독일인들이 카자흐스탄으로 이동했고 이와 더불어 소비에트의 문화와 과학기술을 보호하려는 차원에서 러시아 문인과 학자들이 이민대열에 포함됐다. 1950년대 처녀지 개척사업 기간에 러시아인들이 대량 유입함으로써 카자흐스탄에서 카자흐인이 소수민족으로 밀려나는 운명을 맞이했다. 1960년 이후 카자흐스탄의 수도 알마티와 여타 대도시에서는 러시아인과 비(非) 카자흐인들이 절대다수를 차지했으며, 특히 1979년 인구통계에서 카자흐인은 알마티 인구의 16.3%에 불과했다.(Arutiunov 1993: 130)

1980년대로 접어들면서 마카시 타티모프(Makash Tatimov)를 위시한 다수의 카자흐인 인구 통계학자들은 모스코바 당국이 추진해 온 차별적 인구정책에 이의를 제기하기 시작했다. 모스코바 당국은 출생율이 높은 카자흐인들에게는 출산제한 정책을, 출생율이 낮은 슬라브인들에게는 출산장려 정책을 차별적으로 적용시키고 있었다. 민족주의 의식이 강한 타티모프는 카자흐인들의 높은 출생률을 모스크바 정책에서 소외된 카자흐인들의 대응으로 평가하고 환영했다. 1970년대에는 카자흐인이 꾸준히 증가함으로써 민족별 인구구성의 비율에 있어서 과거와는 다른 변화가 일어났다. 러시아인이 역이민을 선택했는데, 특히 노년층 러시아인의 유출이 두드러졌다. 그 결과 1939년 이래 다수를 차지해 오던 러시아인이 1989년 그 자리를 근소한 차이로 카자흐인들에게 내주었다. 1989년 인구통계에서 카자흐인이 전체 인구의 39.7%, 러시아인이 37.8%를 각각 차지했다. 그러나 러시아인과 여타 슬라브인의 인구를 합산한다면 카자흐인의 인구는 과반수에 미치지 못하는 형편이다.

(2) 민족별 인구의 구성과 분포

50여 년 전 스탈린의 강제이주 정책에 따라 카자흐스탄에 러시아인, 독일인, 타타르인들이 유입됐는데, 현재 역이민 현상이 일어나 원거주지로 돌아가고 있다. 카자흐스탄에서는 민족구성 비율이 지속적으로 변화해 왔는데 1989년에 들어서서 카자흐인이 전체 인구의 39.7%를 차지함으로써 최다수 민족으로 부상했고 러시아인이 2위에 머물렀다. 이후에도 카자흐인의 비중이 계속 커져서 1993년과 1995년에 각각 43.1%와 46%를 차지해 증가세를 보였다. 이러한 인구 변화는 카자흐인의 출생률 증가, 러시아인의 인구 유출 및 출생률 저하 등의 이유로 계속 진행될 것으로 예상된다. 1995년 통계에서 카자흐인에 이어 러시아인이 약 577만 명으로 34.7%를, 우크라이나인이 82만 명으로 4.9%를, 독일인이 51만 명으로 3.1%를 각각 지했다.(대외경제정책연구원, 카자흐스탄 편람, 1996: 79)

카자흐스탄에서는 스탈린 시대의 강력한 공업화와 유목민의 정착화의 추진 이래 인구의 도시 집중화가 나타나 1992년에 도시의 인구비중이 57%를 차지했다. 1995년에 수도 알마티에 전체 인구의 7%에 해당하는 118만 명, 석탄산지인 카라칸다에 61만 명, 공업도시 아크몰라에 29만 명, 침켄트에 40만 명, 세미팔라친스크에 35만 명이 거주하고 있다. 카자흐스탄 의회는 1994년 7월 6일 수도 이전 법안을 통과시켜 수도를 알마티에서 북부의 아크몰라로 이전시키기로 결정했다. 2백5만 이상의 인구가 주로 남부의 알마티 주와 수도 알마티에 집중돼 있으므로 인구분산 정책의 일환으로 수도 이전이 결정됐다.(TIKA 1996: 19) 이외에도 알마티에서 아스타나로 수도를 옮긴 이유를 다름과 같이 들 수 있다. 1) 정치, 전략적 이유: 알마티는 남쪽 이슬람권- 아프카니스탄과 타지키스탄-에 근접해 있어서 전략적으로 취약점을 가지며 수도를 중부 지역으로 옮기면 이슬람권의 영향력을 가능한 한 최소화할 수 있다. 2) 경제적 이유: 카자흐스탄 중부에 위치한 아스타나를 중심으로 각 지역을 균형적으로 발전시킬 수 있다. 3) 지질학적 이유: 알마티는 지진 발생의 가능성이 높아 안전성이 높은 곳으로 수도를 이동해야 한다.

카자흐인들의 인구는 알마티와 크즐오르다 주, 그리고 알마티 시 등의 남부와 아티라우 주와 같은 서부 지역에 주로 거주하고 있으며, 석유, 비철금속과 기계제작 등의 산업 활동이 집중돼 있는 카라칸다 주에는 카자흐인에 비해 러시아인이 많이 거주하고 있다. 1991년 12월 16일 카자흐스탄의 독립선언 이후 러시아인의 유출이 크게 증가하고 있는데, 여타 중앙아시아 국가에서 일어나고 있는 것처럼 민족마찰에 대한 가능성과 우려를 그 이유로 들 수 있다. 하지만 카자흐스탄 대통령인 나자르바이예프는 카자흐스탄 내의 소수민족에 대한 포용정책을 추진하여 러시아인을 비롯한 소수민족의 유출을 최대한 억제하려는 노력을 기울이고 있다. 그 이유는 러시아인과 여타 소수 민족이 전문직 종사자가 많아 그들이 국가발전에 기여하는 측면을 적극적으로 수용해야 하며 발생 가능성이 있는 전문직 종사자들의 대거 유출로 인한 경제, 사회적 혼란을 방지해야 하는 필요성을 절감하고 있기 때문이다. 카자흐스탄 정부의 소수민족 포용정책으로 인해 독립 이후 러시아인의 감소는 중앙아시아 다른 국가들에 비해 적게 나타나고 있다. 1989년~1996년간에 러시아인의 감소 비율이 타지키스탄에서 러시아인 인구대비 52.2%로 나타나서 가장 높고, 우즈베키스탄에서 23.1%, 키르기즈스탄에서 22.6%, 투르크메니스탄에서 20.6%, 카자흐스탄에서 12.1%로 나타났다. 이처럼 나자르바이예프 대통령의 소수민족 포용정책이 구체적인 결실을 맺고 있으며 국가 개방도에 있어서도 다른 중앙아시아 국가에 비해 적극적인 태도를 취하는 편이다.

카자흐스탄은 러시아, 중국 등과 각각 5,000Km, 1,700Km의 국경선을 공유하므로 폐쇄적인 정책을 추진하기에는 지리, 군사적 한계가 있

주별 면적, 인구 및 중심 도시

	면적(1,000㎢)	인구(1,000명)	중심 도시
1. 아크몰라 주	92	884	Akmola
2. 악튜빈스크 주	298	758	Aktubinsk
3. 알마티 주	104	966(수도제외)	Almati
4. 아티라우 주	113	449	Atirau
5. 동카자흐스탄 주	97	960	Kamenogorsk
6. 잠불 주	144	1,059	Jambul
7. 제즈카즈칸 주	313	497	Chezkazgan
8. 카라칸다 주	117	1,343	Karaganda
9. 서카자흐스탄 주	151	660	Uralsk
10. 콕체타프 주	78	676	Kokchetav
11. 쿠스타나이 주	114	1,087	Kustanay
12. 크즐오르다 주	228	591	Kizilorda
13. 만기스타우 주	165	345	Aktau
14. 북카자흐스탄 주	44	618	petropavlovsk
15. 파블로다르 주	127	972	Pavlodar
16. 세미팔라틴스크 주	179	847	Semipalatinsk
17. 남카자흐스탄 주	16	1,912	Chimkent
18. 탈디쿠르간 주	118	743	Taldikorgan
19. 투르가이 주	111	312	Arkalik
총 계	2,717	16,679	

자료: 대외경제정책연구원, 카자흐스탄 편람, 1996. p. 80
TIKA, Kazakistan Ulke Raporu, 1996: p. 20

음을 파악하고 오히려 러시아, 중국 양국과 정치, 경제적 협력의 모색을 통해 발전하려는 의지를 외부에 표방하는 편이다. 당분간 배타적 노선을 지양하고 주변 강국과의 다각적 협력을 통한 실용적 노선의 선택이 소수민족의 두뇌유출을 막는 동시에 군사적 위협도 줄이는 발전 모델을 지향해 갈 것이다.

2) 교육

러시아의 침략 이전 카자흐스탄에서 전통적인 교육이 주로 종교 기관에 의해 이루어져 왔다. 1823년 지한기르 한(Cihangir Han)이 칙령을 발표하여 이슬람 교육과 병행하여 근대화 학교의 설립을 허용했다. 그러나 1841년에 고등학교가 설립될 정도로 근대화 교육에 대한 관심이 매우 빈약했다. 근대화주의자 이스마일 가스프라리(Ismail Gaspirali: 1851–1914)는 러시아의 동화정책에 저항하고자 신식학교 설립을 주도해 나갔다. 혁명이 진행되는 동안 볼세비키파 러시아인들은 민족자결의 보장을 내세워 진보적인 카자흐인들의 협력을 얻어낼 수 있었지만 혁명 이후에는 다시 러시아화 정책을 적용시켰다. 혁명 직후 개최된 '러시아 무슬림 회의'에서 살리예프(Salihef)의 제의에 따라 초등교육은 각 부족의 방언으로, 중·고등 교육은 결정될 공통의 터키어로 이루어질 예정이었다.(Kultur Bakanligi 1990: 335, 338) 이러한 방법으로 각 민족의 방언이 존속되는 동시에 터키어 통합이 시도되었다. 그러나 소련 당국이 러시아어를 공용어로 채택함으로써 카자흐어는 소수민족의 언어로 전락하고 말았다. 1958년에 카자흐스탄 교육부는 카자흐인들의 요구에 따라 중등학교에서 카자흐인 역사를 강의하도록 허용했다. 카자흐스탄의 독립 이후 1992년에 카자흐어가 공용어로 채택됐으며, 일부 카자흐인들의 반대가 있었지만 러시아어의 통용이 인정됐다.

고등교육기관의 교수는 1992년 현재 2만 4,337명이고 학생 수는 28만 7천여 명에 이른다. 카자흐스탄 국립대학교, 알마티 대학교, 아흐메

교육기관 별 현황

	학교수		학생수	
해 당 년 도	1984-85	1990-91	1984-85	1990-91
초·중등학교(1.~11.학년)	8689	8771	3.347.512	3.225.030
전문중등학교	243	274	278.625	247.600
고등교육기관 (대학과 연구소 포함)	55	55	287.774	287.400

(TIKA,1996:61)

트 야세비(Ahmet Yasevi) 대학교와 알 화라비(Al Farabi) 대학교, 종합기술연구소, 화학기술연구소, 화학기술연구소와 카자흐스탄 과학원 등이 대표적인 고등교육기관으로 알려져 있다.

2. 국내정치

1) 카자흐스탄의 독립

1989년 3월 소연방 인민대표위원 선거에서 누르술탄 나자르바이예프가 카자흐스탄 공산당 제1서기로 임명되므로써 콜빈은 임무를 인계하고 6월에 모스크바로 돌아갔다. 권력기반을 강화시키려는 나자르바이예프는 1989년 9월 정치와 행정 개혁을 실시하는 과정에서 카자흐스탄 최고회의를 조직하였다. 1990년 2월 1일 나자르바이예프는 최고회의 의장이 됐고, 잇따라 4월에 공산당이 압도적 다수를 차지하고 있는 최고회의에서 신설된 대통령직에 선출됐다.

1990년 10월 25일 최고회의는 카자흐스탄의 천연자원과 경제 활동에 대한 독자통제권을 발표하고 아울러 공화국 내의 다양한 민족의 동요를 막기 위해 모든 민족의 평등성을 강조했다. 그러나 슬라브인이 다수를 이루고 있는 우스트-카메노고르스크(Ust Kamenogorsk) 시에서는 최고회의의 발표를 비난하는 시위가 있었다. 1991년 3월 카라간다에서 광산노동자들이 임금 인상을 요구하며 파업에 돌입했을 때 나자르바이예프는 노동자의 요구에 효율적으로 대처하기 위해 카자흐스탄 기업에 대한 연방당국의 개입 없는 독자적인 경영권의 행사를 요청했다.

1991년 8월 20일에 신연방조약[23]의 체결이 계획돼 있었으나 모스크바에서 발생한 개방 반대를 위한 쿠데타로 인해 신연방조약 체결이 무산됐다. 나자르바이예프는 쿠데타 세력의 국가비상사태위원회를 불법단체로 규정하고, 쿠데타 세력을 지지했던 당지도부 공산당 정치국 및 중앙위원회의 정치활동을 중지시킴과 동시에 자신도 공산당 정치국에서 사임했다. 그는 공산당 조직을 자신의 지지 세력으로 전환시키고 적절한 시기에 쿠데타를 공개 비난하는 순발력을 보임으로써 쿠데타를 무력화시키는데 중요한 역할을 수행했으며 권력의 공백기에 중앙아시아 국가의 지도자로서 정치적 입지를 공고히 할 수 있었다. 최고회의에서 통과된 독립법안을 근거로 91년 12월 16일에 카자흐스탄의 독립선언을 주도한 그는 12월 21일 알마티에서 열린 독립국가연합 창설회의에 동참하여 CIS(Commonwealth of Independent States)의[24] 공동설립자로 인정받으며 위상을 강화시켰다.

---

23) 러시아연방을 구성하는 각 공화국이 독자 정부를 갖추고 외교관계를 개별적으로 수립할 수 있으나 국방 및 외교정책에 관한 전반적인 통제권은 중앙정부가 행사하는 내용임.

24) CIS 국가: Armenia, Moldova, Belarus, Ukraina, Georgia, Russia, Azerbaycan, Kazakistan, Uzbekistan, Tazikistan, Turkmenistan, Kirgizstan 등 12개국

2) 독립 이후의 정치 상황

(1) 정당의 출현

카자흐스탄은 현재 정치적으로 안정을 유지하고 있는 것으로 볼 수 있는데, 그 원인은 의원의 다수가 친정부계 정당에 소속되어 있기 때문이다. 1995년 제정된 신헌법에 따라 상, 하원으로 구성된 의회가 1996년 1월 30일에 열렸다. 47명의 상원 의원 가운데 불과 1명과 67명의 하원 의원 가운데 불과 4명만이 야당계 정당에 속하고 있다. 정당과 압력단체가 활동하고는 있으나 대통령에 의해 활동의 제한을 받고 있다. 대통령에 비판적인 세력은 1990년 6월에 결성된 아자트(Azat) 조직이다. 이 조직의 주요 목적은 카자흐인 민족주의 세력의 규합이다. 대부분의 정치세력들은 대통령의 점진적 개혁노선에 긍정적인 반응을 나타내고 있다. 아자트당은 아자트 신문을 카자흐어와 러시아어로 한 달에 2회 발행하여 노선을 홍보하고 있다. 나자르바이예프는 급진세력의 출현을 철저히 차단하여 민족 간의 충돌을 미연에 방지함으로써 정국 안정의 확보에 주력하고 있다. 과거 공산당 시절에 보편적으로 수용돼 오던 계급투쟁 의식을 불식시켜야 할 필요성을 느끼고 중산층의 조성을 우선적 과제로 삼고 있다.

카자흐스탄 공산당이 1991년 9월 7일 자진 해체된 뒤 그 소속원 대부분이 참여하여 대체정당이라고 할 수 있는 사회당을 조직했다. 그러나 나자르바이예프와 그의 측근들은 사회당에 입당하지 않았으며 대통령직을 강화시키기 위해 당적을 초월하여 자유롭게 정치활동을 해나가려 했다. 카자흐스탄의 최대정당인 사회당은 1992년 3월 16일 종결된 전당대회를 통해 카자흐스탄 내의 민주세력의 규합을 당면 목표로 발표했으며 당수로는 작가 알림자노프를 선출했다. 당시 5만 6천여 명의 당원 대부분이 구공산당원이며 최고회의에서 40명의 의원이 활동했다.

나자르바이예프의 지원을 받아 1991년 10월에 조직된 카자흐스탄 국민회의당(Kazakistan National Congress)은 온건개혁 노선을 표방하며 주로 지식인의 호응을 받고 있다. 이 밖에 1993년 2월에 창립총회를 마친 카자흐스탄 인민연합 및 민족독립당 알라시 등이 등록돼 있다.

누르오탄(광명조국당: Nur Otan)은 1999년 1월 대선에서 나자르바이예프가 대통령으로 선출됨으로써 집권당이 되었으며 현재 최대의 권력을 가지고 있다.

(2) 헌법

독립 이후 카자흐스탄공화국의 신헌법이 1993년 1월 28일 제12대 최고회의 9차 회의에서 채택됐다. 신헌법에 3권 분립이 명시됐으며 카자흐스탄공화국은 민주적이며 세속주의 국가로 규정됐다. 이 헌법에 의해 공식언어는 카자흐어로, 다민족 간 의사소통언어는 러시아어로 정해졌다. 그러나 최고회의 간부들이 대통령의 권력집중 도모를 비판하는 기사(記事)가 보도됨으로써 최고회의와 대통령의 관계가 정상적으로 유지될 수 없었다.

1993년 말에 지방 소비에트 자진해산 운동이 나타나면서 최고회의의 해산을 요구하는 분위기가 확산됐다. 1993년 12월 10일 최고회의는 자진해산을 결의함과 아울러 동 회의의 전권을 대통령에게 위임하는 결의안을 채택했다. 1994년 3월 7일에 177석으로 이루어질 제13대 최고회의 의원선거가 진행됐다. 42명의 의원은 대통령이 지명한 64명의 후보 가운데 선출됐다. 제13대 최고의회가 정부의 경제개혁 정책에 필요 이상으로 비판적이라는 평가가 대두됐고 연이어 최고회의 의장인 술레이메노프와 대통령 간의 불화설도 떠돌았다. 심지어 술레이메노프가 1996년 대통령에 출마할 계획을 발표함으로써 양 세력 간의 갈등이 심화됐다. 13대 최고회의 의원 총선 결과 대통령의 지지세력이 반수 이상 의회에 진출했으나 경제사정의 악화로 대통령 지지세력들이 점차 비판적 자세를 취했다. 이러한 상황에서 의회가 카자흐스탄 경제개혁에 방해 요인이라는 인식이 국민 가운데 확산됐고, 아울러 1995년 3월 11일 헌법재판소의 1994년 3월 총선에 대한 위헌 결정으로 제13대 최고회의의 활동이 정지되는 위기를 맞이했다. 최고회의 해산 직후 100명 이상의 의원들이 헌법재판소의 결정에 반대의사를 표명했지만 국민의 지지를 받지 못했다.

최고회의 해산 이후인 1995년 3월 24일 대통령은 자문기구인 민족의회를 소집하여 경제개혁의 추진을 위해 대통령의 강력한 통치력의 필요성과 2000년 말까지 임기연장을 요청하였다. 260명으로 구성된 민족의회에 30개 정도의 민족이 참여하고 있는데 그 가운데 카자흐계가 48%, 러시아계가 42%로 절대 다수를 차지하고 있다. 민족의회의 결의에 따라 4월 29일 실시된 국민투표에서 투표율 91.2%, 찬성 95.5%의 압도적 다수로 임기연장이 가결됐다. 임기 연장에 성공한 나자르바이예프 대통령은 국회의 견제가 경제개혁에 제동을 걸었다는 인식을 가지고 있어서 국회의 권한을 축소시키기 위한 조치로 국회의원 정원 축소와 국회의 양원제 개편을 위한 신헌법제정 작업을 착수했다.

1995년 6월 30일 대통령령으로 제정된 신헌법 초안에 대한 찬반투표가 동년 8월 30일에 시행될 것으로 결정됐다. 신헌법 초안은 7월 1-31일에 다양한 이해집단의 논의와 공개토론을 거쳐 수정, 보완된 뒤 확정 초안으로 8월 1일 발표됐다. 8월 30일 국민투표에 부쳐진 카자흐스탄의 신헌법은 투표율 90.5%, 찬성률 89.1%의 지지를 얻어 9월 6일부터 효력을 발생하였다.

신헌법은 총9절 98조로 구성되어 있다. 1절 일반규정(1-9조), 2절 인간과 시민의 기본권(10-39조), 3절 대통령(40-48조), 4절 의회(49-63조), 5절 정부(64-70조), 6절 헌법위원회(71-71조), 7절 법원과 재판(75-84조), 8절 지방행정과 지방정부(85-89조), 9절 최종 및 과도 규정(90-98조)으로 이루어져 있다. 특기할 만한 내용으로 의회의 권한 축소가 나타나 있다. 의회가 상하원으로 이원제로 분리됐고, 상원은 지방의회가 선출한 의원과 대통령이 선출한 의원으로 구성된다(제50조). 상원은 47명이며 그중 7명을 대통령이 임명하고 나머지 40명은 19개 주와 알마티 시에서 각 2명씩 선출되며, 하원은 67명이다. 대통령은 의회가 심의할 법안의 우선순위를 정할 수 있고 또한 긴급법안을 1개월 이내에 심의, 종결하지 않으면 법적 효력을 가진 대통령령을 발할 수 있다(제61조 제2항). 의회는 정원 2/3 찬성으로 1년에 한하여 입법권을 대통령에게 위양할 수 있다(제53조 제4항). 대통령은 의회와 정부가 대립할 경우 의회를 해산시킬 수 있다(제63조).

(3) 대통령

1989년에 카자흐스탄 공산당 제1서기로 임명됐었던 누르술탄 나자르바이예프(Nursultan Nazarbayev)는 1990년 9월 24일 대통령으로 최고회의에서 대통령으로 선출됐다. 1991년 12월 1일에 이루어진 최초의 국민투표에서 단독 출마한 나자르바이예프는 지지율 96%를 확보해 대통령에 당선됐다. 대통령의 권한을 강화시키려는 차원에서 국회 동의에 따른 총리 임명권을 포함하여 장관, 대법원장관 및 각 주지사를 임명할 수 있는 권한이 대통령에게 부여됐다.

헌법상 국가원수 겸 정부수반인 대통령의 주요 권한으로 최고회의 통과 법률 동의 및 거부권 행사권, 일정범위의 국민기본권을 임시로 제한할 수 있는 비상사태 선포권, 헌법재판소 결정에 대한 거부권 등을 들 수 있다. 나자르바이예프 대통령은 독립선언 이후 인플레의 지속적인 증가와 이에 따른 반대세력의 등장 등으로 정국안정이 위험에 처할 수 있다는 위기의식을 느껴 강력한 통치력을 소유하고자 했다. 그는 정치력을 발휘하여 임기연장을 위한 국민투표의 필요성을 지적했고 1995년 4월 29일에 실시된 투표에서 2000년 말까지 임기연장을 보장받을 수 있었다. 아울러 1995년 8월 30일에 통과된 신헌법에 의해 대통령의 권한이 크게 강화됐다.

3) 주요 정치문제

카자흐스탄이 중요한 군사 전략시설을 다량으로 보유하고 있기 때문에 서방은 카자흐스탄의 정치, 경제적 안정을 바라고 있다. 구소련으로부터 물려받은 104개의 핵발사 장치와 2개의 대륙간 미사일 발사기지, 세미파라틴스크의 핵실험 기지와 바이코누르(Baikonur) 우주 센터는 주변국에게 위협적인 군사시설이다. 세미파라틴스크의 핵실험장은 현재 폐쇄돼 있으며 또한 군사 시설을 비군사적인 목적으로 전환시키려는 의사를 카자흐스탄 당국이 가지고는 있으나 이 계획을 추진할 경비의 부족으로 구체적으로 실현되지 않고 있는 실정이다. 1992년 5월 17-19일에 미국을 방문했던 나자르바이예프 대통령은 전략무기삭감회담(START: Satratigic Arms Reduction Talks) 의정서에 서명할 것에 동의했으며, 1993년 12월 회의에서 핵확산금지조약(NPT)에 비핵보유국으로서의 비준을 완료했다.

카자흐스탄에서 핵실험이 수 차례 진행됐으므로 세미파라틴스크 주변의 자연환경이 손상당할 수밖에 없었고 따라서 인근 주민들의 건강도 크게 위협받고 있다. 이외에도 구소련 시절 아랄해의 수자원이 과도하게 사용돼 용수(用水)가 급감하였고, 그 결과 카자흐스탄 남부 지역에서 생태계 파괴현상이 나타나 지역주민들의 불만이 가중되고 있다. 아랄해의 수위가 1974-87년 사이에 13.5m 내려가 폭 235Km, 길이 428Km인 아랄해의 해안이 약 30Km 안쪽으로 축소됐다.(Sabahaddin 1993: 39) 농업 용수의 감소로 농축산 분야의 생산량도 급격히 떨어져 지역주민들이 입은 경제적 손실이 막대하다. 자연환경의 손상과 경제적 위기의식에 대해 형성된 공감대가 국내정치의 불만요인으로 작용하지 않도록 나자르바이예프 대통령은 특별한 관심을 기울이고 있다.

대통령은 독립 이후에 시장개방을 통한 경제성장과 전문성을 갖춘 인재 양성을 당면 목표로 정하고 우선적으로 외국인의 투자 유치를 위한 여건 조성과 정치 안정에 주력하고 있다. 그러나 오히려 구소련 해체 후 사회기강이 이완돼 국가 전체의 생산성이 감소했으며, 공산주의 체제에 익숙해진 관행 때문에 공무원들의 부패와 근로자들의 나태 성향이 유지되고 있어서 권력자들과 근로자들 간의 빈부격차가 점차 커지고 있다. 빈부 격차가 심해진다면 카자흐인과 러시아인 간에 잠재해 있는 경쟁적 관계가 악화돼 사회적 유대감과 결속력의 저해요인으로 작용하여 정치적 불안을 야기할 것이다. 원유를 비롯해서 카자흐스탄의 풍부한 지하자원이 경제발전의 견인차 역할을 해낼 수 있겠지만 공공부문의 비효율성과 고위 공무원들의 직권남용의 척결이 수반되지 않는다면 장기적인 차원에서 사회, 경제적 개혁과 안정이 실현될 수 없을 것이다.

3. 중도-보수적 카자흐인

카자흐스탄 전체 인구 가운데 러시아인들이 차지하는 비율은 약 37.8%(1989년 기준)에 육박하며, 이 나라는 중앙아시아 5개국 가운데 러시아의 영향을 가장 많이 받았다. 특히 러시아와 인접한 북부 지역에는 러시아인들이 다수를 차지한다. 제정 러시아 말기부터 러시아 농민들이 카자흐스탄 북부 지역으로 농토를 찾아 이주하기 시작했고 소연방의 구성 이후에는 러시아인의 이주가 가속화되었다. 소연방 중앙 공산당이 카자흐스탄을 통제하기 위해 공산당 고위 간부를 수도 알마티로 파견했을 뿐 아니라 주요 행정 요원과 많은 엔지니어들을 대도시에 정착시킴으로써 러시아인의 세력 범위는 더욱 확대되었다. 공산당은 공산주의 혁명과 업적을 찬양하는 노래, 선전문구나 상징물을 대대적으로 활용하여 카자흐인들의 민족의식을 희석시켜 나갔다. 공산당은 유목 생활에 익숙해진 카자흐인들을 정착시키려는 정책의 일환으로 집단농장을 조성하여 그들을 농업에 종사하도록 강요했다. 유목민들은 정기적으로 이동하므로 통제하기가 용이하지 않아 공산당은 카자흐인들을 집단화시켜 감시하거나 사상을 개조시키려 했다. 그 결과 지난 70년간 소련 통치기에 러시아어를 공식어로 사용해 온 카자흐인들의 러시아인화는 자연스러운 현상이었다.

카자흐인들의 지도적 인물을 중심으로 한 민족의식의 고취 시도를 사전에 차단하려는 의도로 중앙공산당은 그들 가운데 부각되는 인물들을 숙청하였다. 1930년대 말 '인민의 적'이라는 판결을 받은 하이줄라흐 호자(Fayzullah Khoja)와 일부 카자흐 정치인의 숙청은 민족의식 말살정책의 맥락에서 이루어진 대표적인 결정이었다. 하이줄라흐는 카자흐스탄 각료위원회 의장을 역임한 고위 정치인이었으므로 제2 국민의 위치에서 열등감에 빠진 카자흐인들에게 다소간 위안이 될 수 있었다. 중앙공산당의 위협정책은 카자흐인들의 문화, 정신적 생활을 크게 위축시켰다. 카자흐 민족 정체성에 심각한 타격을 입힌 공산당의 책략은 부정직과 부패에 의한 카자흐 지도자들의 숙청이었다. 카자흐인 지도자의 비도덕성 선전은 카자흐인 자화상을 왜곡시켰고 카자흐인 지도자들과 일반 대중의 원만한 관계 유지를 차단할 수 있었다. 소련 중앙공산당은 1980년대까지 토착 정치인을 숙청시키는데 날조된 죄목을 지속적으로 이용해 왔으며, 과거 유목 시대의 구시대적 타락성과 비밀주의에 젖어있다고 카자흐인 지도자들을 매도했다. 카자흐인 지도자들 가운데 일부가 중앙공산당의 음모에 저항하기도 했으나 역부족을 크게 느낄 수밖에 없었다. 이러한 정체성 혼란의 와중에서 이슬람은 중도, 보수 카자흐인들의 정신과 전통을 지탱시켜 준 원천이었다.

러시아화된 대도시의 카자흐인들의 생활과 사고방식은 러시아인들의 그것과 크게 다를 바 없다. 보통 7세에 11학년 과정의 학교에 입학하여 사회주의 교육을 받으며 성장하고 커다란 문제를 일으키지 않으면 졸업할 수 있다. 러시아어로 교육이 이루어지는 학교에서 학생이 소정의 과정을 마치면 능력과 적성에 따라 대학, 전문 또는 기술학교에 진학하고 진학을 하지 않는 사람들은 직업을 갖거나 가사 일을 돌본다.

카자흐인들은 70년 이상 지속된 러시아인 동화정책에도 불구하고 자신들의 전통의 일부를 고수해 왔다. 이 가운데 비교적 소수에 해당하는 보수적 카자흐인들의 결혼 방식에서 과거 유목민의 전통을 찾아볼 수 있다. 징기스칸의 아버지 예수게이는 다른 부족의 남자와 혼인하려는 처녀를 훔쳐 달아나 아내로 삼았다. 그 처녀는 처음에는 자신의 처지를 용납하지 못해 울기도 했지만 점차 현실에 적응했으며 훗날 징기스칸이 된 테무친을 낳았다. 마음에 드는 처녀를 훔쳐 아내를 삼는 전통은 유목민 기질을 잘 드러내고 있다. 중도, 보수적 카자흐인들 중 일부 남자는 오늘날에도 자신의 마음에 드는 처녀를 훔쳐 결혼한다. 남자는 처녀를 몰래 훔쳐 달아나 하룻밤을 지낸 뒤 여자의 부모에게 많은 선물을 들고 찾아가 결혼 승낙을 받아낸다. 대개 남자는 그동안 보아 온 처녀를 훔치게 마련이며 대체로 사전에 여자의 묵시적 동의를 받기 때문에 결혼이 성사된다. 그러나 처녀나 부모가 절대적으로 반대한다면 결혼이 이루어지지 않는다. 이때 남자와 하룻밤 지낸 여자나 부모가 반대해 결혼하지 않을 경우 그 여자의 복이 달아난다는 미신이 있어서 매우 불만스럽지 않다면 일반적으로 동의한다.

이러한 전통이 점차 사라지고 있는 것과는 달리 일반적으로 결혼은 연애나 친지 혹은 주위 사람들의 소개로 만나 이루어진다. 신식 결혼식은 간단하게 진행된다. 결혼식 당일 신랑과 신부는 친구들과 대개 오전 11시에 만나 명소를 방문하여 자신들만의 축하 파티를 연다. 축하 파티에서 보드카나 위스키를 마시며 춤을 흥겹게 추기도 한다. 결혼식은 축하 파티 후 저녁 7시 정도에 보통 식장에서 친지가 참석한 가운데 진행되며 식이 마치면 자신들이 살 집으로 간다. 이들에게 신혼여행은 낯설게 여겨진다. 이들은 잠정적으로 부모와 일정 기간 동거하지만 분가하며 막내가 부모를 모시고 살았다. 살림집은 남자와 여자가 협력하여 마련하지만 남자 쪽이 일반적으로 더 부담한다. 사회주의 체제에서는 일반 인민의 월급은 한정돼 있어 집을 구입하기가 여간 어려운 게 아니었다. 공산당 간부일 경우에는 관사에서 생활하므로 거처 문제가 해결될 수 있으나 인민 대중은 허름한 집을 마련하기조차 어렵다. 공산당통치 말기 중등학교 교사와 대학 교수의 급여가 $50~70에 불과해 부업을 하지 않으면 어렵게 살 수밖에 없었다.

1991년 카자흐스탄의 독립 직후에는 대학생들이 국가로부터 월 $30을 받고 있지만 식비와 서적 구입비로는 턱없이 부족했다. 부모들도 받는 급여가 제한돼 있어 자녀들을 도와주기 어렵고 자녀들도 크게 기대하지 않았다. 어떤 측면에서 보면 부모를 대신해 국가가 양육권을 빼앗은 격이 되고 말았다. 대학생들은 오히려 기대할 대상으로 부모가 아니라 국가를 먼저 떠올렸다. 부모로부터 받는 혜택이 별로 없는 상황에서 무상 교육을 받는 자녀들은 국가를 고맙게 생각하는 것이 타당할 것이다.

따라서 독립 이후에는 경쟁에 익숙하지 않은 카자흐인들은 배급을 받던 시절을 그리워하기도 했다. 자유경제 체제에 적응해 가는 과정에서 빈부의 격차가 심화돼 상대적 빈곤을 느끼는 대중이 적지 않았다. 과거에는 일부 특권층을 제외하면 부를 과시할 수 있는 기회가 별로 주어지지 않았으므로 지금처럼 상대적 박탈감이 부각되지 않았었다. 그러나 카자흐스탄은 풍부한 에너지 자원을 바탕으로 경제발전을 이룩하고 있는 한편 자유주의 경제 체제에도 점차 적응하고 있고 금융 시스템도 현대화하고 있어서 중앙아시아의 금융 중심지로 부상할 수 있다는 자신감을 가지고 있다.

제9장

우즈베키스탄 사회와 정치

1. 사회

1) 인구

(1) 인구의 특징 : 다민족 국가

우즈베키스탄은 약 2천8백만 명(2007년 7월 통계)의 인구를 가지고 있으며 120여개의 민족으로 구성된 다민족국가이다. 전체 인구 중 우즈벡인이 차지하는 비율은 80%로 가장 많으며 그 밖에 러시아인이 5.5%, 타직인이 5%, 카자흐인이 3%, 타타르인이 1.5%, 카라칼팍인이 2.1%, 고려인 1%를 각각 차지하고 있다. 20세기 초 중앙아시아 지역이 소비에트 연방에 편입될 당시에 러시아 볼세비키의 민족정책에 의해 나누어진 우즈베키스탄의 국경은 처음부터 비우즈벡 민족의 지역까지 포함하였으며 그 후 1930-1940년대에 많은 러시아 농민들이 우즈베키스탄으로 유입되었다. 그리고 같은 시기에 연해주의 고려인들이 중앙아시아로 강제 이주당했다. 이러한 우즈베키스탄의 민족구성으로 인해 간

혈적으로 민족 문제가 대두되어 왔다. 그 대표적인 예가 1989년 페르가나 지방에서 메쉬케트 투르크인과[23] 우즈벡인 간의 충돌, 키르기즈스탄의 오쉬 지방에서 키르기즈인과 우즈벡인 간의 분쟁 등이다.

우즈베키스탄 인구는 동부 특히 페르가나 분지에 집중되어 있다. 지역별로 보면 사마르칸트 주에 가장 많은 인구가 거주하고 있으며, 다음으로 페르가나 주와 타쉬켄트 시를 들 수 있다. 그러나 인구밀도 면에서는 수도 타쉬켄트를 제외하면 페르가나 지역의 안디잔 주와 페르가나 주가 가장 높은 편이다.

우즈벡인들은 우즈베키스탄 이외에도 아프가니스탄, 파키스탄, 터키, 사우디아라비아, 호주, 미국, 서유럽 등에 흩어져 있으며 중국과 중앙아시아에 널리 분포되어 있다. 중앙아시아 국가들의 인구 중 우즈벡인들이 차지하는 비율은 키르기즈스탄에서 13%, 투르크메니스탄에서 9%, 타직키스탄에서 23%, 카자흐스탄에서 5% 등이다.

우즈베키스탄은 중앙아시아에서 가장 많은 인구를 가지고 있으며 인구 증가율도 아주 높다. 1997년 현재 인구증가율은 1.35%로 매년 조금씩 낮아지고 있는 추세이다. 인구의 전체 평균 수명은 64.31세이며 여성의 평균수명은 68.11세로서 남성보다 약 8년이 길다. 유아사망률은 7.05%로서 매우 높은 편이다.

(2) 민족 구성과 분포

우즈베키스탄은 우즈벡인이 최대의 민족(80%)을 형성하고 있으며

---

23) 스탈린은 제1차 세계대전에 약 4만 명 정도의 메쉬케트(Meshket) 터키인들을 독일군대와 벌어진 전투에 투입시켜 많은 사상자를 내게 했고 생존자 중 일부를 중앙아시아 여러 지역으로 강제 이주시켰다. 1944년에는 스탈린이 메쉬케트 지역을 자신의 출생지인 그루지아에 편입시켰다. 메쉬케트 지역은 1829년까지는 오스만투르크의 지배를 받았으나 이때에 러시아로 편입됐다. 터키인들은 이들을 아흐스카(Ahiska) 투르크라고 부른다. 검색일:(2008.09.15.)
http://www.islamicpopulation.com/Georgian_turks.html

1991년 우즈베키스탄의 독립 이후 우즈벡인의 비율은 점차 증가하고 있다. 1989년 인구센서스에 의하면 우즈베키스탄의 우즈벡인 비율이 71.4%였으며 1997년은 80%로 상당히 증가하였다. 우즈벡인은 대부분 투르크어계의 우즈벡어를 사용하며 종교는 순니 이슬람이 지배적이다. 우즈벡인은 구소련의 이슬람계 민족 중에서 가장 많은 인구를 보유하고 있는 민족이다.

우즈벡인 다음으로 러시아인의 비율이 5.5%로 두 번째로 높다. 점차 우즈베키스탄 내의 러시아인의 비율은 줄어들고 있는 추세를 보이고 있다. 1989년에 8.3%에서 1997년에 5.5%로 줄어들었다. 이러한 감소의 이유는 독립 이후 일어나는 이슬람운동 및 민족주의 운동에 러시아인들이 위협을 느껴 러시아로 돌아가고 있기 때문이며 또한 독립 후에 러시아인의 거주허가 취득에 대한 번거로운 법률적인 절차도 주요 이유이다. 러시아인들은 대체로 대도시에 거주하거나 기간산업 부문에 종사하는 인구의 비율이 높다. 수도인 타쉬켄트와 나보이주의 나보이시와 제라프시에 많은 러시아인들이 거주하고 있다.

세 번째로 많은 비율을 차지하고 있는 타직인은 전통적으로 부하라 지역에 많이 거주하고 있다. 부하라는 9-10세기의 페르시아계 사만 왕조(875-999)의 수도였으며 이븐 시나, 루다키 같은 학자들을 배출한 도시였다. 우즈베키스탄의 타직인은 페르시아계 소수민족으로서 정치적 차별을 받아 불이익을 당하고 있다. 대표적인 예로 지방의회에서 타직인 의원의 수는 매우 소수에 불과하다.

그 밖에 카라칼팍인, 카자흐인, 고려인, 유대인 등 여러 소수민족이 우즈베키스탄에 거주한다. 카라칼팍인들은 누쿠스시를 수도로 하는 우즈베키스탄내의 카라칼팍 자치공화국에 주로 모여 살며, 고려인들은 비교적 학력이 높고 사회적, 경제적으로도 안정된 생활을 한다. 유대인들은 부하라의 2개 지역(샤피르칸, 술탄아바드)에 주로 거주한다.

주별 면적, 인구 및 인구밀도

	면적(1,000㎢)	인구(천명)	인구밀도(명/㎢)
카라칼팍스탄	164.9	1,274	7.7
호 레 즘 주	6.3	1,068	169.6
부 하 라 주	142.1	1,708	12.0
사마르칸트주	24.5	2,386	97.4
카쉬카다르야주	28.4	1,698	59.8
수르한다르주	20.8	1,336	64.2
지 작 주	20.5	780	38.0
시르다리야주	5.1	580	113.8
타 쉬 켄 트 주	15.6	2,120	275.5
타 쉬 켄 트 시		2,179	
나 망 간 주	7.9	1,558	197.2
안 디 쟌 주	4.2	1,795	427.4
페 르 가 나 주	7.1	2,226	313.6
총 계	447.4	20,708	46.3

자료 : 대외경제정책연구원, 우즈베키스탄 편람, 1994. p. 54

2) 교육

우즈베키스탄 지역은 유명한 의사였던 이븐 시나를 비롯하여 알-페르가니, 울루벡과 같은 유명한 천체학자, 과학자, 철학자 등을 배출한 곳이며 중세 중앙아시아 이슬람 문화와 교육의 중심지였다. 그리고 18, 19세기에도 부하라, 히바, 사마르칸트, 페르가나 등지에 많은 이슬람 학자들이 선임자들이 이루어 놓은 이슬람문화의 명맥을 이어 나갔다.

19세기말 터키를 비롯하여 중동지역에 서구의 근대화 문물이 유입되면서 이러한 근대화의 물결은 중앙아시아에까지 전달되었고 특히 교육부분에서 근대화 운동이 먼저 진행되었다. 이러한 근대화 운동이 '자디드 운동'이라고 불렸는데, 우즈베키스탄에서도 1900-1910년대에 이집트, 인도, 터키, 타타르스탄, 등지의 근대주의자들이 제안한 교육개혁의 모델에 영향을 받아 "새로운 방법(Usul-i jadid)"으로 불리는 자디드 운동이 일어났다.

타쉬켄트의 무나와르 카리(Munawwar Qari), 사마르칸트의 마흐무드 호자 베흐부디(Mahmud Khoja Behbudiy), 부하라의 사드릿딘 아이니(Sadriddin Ayniy), 코칸드의 아슈르 알리 자히리(Ashur Ali Zahiriy) 등은 우즈베키스탄 자디드(Jadit: 개혁) 운동의 지도자들로서 서구식 교육제도의 도입을 주장했을 뿐만 아니라 소비에트 정권수립 초기에 우즈베키스탄의 교육 발전에 지대한 영향력을 미쳤다.

그러나 1920년대 공산주의 정권에 의해 우즈베키스탄의 신교육제도가 붕괴된 이후, 우즈베키스탄의 고등교육은 새로운 교육기관인 타쉬켄트 국립대학교에 의해 주도됐으며 1942년부터는 모스크바 과학아카데미(Moscow's Academy of Sciences)의 우즈베키스탄 자치공화국 분교를 정점으로 하여 소비에트 방식의 교육이 이루어졌다..

1986년 소련에서 글라스노스트(Glasnost:개방)와 페레스트로이카(Perestroika:개혁)이 추진되었을 때, 우즈베키스탄 학교 당국자들은 국민교육의 부실함을 깨닫고 초·중등 교육을 개혁하기 시작했다. 초등학교의 교육언어로 러시아어 대신에 우즈벡어가 채택되었으며 곧이어 고등 교육언어도 우즈벡어로 바꾸는 대대적인 변화가 있었다. 그 후, 1991년 구소련의 해체와 함께 독립한 우즈베키스탄은 국가발전을 위해 교육을 최우선순위 정책 중의 하나로 삼아 적극 발전시키고 있으며 과거의 위대했던 유산들을 부활시켜 잠재력 있는 국민들을 우수한 인재로 만들고자 하는 교육비전을 가지고 있다.

1998년 현재 우즈베키스탄 정부는 '민주화'(democratization)와 '인간화'(humanization)라는 원칙 하에서 교육개혁을 실시하고 있으며 민주 시민 사회와 자유 시장경제 체제를 만들어 내고 이끌어갈 시민양성을 위해 1) 인도적인 교육, 2) 민주적 방법의 교육, 3) 인간가치 및 민족-문화 전통 개발 교육, 4) 정치세력이나 정치운동으로부터 교육의 분리 등의 교육원칙을 가지고 있다. 그리고 실제적인 교육개혁은 1) 교육과 사회화 내용의 수정, 2) 새로운 학교 커리큘럼과 교과서 개발, 3) 개인의 능력과 재능의 중시, 4) 변화하는 경제적 필요에 따른 기능과 직업 개발, 5) 우즈베키스탄 교육의 세계수준에서의 인정 등의 5가지의 목표를 가지고 추진되고 있다.(Yuldashev, 1996)

이러한 우즈베키스탄의 교육개혁은 국민교육부와 고등교육부에 의해서 추진되고 있다. 국민교육부는 취학 전 아동교육기관, 정규학교(1-11학년) 및 특별학교, 취업학교를 관할하며 고등교육부는 기술학교와 같은 2차적인 전문학교와 공화국 전역의 고등교육기관을 직접 관리한다. 1998년 현재 58개의 고등교육기관이 있으며 대부분의 대학교는 타쉬켄트와 인근지역에 집중되어 있다. 다른 대학이 있는 도시들로는 사마르칸트, 부하라, 누쿠스가 있다. 가장 큰 대학교는 1931년에 설립된 타쉬켄트 주립대학교이며 우즈베키스탄 전체의 고등교육기관에 등록된 학생 수는 1998년 대략 350,000명이었다.

교육기관별 현황

	학교수		학생수	
해당년도	1986	1992	1986	1992
초,중등학교(1-11학년)	7,699	8,557	263,000	4,656,000
직업학교	249	243	281,700	254,400
고등교육기관	42	52	285,500	337,400

(대외경제정책연구원,1994:85-87)

취학 전 아동교육기관에서부터 고등교육기관에 이르기까지 대부분의 교육기관은 시설이 부족하고 낙후되어 있는 실정이지만 우즈베키스탄 정부는 다각도로 교육발전에 많은 관심을 가지고 운영하고 있으며 미국을 비롯한 독일, 프랑스, 일본, 터키 등이 우즈베키스탄의 교육시스템 개선에 협조하고 있다. 특히 미국과 터키는 유학생 초청 프로그램을 마련하여 능력 있는 우즈베키스탄의 학생들을 지원하고 미국과 터키에서 공부할 수 있는 기회들을 제공하고 있다. 이처럼 미국과 터키를 비롯한 주변 선진국들이 우즈베키스탄에서 향후 정치, 경제적 영향력 확보의 차원에서 자국에서 고등교육을 받을 인재들을 확보하려고 노력하고 있다. 터키 정부는 우즈베키스탄의 독립 이후 양국 간 교육협정을 체결하여 매년 2,000명 이상의 고등교육 대상자를 초청하여 기숙사 비용이 포함된 장학금 혜택을 제공하여 왔다.

3) 교육과정

(1) 초·중등교육

초·중등교육의 입학 연령은 7세이며 세 단계(초급학년:1-4학년, 중등학년:5-9학년, 고등학년:10-11학년)로 이루어져 있다. 중등교육은 무상으로 이루어지지만 개개인의 학습능력이나 선택에 따라 9학년을 마치고 취업을 하거나 전문 기술학교에 입학하기도 한다. 또한 미술, 음악 등의 특수학교로 분화되어 있어, 어렸을 때부터 자신의 소질과 관심분야에 따른 전문교육을 받는 것이 특징이다.

◈ 초중등 교육 과정의 교과목: 2000년도 대학 졸업 기준.

* 사례 1(우즈벡인, 25세, 女, 대학생)

1학년 우즈벡어, 노어 체육 산수 자연

2학년 우즈벡어, 노어 체육 산수 자연

3학년 우즈벡어, 노어 체육 산수 자연 문학 음악 기술 미술

4학년 우즈벡어, 노어 체육 산수 자연 문학 음악 기술 미술 역사 지리
5학년 우즈벡어, 노어 체육 수학 생물 문학 음악 기술 미술 역사 지리 영어 사회 정보학
6학년 우즈벡어, 노어 체육 수학 생물 문학 음악 역사 지리 영어 사회 정보학 제도(製圖)
7학년 우즈벡어, 노어 체육 수학 생물 문학 역사 지리 영어 사회 정보학 제도 문화사 물리
8학년 우즈벡어, 노어 체육 수학 생물 문학 역사 지리 영어 사회 정보학 제도 문화사 화학
9학년 우즈벡어, 노어 체육 수학 생물 문학 역사 지리 영어 사회 정보학 제도 문화사 지구과학
10학년 우즈벡어, 노어 체육 수학 생물 문학 역사 지리 영어 사회 정보학 제도 문화사
11학년 우즈벡어, 노어 체육 수학 생물 문학 역사 지리 영어 사회 정보학 제도 문화사

* 사례 2(고려인, 23세, 女, 대학생)
9학년 노어 우즈벡어 체육 수학 생물 음악 역사 정보학
10학년 노어 우즈벡어 체육 수학 물리 음악 역사 정보학
11학년 노어 우즈벡어 체육 산수 화학 음악 역사 정보학

러시아어와 체육, 수학, 과학은 11학년까지의 공통과목이며 학년이 올라갈수록 과목수가 증가한다. 학교에 따라 선택과목은 조금씩 다르다. 조사대상에 따라 결과가 조금씩 다르기 때문에 개별적인 분석이 필요할 것 같다. 조사대상 중 가장 세분화된 교육과정을 받은 사례 1을 우선 살펴보면 다음과 같다.

▶ <노어>는 1학년부터 학습하게 된다. 1990년대에 들어서 우즈벡어 교육의 의무화되었으며 점차 초, 중등학교에서 이중언어 교육

이 확대되고 있다. 또 하나 재미있는 것은 카자흐스탄과 키르기즈스탄의 교육과정도 우즈베키스탄과 거의 동일하다는 것이다. 다른 중앙아시아 국가들도 이와 유사한 것으로 추정된다.

▶ <체육>은 매우 중요한 과목으로 간주되며 특히 학생들의 기초체력향상에 중점을 둔다.

▶ <수학>은 7학년부터 대수와 기하학 두 과목으로 분리되며,

▶ <자연>은 5학년부터 <생물>과목으로 7,8,9학년에서 각각 물리, 화학, 지구과학 등으로 분화된다. 재미있는 것은 <생물>로 통합해 배웠던 것을 우즈베키스탄에서는 5-6학년에서는 <식물학>, 7-8학년에서는 <동물학>, 9-11학년에서는 <인체 해부학>이라는 명칭으로 단계적 학습을 한다는 것이다.

▶ <문학>은 세계문학보다는 러시아문학을 중심적으로 배우는 편이다.

▶ <음악>은 <노래부르기>, 미술은 <그림그리기>라는 교과명을 사용하며 악기실습은 특수학교에서만 가능하다.(실지로 우즈베키스탄에서는 다양한 특수학교가 존재하며 재능이 있는 어린이들은 일찍부터 전문교육을 받는다)

▶ 기술시간에는 다양한 도구제작이 요구되며 여학생들도 남학생들과 동일하게 배운다.

▶ <지리>는 세계지리에 대해도 자세히 배우는 편이다. <영어>는 요즘 학교들이 가장 많이 선택하는 제2외국어이며 터키어, 프랑스어, 독일어 등을 배우는 학교도 있다.

▶ <사회>는 <국민윤리>와 <사회>의 복합과목으로 시민의 의무와 권리, 사회구조에 대해 배우는 과목이다.

▶ <정보학>은 일종의 컴퓨터 수업이라고 할 수 있는데 프로그래밍이나 파스칼, 베이직 등을 배운다.

▶ <제도(製圖)>는 6학년부터 배우는 과목이며 공작물, 기계, 건축

물 등의 제도를 배운다.

▶ 7학년부터 <문화사>를 배우는데 여기에서 예술작품을 이해할 수 있는 안목과 세계의 문화에 대한 체계적인 학습을 한다.

외관상으로 보기에 굉장히 체계적인 교과과정을 가지고 있는 듯하나 모든 우즈벡인들이 이런 교육과정을 이수하는 것은 아니다. 오히려 대부분의 조사 대상들은 이보다 단순한 교과과정을 이수하였다. 사례 2의 경우, 졸업까지 기본 5과목(러시아어, 수학, 자연, 체육, 음악)만을 배우기도 하며, 조사 대상들의 수업시간은 대체로 주당 20시간 미만이었다.

그리고 조사 대상들마다 편차는 있었지만 기본 5과목은 언제나 동일하였다. 또, 소비에트 세대인 40대의 한 조사 대상의 교과과정에는 교련(일종의 군사학)도 포함되어 있었다.

수업 시간은 40분 정도이며 하루에 3-4과목을 듣는다. 그러므로 점심 식사는 방과 후 집에서 하며 특활활동은 이루어지지 않는다. 시험은 중간고사와 기말고사 30:70의 비율로 성적에 반영되며 필기시험과 구술시험의 형태를 띤다. 출결사항은 성적에 중요한 영향을 미치며 심한 경우 유급의 원인이 되기도 한다. 학생이 일반적으로 졸업까지 한 학교를 다니므로 졸업앨범에는 입학 때의 모습과 졸업 당시의 모습 2장의 사진이 나온다고 한다. 대학입시는 초·중등학교의 성적과 본고사 점수를 합산하는 방식이며 대부분의 시험은 구술고사이다. 본고사 과목은 대학의 응시학과마다 차이가 있으며 러시아어과의 경우 러시아어, 문학 등의 관련 과목이 대부분이었다.

교사는 여성이 다수를 차지하며 학교장도 여성인 경우도 적지 않다. 반장도 여학생이 많은 편이다. 이성교제는 자유로운 편으로 학교를 마치거나 또는 그 전에 결혼하는 일도 종종 있다.

학교 시설은 매우 낙후된 편이며 교사의 월급도 매우 적어(1997년 기준 40-50$) 점차 교사의 수준이 떨어지고 있으며 교사의 고연령화도 심각한 실정이다. 여름방학은 5월 말에서 8월 말까지이며, 겨울방학은 연초의 연휴와 1월 8일(러시아정교의 크리스마스)부터 2주 정도이다.

(2) 대학교육

대학은 일반적으로 4년제이나 국제관계학부나 법학부, 의학부 같은 특수학부는 5년제 학사, 석사 통합과정이며 졸업 후 석사학위가 나온다. 법학부와 의학부 같은 경우에는 졸업과 동시에 자격증(국제변호사 자격증, 의사면허)이 나오고 비교적 취업도 잘되는 편이라 인기학과에 속한다. 대학도 무상교육이나 최근 들어서 인기학부에서 자비 입학생을 뽑아 대학의 재원을 확보하려는 추세가 두드러진다. 자비 입학생이라 하더라도 외국인 학생의 절반정도의 학비에 불과하며 장학금과 일반학생에게 부여되는 복지제도 혜택(박물관이나 극장의 학생 할인 등)을 똑같이 누릴 수 있다. 이런 다양한 학생 할인 혜택은 외국인 학생들에게는 부분적으로만 제공된다. 대학 이상의 고등교육기관에 재학 중인 학생들에게는 매월 30-50달러 정도의 장학금(일종의 생활비 보조금)이 지급되며 타지방 학생에게는 기숙사가 무상으로 지급된다. 하지만 성적이 나쁘면 장학금이 삭감되거나 끊기기도 한다. 학생들은 대부분 경제적으로 자립된 생활을 한다.

최근 들어 가장 인기가 높은 학과는 국제관계학부와 법학부이며 이런 학부는 학생의 절반 정도가 자비학생들로 이루어져 있다. 경제학부도 1990년대에 들어 꾸준한 인기를 누리고 있으나 자비학생 수는 많지 않은 편이다. 외국인들이 많이 입학하는 러시아어과도 다른 인문학과에 비해서는 인기가 있는 편이다. 영어과와 함께 한국어과도 학생들이 많이 몰리는 학과이며, 학교 외에 한국어 교습소도 다수 있다.

과거 소비에트 체제 때에는 대학 졸업과 동시에 국가의 발령을 받았지만 지금은 학생 스스로가 직장을 구해야 하기 때문에 사회적 수요가 높은 인기학과로의 편중현상은 점점 더 커질 것으로 분석된다.

또한 대학과 같은 고등 교육 기관에서는 예비학부(foundation course)나 자비입학제로 외국인들을 자교로 유치하는데 힘쓰고 있다. 외국계 기업으로의 취업을 선호하는 경향이 있으며 국제결혼이나 해외취업을 원하는 젊은이들이 늘어나고 있다. 수강과목은 해당 학과의 교과과정에 따르며 체육과 제2외국어, 정보학 등의 교양과목이 있으나 다양하지 못하다. 대신 전공과목과 관련된 과목들을 심층적으로 학습하며 중등교육 기관보다 더 수업시간이 많다. 시간표는 매 학기 초에 학과 게시판에 부착되며 체육과 제2외국어는 자신이 선택할 수 있다. 재수강은 학과장의 승인을 받아야 하며 낙제한 학생을 제외하고는 허용되지 않는다. 학과에 따라 다양한 형태의 실습과정이 있으며 역사학부의 경우에는 고도(古都)나 유적 탐사에 합류하기도 한다.

* 사례 3(러시아어과 1학년 과목)
  음성학 형태론 러시아 문학사 구전문학 제2외국어(영어, 불어, 독어 등) 체육(수영 등)
* 사례 4(경제학과 2학년 과목)
  고등수학 경제학 국제경제학 역사 제2외국어 체육
* 사례 5(역사학과 1학년 과목)
  고대그리스사 고대동양사 우즈베키스탄사 인류학 라틴어 제2외국어 체육 정보학

대학 재학 중 결혼도 드문 일은 아니며 탁아시설이 비교적 잘 되어 있어서인지 아이가 있는 여학생들도 꽤 있다. 대학과정을 중도에 그만두는 사람은 있지만 휴학은 아주 드문 일이다. 학생회 활동이나 동아리 활동은 거의 존재하지 않으며 이를 대신하는 것이 파티문화이다. 파티 행사는 기숙사나 클럽에서 술을 마시며 춤추는 것이 주를 이룬다.

대학생들의 흡연율은 높은 편이고 마약을 하는 젊은이도 극소수 발견된다. 방학은 중등학교와 같으며 인문학부의 경우 학기마다 리포트를 작성하는 과제물이 부여되며 졸업 시에는 정식 논문을 쓴다. 고등교육기관에서 여학생 비율이 높은 편이며, 대학교수 가운데 여성이 비율이 적지 않고 학과장이나 교직원 간부직의 여성비율도 높은 편이다.

2. 국내정치

1) 우즈베키스탄의 독립

1985년 고르바초프 등장 이후 우즈베키스탄에서 일어나기 시작한 민족주의 운동과 이슬람 원리주의 운동의 효과적인 통제를 시도한 우즈벡 공산당 제1서기장이었던 이슬람 카리모프는 1991년 8월 우즈베키스탄의 독립을 선언하였다. 1990년 3월 소련이 최초로 대통령제를 도입했을 때 우즈베키스탄은 공화국의 주권을 강력하게 주장하기 위해 소련 연방대통령과 상징적으로 동등한 권한을 가질 수 있는 대통령제를 도입하였으며, 1990년 6월 러시아 공화국 최고회의가 주권을 선언하고 공화국 법률이 연방법률에 우선한다는 주권선언문을 채택하자 우즈베키스탄 역시 공화국의 주권을 선언하였다. 그리고 1991년 8월 반개혁 세력에 의한 쿠데타의 실패 직후에 우즈베키스탄 공산당은 소련 공산당을 이탈하여 명칭을 인민민주당(Halk Demokratik Partijasi)으로 변경하고 국민투표를 실시하여 우즈베키스탄 국가독립을 선언하였다. 카리모프는 권력의 정통성을 공산주의가 아닌 민족주의적 기반 위에 이슬람적 색채를 가미시킨 새로운 형태의 정치체제 구축에서 찾으려 하였다. 부연하자면, 카리모프의 우즈베키스탄 정권은 극단적인 민족주의와 이슬람 근본주의 세력의 출현을 차단하면서 특정 정치체제의 선택보다 생활안정을 우선적으로 원하는 국민들의 요구를 중도적 민족주의와 이슬람의 조화를 통해 적절히 충족시키려는 정책을 취한 것이다.(대외경제정책연구원 1994: 95)

우즈베키스탄은 1991년 12월 8일 민스크 의회에서 소련의 해체가 공식화되고 나서 12월 23일 알마티 회의에서 다른 구소연방 공화국들과 함께 공식적인 독립국가로 인정받게 되었고 발틱 3국과 그루지아를 제외한 11개 구소련 공화국이 참여하는 독립국가연합(CIS)에 가입하였다.

2) 독립 이후의 정치 상황

1991년 12월 29일 열린 우즈베키스탄 최초의 대통령 직접선거에서 1990년 3월 최고의회의 간접선거에서 대통령으로 선출되었던 이슬람 카리모프 후보가 자유민주당(Erk Democratic Party)의 무함마드 살리흐(Muhammad Salih) 후보를 제치고 86%의 압도적인 지지를 받아 대통령에 선출되었다.

그러나 카리모프의 승리는 정당한 방법에 의한 것이 아니라고 알려져 있다. 40일 간의 선거운동기간에 러시아어판 신문인 프라브다 보스토카(Pravda Vostoka)와 우즈벡어판 신문인 우즈베키스탄 아베지(Uzbekistan Avazi) 등의 언론과 TV가 카리모프를 지속적으로 지원했을 뿐만 아니라 투표 후에는 카리모프를 찍은 투표용지가 중복 집계하거나 위조 투표용지가 제작되기도 한 위법선거라고 야당에 의해 주장되었다. 우즈벡 라디오에서 첫 선거결과로 살리흐 후보의 득표율을 31%라고 발표하고 나서 1시간 뒤에 첫 번째 집계가 잘못되었다고 정정하면서 살리흐 후보가 12.6%를 득표하였다고 발표한 사실에서도 적지 않은 문제가 있음을 파악할 수 있다.(saliherk.htm) 공산당의 후신인 인민민주당 후보로 출마한 카리모프가 압도적인 지지를 받고 대통령에 재선되었다는 것이 현재 우즈베키스탄의 정치성향을 반영하고 있다.

이 선거를 통해 과거 공산당 세력이 정치조직을 여전히 장악하고 있거나 또는 국민들이 급격한 정치체제의 변화를 요구하기 보다는 안정 내지는 점진적인 변화를 바란다는 우즈베키스탄 정치의 현주소가 드러난 셈이다.

카리모프는 대통령에 선출되자마자 자신의 권력을 강화하기 시작하였다. 그 첫 번째 조치로서 1992년 1월 3일 최고의회 임시총회를 개최해서 지방행정기관장의 임면권을 대통령에게 부여하는 법률을 통과시켰다.

대통령 선거 18일 후인 1992년 1월 16일 타쉬켄트에서 가격자유화에 따른 가격폭등에 불만을 가진 학생들이 대규모 시위를 주도했고 카리모프 정부는 이를 무력 진압하여 학생 2명이 사망했다. 이 사태 발생 이후 정부는 야당인 자유민주당에게 압력을 가하기 시작했다. 1992년 5월 자유민주당을 지지하는 성향의 5개 신문이 폐간당했고 살리흐는 대통령과 그 측근으로부터 정치적 압력을 받게 됐다. 1993년 4월 자유민주당에 대한 정부의 억압은 최고조에 달해 살리흐가 체포되기도 하였다. 그러나 국제적인 반응 때문에 살리흐는 4일 만에 석방되었다. 그러나 그는 결국 우즈베키스탄을 떠나 터키로 망명하였다. 자유민주당은 정부의 억압에도 불구하고 1994년 모스크바에서 신문을 다시 발행하면서 반정부 활동을 전개한 바 있다.

카리모프 대통령은 공산당 제1서기장 출신으로서 자신의 권력기반을 과거의 공산세력에 두고 있다. 그는 전환기적 특수성을 이용한 강력한 정치력 장악을 최우선 과제로 결정한 뒤 시장경제체제를 점진적으로 도입하는 중국식 개혁모델을 표방하고 있다. 카리모프는 정권의 안정을 위해서 이슬람 부흥운동을 경계하면서 국민들의 지지를 얻기 위해 경제개발에 박차를 가하고 있다.(Olcott,1996:114)

1998년 2월 26-27일 워싱턴에서 미국-우즈베키스탄 공동위원회(U.S.-Uzbekistan Joint Commission) 회의가 개최되었다. 이 회의에서 우즈베키스탄과 미국의 대표로 구성된 정치분과위원회, 군사-안보 위원회, 경제 협력 및 개혁 위원회, 무역, 투자, 에너지 위원회의 성명서가 발표되었다. 우즈베키스탄은 자유시장 경제체제로의 전환을 성공적으로 달성하기 위해서 서구와의 경제협력 체결을 필수적 과제로 평가하고 있으므로 친서방 외교정책을 추진하고 있다. 그러나 최근에는 우즈베키스탄이 러시아의 경제발전을 의식하여 우즈베키스탄 정부 내에는 러시아와의 협력을 중시하려는 분위기가 조성되고 있다.

이와 동시에 국민의 종교적 정서의 극단화를 차단하고자 우즈베키스탄 정부는 1998년 5월 1일 새로운 종교법을 발표하였다. 이 법에 따라 종교계의 모스크 건립, 종교협회 설립, 이슬람 신학강좌 설치 등은 정부의 인가사항으로 규정되었다. 종교계에서는 이 법안을 이슬람 부흥주의에 대한 사전통제 조치로 받아들이고 있다. 그 법안에 의해서 이슬람 신학 수업은 종교학교에서만 가능하게 되었으며 초·중등학교에서 이슬람 과목이 폐지되었다. 또한 그 법안은 종교 관리들만이 종교센터에서 종교적인 의복을 입을 수 있고 공공장소에서 종교의복을 입는 것을 금지시켰으며 종교정당 설립을 불법화시켰다.(Milliyet, 1998.05.21)

우즈베키스탄의 정치정세는 전반적으로 안정됐다고 볼 수 있다. 그러나 세력이 미미하지만 보수종교세력의 지원을 받는 야당이 지속적으로 민주화를 요구하고 있고 학생시위의 재발 가능성이 여전히 상존하며 특히 현재 금지된 이슬람 부흥운동의 추이가 우즈베키스탄 정치발전에 커다란 위험 요인으로 작용할 것으로 평가되고 있다.

(1) 정당의 출현

우즈베키스탄은 카리모프 대통령을 중심으로 정치적 안정을 유지하고 있는데, 그 원인은 최고의회 의원의 다수가 여당인 인민민주당 소속이기 때문이다. 최고의회는 250명으로 구성되고 임기는 5년이며 총

1994년-1995년 최고의회 총선 결과

정당명	직선	간선	계
인민민주당	69	120	189
조국진보당	14		14
사회민주정의당		47	47
합계	83	167	250

자료 : KOTIS, 국가정보-우즈베키스탄, 1997.

250석의 의석 중 83석만이 직선제로 선출, 167석은 지방의회에서 간선으로 선출한다. 1994년 12월 25일과 1995년 1월 22일에 걸쳐 시행되었던 총선에서 집권당인 인민민주당이 직선으로 69석, 간선으로 120석을 얻어 총 189석을 차지해 의회를 장악했고, 친정부 성향을 가진 사회민주정의당(SDA)이 간선으로 47석, 조국진보당(WT)이 직선으로 14석을 얻었다.

우즈베키스탄의 주요 정당으로는 집권당인 인민민주당, 사회민주정의당, 조국진보당 등이 있으며 그 밖의 군소 정당들로 우즈베키스탄 반정부 세력을 구성하고 있는 유명한 통일인민전선(Birlik), 이슬람의 정치세력인 이슬람부흥운동(Islamic Renaissance Party) 등이 있다. 통일인민전선의 공동창립자였던 무함마드 살리흐가 설립한 자유민주당(Erk)은 1992년 12월 9일 강제 해산되었으며 1994년 1월 '독립의 길'(Istiklal Yoli)이라는 단체로 재조직되었으나 아직 허가를 받지 못하였다.(Olcott,1996:115)

집권 여당인 인민민주당은 구공산당 세력이 주축을 이루었다. 과거 우즈베키스탄 공산당은 1991년 8월 고르바초프 개혁정권에 반대하여 쿠데타를 주도한 소연방 국가비상사태위원회를 지지하다가 쿠데타 세력의 좌초를 받아들인 뒤 일종의 생존전략으로 노선을 선회하였다. 우즈베키스탄 공산당은 인민민주당으로 변신하여 외형적으로 이슬람 색체와 민족주의를 혼합한 정치노선을 기초로 삼아 대중의 정치적 욕구를 충족시켜 나가고 있으나 실질적으로는 정치안정의 긴급성을 부각시켜 권위주의적 통치를 유지하고 있다.(대외경제정책연구원 1994: 117)

과거 소연방 체제 하 우즈베키스탄에서 이슬람 세력은 정치적으로 가장 소외된 집단이었다. 이슬람 세력은 이슬람의 활성화를 위해서 우즈베키스탄의 정치적 독립을 필요조건으로 판단하였다. 따라서 종교세력은 독립을 실현해 가는 과정에서 대내적 정치집단의 결속에 우선순위를 두어 공산세력의 정치노선 변경을 긍정적으로 평가하고 일시적이지만 구공산세력과 협력을 시도한 바 있다. 그러나 1990년에 이슬람에 기반을 둔 정치제도 도입을 추구하는 이슬람 부흥운동의 창설은 인민민주당에게 부담스러운 존재로 여겨졌다. 정부는 이슬람 부흥운동의 지원을 받는 급진적인 원리주의 세력의 출현을 사전에 방지하고자 종교적 색채가 강한 정당의 등록을 허용하지 않았다.

(2) 헌법과 대통령

우즈베키스탄 현행 헌법은 1992년 가을에 발표된 신헌법 초안에 대한 전문가들의 토의과정을 거쳐 1992년 12월 8일 의회의 비준을 받음으로써 채택되었다. 이 헌법은 우즈베키스탄이 대통령 중심제 공화국임을 명시하고 있고, 국가권력을 행정부, 입법부(최고의회) 및 사법부로 삼권분리시켰다. 그러나 실제 우즈베키스탄의 권력구조는 대통령과 최고회의가 대부분의 실권을 장악하고 있는 이원적 형태를 띠고 있다.

그러나 대통령과 최고회의 간의 권력분배가 실질적으로 균형을 이루지 못하고 대통령에게 더 많은 권력이 집중돼 있음을 알 수 있다. 형식적인 의회의 비준절차가 요구되고는 있지만 대부분의 주요 정부인사 임면권이 대통령에게 있으며 대통령 포고령에 의한 비상사태 선포를 비롯한 주요 국가사안에 대한 결정권이 대통령에게 귀속되어 있다. 대통령의 권한 가운데 의회의 비준 하에 총리, 부총리, 각료회의 구성원 및 검찰청장에 대한 임면권과 3일 이내 의회의 비준을 받아야 하는 비상사태 선포권과 전쟁 선포권 등이 포함돼 있다.(제 93조) 대통령은, 인민회의의 비준을 받는 지방정부의 대표에 대한 임면권을 소유함으로써 지방자치권도 완전히 장악하고 있다. 또한 대통령은 심각한 질병에 의해 직무를 수행할 수 없을 경우를 제외하고는 의회에 의해 탄핵되거나 해임될 수 없다. 이와는 대조적으로 의회는 대통령에 비하여 훨씬 취약한 위치에 놓여 있다. 만일, 헌법에 위배되거나 국가긴급사태에 반하는 의정활동이 수차례 반복되는 경우에 의회는 대통령에 의해 해산될 수 있다.(제 95조) 헌법에서 권력을 입법, 사법, 행정으로 구분해 명시했으나 균형적으로 분배하지 못했으며 대통령의 권한을 견제할 제도적 장치를 마련해 놓지 않았다.

대통령의 임기는 5년이며 국민투표에 의해서 선출된다. 이슬람 압두가니에비치 카리모프 대통령은 1991년 8월에 국민투표를 거쳐 대통령으로 선출되었고 1995년 선거에서 재선출됨으로써 2000년까지 대통령 임기를 연장하게 되었다. 그는 1983년 경제부 장관, 1986년 부통령겸 국가기획위원회 의장직을 거쳐 1989년 6월 우즈벡 공산당의 제1서기장, 1991년 독립 우즈베키스탄의 대통령이 되었다.

3. 주요정치문제

우즈베키스탄의 독립 이후 출범한 카리모프 정권은 두 부류 정치집단으로부터 저항을 받고 있다. 하나는 민주주의를 요구하는 지성인들이 주축을 이룬 세속주의 정당들이고 하나는 이슬람 근본주의자들이다. 카리모프 대통령이 경계하는 세력은 이슬람 원리주의 집단이다. 이슬람 부흥운동은 과거 공산당 체제하에서도 중단되지 않았고 1985년 이후에는 활기를 띠었다. 그러므로 카리모프 대통령은 인접국 아프가니스탄과 타지키스탄에서 이슬람 근본주의자들의 세력 확대를 교훈으로 삼아 자국 내의 이슬람 부흥운동의 통제에 주력하고 있다. 우즈베키스탄 동부 안디잔주의 핵심 이슬람 교회가 1995년에 폐쇄되는가 하면 그곳의 이맘(Imam) 압두발리 코리 미르자예브(Abduvali Kori Mirzayev)는 실종됐다.

1998년 5월 1일 제정된 신 종교법은 카리모프 정권의 이슬람 집단에 대한 통제의지를 실제적으로 잘 보여준다. 신 종교법의 발표는 우즈베키스탄이 이슬람 근본주의 운동에 대해서 철저히 반대하고 있음을 반영하는 것이다. 카리모프는 중앙아시아 지역 내에서 일어나고 있는 타국가의 이슬람 근본주의 운동이 자국에 미칠 영향과 이해관계를 고려하여 인접국의 이슬람 세력팽창을 저지시키려는 의지를 보이고 있다. 예를 들어, 러시아의 옐친과 더불어 이슬람 근본주의자들에 대항하여 타지키스탄 정부를 지원하고 있다. 그러나 최근 타지키스탄 정부에 일부 이슬람주의자들이 포함된 것에 대해 유감스러운 반응을 보였다.(The Economist 1998. 2.21.: 28)

이슬람 부흥운동의 확산과 더불어 우즈벡인의 민족 정체성을 찾으려는 지성인들의 논의가 진행 중이다. 이 논의의 쟁점은 우즈벡 지성인들이 현대적이며 세속적인 우즈벡 문화의 창출에만 주력해야 할 것인가 아니면 범투르크주의와 이슬람주의를 연계시킨 포괄적인 터키권 결속까지 범위를 확대해야 하는 것으로 요약될 수 있다.

우즈베키스탄이 높은 출생율과 인구증가율을 억제시킬 대책을 조기에 마련하지 못한다면 심각한 사회문제에 직면할 것이다. 실업자의 증가와 생활수준의 하락으로 인해 사회적 불안이 가중되고 있으므로 소수민족은 비난의 표적이 되고 있다. 자신들의 일자리를 차지했다고 생각하는 우즈벡인 실업자들이 중류 이상의 생활을 하는 소수민족을 희생양으로 삼을 가능성을 배제할 수 없다. 그러나 일부 경제 전문가들은 우즈베키스탄의 인구가 약 2천 8백만 명으로 경제성장의 중요한 요소로 이용될 수 있다고 전망하고 있다. 일단 시장경제체제가 확립되면 건전한 내수시장을 조성할 수 있는 인구 잠재력이 존재하는 셈이다. 우즈베키스탄의 원유생산량은 지난 1991년 8월 구소련에서 독립한 이후 최근까지 3배나 늘어 자급자족이 가능해졌다. 외국인 투자자들이 늘어나면서 자동차, 신발, 낙농제품이 주요 수출품이 돼 국가 경제활성화에 크게 기여하였다. 우즈베키스탄의 석유 추정 매장량이 약 10억 배럴에 달하므로 석유생산이 본격화된다면 효율적인 경제정책 에 의해 오히려 많은 인구가 귀중한 자원으로도 활용될 수 있을 것이다.

제10장

우즈벡인 성향

우즈베키스탄의 대도시로 수도 타쉬켄드를 비롯하여 사마르칸트, 부하라, 코칸드 등을 들 수 있다. 우즈베키스탄은 러시아인(5.5%), 타직인(5%), 카자흐인(3%), 타타르인(1.5%), 카라칼팍인(2.1%), 고려인(1%) 등의 다민족으로 이루어진 국가이다. 우즈베키스탄에서 우즈벡인이 최대의 민족(80%)을 형성하고 있으며 1991년 우즈베키스탄의 독립이후 우즈벡인의 비율은 점차 증가하고 있다. 1989년 인구센서스에 의하면 우즈베키스탄의 우즈벡인 비율이 71.4%였으며 1997년은 80%로 상당히 증가하였다. 우즈벡인은 대부분 투르크어계의 우즈벡어를 사용하며 종교는 순니 이슬람이 지배적이다. 우즈벡인은 구소련의 이슬람계 민족 중에서 가장 많은 인구를 보유하고 있는 민족이다.

도시를 구성하는 민족의 인구가 도시 별로 차이가 나지만 우즈벡인들이 다수를 차지하고 있다. 독립 이후 개방화의 범위가 확대되면서 우즈벡인들은 이념과 경제적 측면에서 커다란 변화에 직면해 과거 사회주의 이념과 통제경제 체제로부터 어떤 형태로든지 반응을 보여야 할 처지에 놓여 있다. 대도시의 우즈벡인들은 그들 자신을 세 종류로 분류한다. 첫째, 전통적 또는 전형적 우즈벡인, 둘째, 현대적 또는 서구적 우즈벡인, 셋째, 중도적 또는 혼합적 우즈벡인 등으로 광범위하게 구별한다. 타쉬켄트는 중앙아시아에서 가장 국제화된 도시로 평가되어 왔다. CIS 국가 내에서도 모스코바, 레닌그라드(현, 상뜨 페테르스부르그), 키예프 다음으로 네 번째에 해당하는 대도시이다. 타쉬켄트에는 우즈베키스탄 전체 인구의 1/10 이상이 살고 있으며 이 도시에서 정책이 결정되고 유행이 시작된다. 타쉬켄트는 2,000년 이상의 역사를 가지고 있으며 실크로드에 위치한 주요도시였다. 타쉬켄트는 1966년 발생해 도시의 1/3을 파괴한 대지진으로 인해 그 면모가 대대적으로 변화하였다. 대지진 이후 도시 건설에 동원된 다수 러시아인들의 정착은 도시 인구 가운데 러시아인의 비율 증가를 가속화하였고 동시에 도시의 사회적 구조변화의 원인이 되었다. 소련의 정책입안자들은 타쉬켄트를 중앙아시아의 다른 도시에 비해 보다 더 소련 스타일로 변형시키기를 원했다. 진흙과 짚으로 만들어진 집들이 철거되고 아파트가 대량으로 들어서 과거의 전통을 이어갈 가옥 구조가 줄어들어 생활 풍속도 점차 변할 수밖에 없었다. 과거에는 유럽과 중국을 연결하는 무역로에 위치한 대도시였다면, 오늘날은 우즈베키스탄의 수도이자 행정과 교육의 중심지로서 중앙아시아 도시 가운데 최대의 인구가 밀집된 도시이다.

부하라 칸국은 1863년 코칸드 칸국을 침략하여 타쉬켄트를 점령하였고, 러시아는 그로부터 2년 뒤인 1865년에 타쉬켄트를 장악했다. 이때부터 타쉬켄트는 러시아 투르키스탄의 지역 수도로 급부상했고 오늘날까지 그 위상을 유지해 왔다. 투르키스탄의 다른 도시와는 달리 타쉬켄트는 공산혁명 초기부터 공산혁명의 거점이자 소련의 아시아 진출을 위한 정보 센터로 활용되었다. 그러나 독립 이후에 중앙아시아의 패권을 쥐려는 이슬람 카리모프 대통령은 러시아적 요소를 일정 수준까지 축소시키고 민족적 성향을 부각하여 타쉬켄트를 정치, 경제의 중심지로 만들려는 구상을 추진하고 있다. 우즈베키스탄이 중앙아시아 5개 국가 중 면적은 카자흐스탄과 투르크메니스탄에 이어 세 번째이지만, 인구는 2천 3백 66만으로 가장 많아 대국으로 성장할 수 있는 잠재력이 있어 카리모프는 과감한 계획을 세웠다. 카리모프 대통령은 내륙국의 단점을 보완하기 위해 물류망 건설과 확충, 도로망 연결, 항공사 유치에 적극적이다. 우즈베키스탄은 중국에서 유럽으로 이어지는 광통신망과 열차, 도로 수송망을 유치했다. 여기에다 면화생산량이 세계 4위이며 금(생산량 세계 7위, 매장량 4위), 천연가스(세계 10위), 우라늄(세계 4위)을 비롯해 각종 천연광물이 풍부해 성장 잠재력이 크다. 만일, 주변 국가와의 분쟁 가능성과 이슬람 세력에 의한 국내 정치적 혼란이 해결될 수 있다면 타쉬켄트는 중앙아시아의 중심 도시로 발전해 갈 것이다.

1. 타쉬켄트의 우즈벡인

타쉬켄트에는 우즈베키스탄 전체 인구의 1/10이 넘는 약 2백 5십만 가량의 인구가 살며 우즈벡인과 러시아인이 절대다수로서 각각 45%와 35%를 차지한다. 이러한 수치는 1989년 통계를 바탕으로 작성되었으므로 1991년 이후 인구변동을 고려할 때 다소 변동이 이루어져야 하며 러시아인의 비율은 지속적으로 감소할 것이다. 우즈벡인과 러시아인 외에도 카잔 타타르인(6.5%: 120,000명), 우크라이나인과 벨로루시인(3.5%: 70,000명), 고려인(2%: 44,000명), 유태인(2%), 카자흐인(1.5%: 30,000명)이 중요 소수 민족이며, 나머지 약 5%의 인구는 타직인, 아르메니아인, 위구르인, 크리미아 타타르인, 아제르인 그리고 극소수의 독일과 그리스계 인종 등으로 구성된다.

다수의 우즈벡인들은 타쉬켄트의 북서쪽에 거주하며 대체로 전통적 가치관을 가지고 있다. 이 지역은 1966년 대지진 발생시 피해를 보지 않아 과거의 주거 형태를 보존하는 편이다. 타쉬켄트 거주 우즈벡인들은 말할 때 농촌의 우즈벡인들에 비해 러시아어의 어휘를 많이 사용하며, 소수의 우즈벡인들은 러시아어를 더 유창하게 구사하거나 어떤 이들은 우즈벡어를 전혀 알지 못한다. 이러한 현실은 타쉬켄트 우즈벡인들이 언어, 문화적으로 러시아의 영향을 피할 수 없었다는 것을 증명한다. 타쉬켄트 우즈벡인들에게는 결혼식이 당일 행사로 인식되는 반면, 농촌에서는 여전히 2~3일의 잔치로 지켜진다. 타쉬켄트 우즈벡인들은 이제 아파트나 전통 가옥 형태를 유지한 소규모 주택에서 산다. 가족의 구성원도 농촌에 비해 적어지며 생활비 부담 때문에 핵가족 형태를 선택할 수밖에 없다. 농촌과 유목 우즈벡인들은 결혼식과 손님 접대시 격식과 겉치레를 중시하여 씀씀이가 헤픈 경향이 있으나 타쉬켄트 우즈벡인들은 계획적인 지출을 선호하므로 인색하다는 평을 듣는다. 현대적이거나 중도적 타쉬켄트 우즈벡인들은 우즈벡의 관습과 이슬람 규율을 지켜나가는데 시간적, 경제적 여유가 부족해 제약을 받는다고 말한다. 타쉬켄트의 일상생활은, 회사나 조직의 일상 업무와 엄격한 관리체계에 의해 제한을 받으므로 다른 여타 대도시의 일상생활과 커다란 차이가 없다고 해도 될 것이다. 어쨌든, 타쉬켄트의 진보적 우즈벡인들은 자신들을 세련되고 진보적이며 이해관계에 민감한 부류로 바라본다.

타쉬켄트에서 전통적 우즈벡인들은 타쉬켄트 우즈벡인의 25% 정도이며 우즈벡인의 전통을 유지하려 하며 이슬람적 성향이 강하다. 이들은 우즈벡어의 사용을 선호하거나 오직 우즈벡어만 사용하고 러시아인들과의 결혼을 거부하며, 마할라(전통 마을)에서 모여 산다. 전통적 우즈벡인들은 보수적이어서 현대적 우즈벡인들과 공통적 측면을 거의 공유하고 있지 않다. 타쉬켄트 우즈벡인의 10%에 해당하는 현대적 우즈벡인들은 러시아어 사용을 선호하거나 오직 러시아어를 말하며 다수가 엘리트 계층에 속하고, 전통을 무시하거나 이슬람을 믿지 않거나 믿는다고 해도 명목적 신자에 불과하다. 이들은 러시아인들과의 결혼을 선택하고 가족의 소개보다는 연애결혼을 선호한다. 주거지도 도시 중심부의 아파트에 있으며 의복도 서구적 스타일로 입는다. 현대적 우즈벡인들이 전통적 우즈벡인 친척이 있다고 하여도 공통적 요소를 가지고 있지 않아서 만나기를 꺼린다. 심지어 현대적 우즈벡인들은 전통적 우즈벡인들을 편협하고 적응력이 약하다고 지적한다. 이와 달리 전통적 우즈벡인들은 현대적 우즈벡인들을 과거의 유산과 문화를 포기한 배반자로 간주하고 있다. 타쉬켄트 우즈벡인의 65% 이상을 차지하는 중도적 우즈벡인들이 현대적 우즈벡인과 전통적 우즈벡인들을 중재하며 양쪽 그룹과 조화를 시도하고, 양쪽의 특징을 부분적으로 공유하는 측면을 가지고 있다. 중도적 우즈벡인들은 자신들의 문화, 문학, 역사는 물론 민족 영웅을 중시하지만 타문화에 대해서도 개방적이다. 이들과 현대적 우즈벡인들을 구별하는 현저한 특징은 우즈벡어의 구사력과 이슬람이다. 중도적 우즈벡인들은 러시아어를 구사할 수 있지만 우즈벡인과는 우즈벡어로 대화하려는 원칙을 바탕으로 현대적 우즈벡인들과도 우즈벡어로 대화를 유도해 간다. 중도적 우즈벡인들은 서구적 관행과 시설을 편의에 따라 적극 수용한다. 이들은 전통 마을에서 살기보다는 아파트 생활을 원하며 자녀들을 교육환경이 좋은 러시아 학교로 보내기를 주저하지 않는다. 이들은 전통적 우즈벡인 만큼 종교성이 강하지 않고 직업과 분부한 생활로 인해 기도 모임과 라마단에 참여하지 못해도 별로 부담을 느끼지 않는다. 식생활에 있어서도 이슬람이 금하는 돼지고기를 먹거나 알콜 음료를 마시기도 한다. 하지만 이들에게 종교를 묻는다면 무슬림이라고 분명히 말한다. 이들은 종교 생활을 결코 무시하지 않으며 시간과 여유가 있으면 배워야 할 정신적 유산으로 받아들인다. 현 추세로 볼 때, 정신적 측면에서 중도적 우즈벡인들이 전통적 우즈벡인들의 생활방식에 호감을 더 보이고 있다. 타쉬켄트가 도시인들의 지향 노선에 따라 변화해 갈 것이다. 전통적 그리고 현대적 우즈벡인들은 자신들의 입장을 견지할 것으로 보이지만, 중도적 우즈벡인들이 선택할 방향은 미지수로 그 추이가 주목된다.

2. 전통적 우즈벡인

1) 마할라

타쉬켄트 우즈벡인 가운데, 전통적 우즈벡인으로 분류되는 사람들은 전체의 25~30% 정도에 해당되며 약 25만에서 32만 명에 이른다. 이들은 대체로 마할라(Mahalla: 전통마을)에 살며 서로 긴밀한 관계를 유지하고 있다. 우즈벡어 사전에는 마할라를 "몇 개의 좁은 길과 길 주변에 사는 주민을 포함한 거리의 일부분으로" 설명한다. 마할라는 그 규모가 일정하지 않으며 100가구에서 500~600가구 정도로 이루어져 있다. 소규모의 마할라에서 사는 우즈벡인들은 서로를 어느 정도 안다. 이 지역에서 오래 살아온 사람들은 마을 거주민의 이름을 거의 다 알고 있다. 그들은 '마할라에 우즈벡인들의 정신과 마음이 살아 있고, 진정한 우즈벡인이 되려면 마할라에서 살아 보아야 한다'고 말하고 있다. 이들은 도심지 아파트의 생활이 사람을 땅과 격리시키므로 가능한 한 피해야 한다고 생각한다. 마할라는 타쉬켄트 전역에 걸쳐 퍼져있지만 타쉬켄트 북서쪽의 구시가지(市街地)에 밀집돼 있다. 마할라에는 전통적 우즈벡인과 중도적 우즈벡인들이 대개 함께 거주하며 전통적 우즈벡인들만 사는 마할라는 없다. 마할라에는 모스크와 찻집이 있어 이곳을 통해 종교 생활과 이웃과의 친분 관계를 유지해 간다. 모스크에서 이루어지는 종교 교육과 기도회는 이들의 신앙 성장에 절대적으로 중요한 역할을 하고, 종교 지도자는 정신적 지주로 간주된다. 독립 후에 마할라에 모스크가 증가하고 있어서 마할라의 종교적 측면이 강화되고 있다. 찻집은 마할라의 사회, 종교적 교제 장소로 사용된다. 주로 남성들이 이곳에 모여 차를 마시거나 장기나 카드놀이를 하며 가정문제를 비롯해 종교, 정치적 대화를 주고받는다. 규모가 큰 마할라에는 모스크나 찻집이 작은 마할라에 비해 많다. 중도적 우즈벡인은 아파트 단지를 마할라라고 부르지만 아파트의 구조는 가정 간에 서로 차단된 생활을 용이하게 만들므로 이웃 간의 교류는 마할라에서만큼 이루어지지 않는다.

마할라의 주민들은 아파트 공간이 너무 답답하고 지루해서 견딜 수 없다고 지적한다. 마할라에서는 주민들 간에 친밀도가 높으며, 집이 단층으로 지어졌고 반드시 안마당과 텃밭이 있다. 집에는 큰방이 있어 손님을 접대하는데 주로 쓰이고 몇 개의 작은 방은 침실로 사용된다. 방에는

카페트 외에 별 다른 장식품이 없고, 카페트의 무늬로 중앙아시아의 사막이나 거대한 산 등의 자연 형태, 모스크의 모습, 눈을 상징하는 세모꼴, 유르트(천막) 등이 주종을 이룬다. 가족 모임에는 남녀의 구별이 없으나, 손님이 올 경우에는 남녀 구별하여 대접한다. 안마당에는 여러 가지 채소와 과일을 심어 먹으며 대표적으로 토마토, 무, 양배추, 상추, 양파와 마늘, 무화과, 포도와 복숭아 등을 가꾼다. 큰집의 마당에서는 닭과 양들이 자유롭게 돌아다니는 것을 볼 수 있다. 집 안마당에

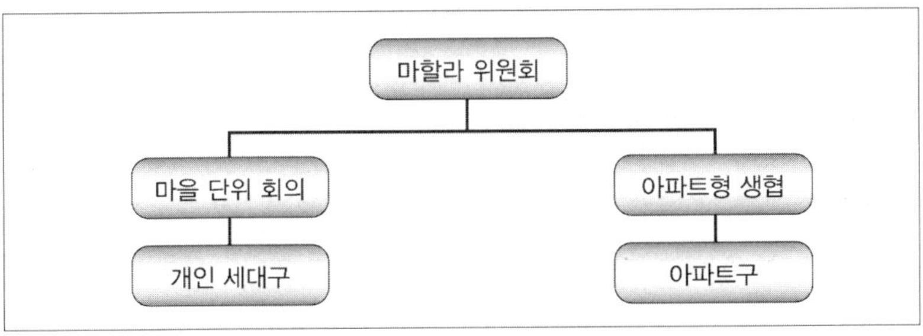

는 두 가지 중요한 시설이 있는데, 그것은 빵을 굽는 화덕과 여러 사람들이 앉을 수 있는 평상이다. 빵을 굽는 것은 가정주부들의 중요한 일상적 일이다.

2) 마할라 내의 관계

마할라에는 우즈벡인들만이 살지는 않으며 타직인, 타타르인, 카자흐인과 키르기즈인들 그리고 극소수의 러시아인들이 산다. 하지만, 마할라의 절대 다수는 우즈벡인들이며, 전통적 우즈벡인들의 관계는 상호 긴밀하게 연결돼 있다. 이들은 얼굴을 보면 어느 집안사람인지 알며 심지어는 많은 사람들의 이름까지도 기억한다. 자녀들은 아버지의 친구들을, 아버지는 자녀들 친구들을 대체로 잘 알고 있다. 혼례나 상례 시의 모임에 마할라 이웃들이 대거 참석하며, 경우에 따라서는 참가 인원이 500명을 넘는다. 이 밖에 동년배 남성을 중심으로 모이며 갑(Gap)이라 불리는 모임이 있다. 갑에서 나이와 성별 차이 때문에 집

마할라의 돕파(Doppa)를 쓴 남성 노인들

에서 쉽게 논의되지 못하는 문제들이 동료들의 조언을 통해 해결 방안을 제시받는다. 따라서 갑은 직장과 학교 관계를 중심으로 동호인 모임 성격을 띠고 형성된다. 종교성이 강한 나망간(Namangan) 지역에서는 갑에서 꾸란 독회가 차지하는 비중이 매우 크다.

'흰 수염'이란 의미의 악사칼(Aksakal; Oksokol)은 공경의 상징으로서 주로 마할라 원로들을 지칭하는 용어이다. 악사칼들은 우즈벡인들의 전통과 관습을 가르치며 계승, 발전시키는 핵심적 역할을 맡았다. 과거 소련 당국은 마할라를 통제하기 위해 마할라 지역을 철거하고 아파트 단지로 바꾸려고 시도했다. 조직적으로 마할라를 파괴하려는 시도는 1991년 8월 독립 이후 중단됐다. 전통적 우즈벡인의 관계는 대가족, 친구와 모스크를 통해 유지된다. 전통적 우즈벡인들은 같은 마할라에 있는 중도적 우즈벡인들과도 친분관계를 가지고 있지만 전통적 우즈벡인들과의 그것처럼 돈독하지는 못하다고 귀띔해 준다. 전통적 우즈벡인들은 일정 수준의 러시아어를 알고 있다고 하더라도 가정에서는 러시아어를 사용하지 않는다. 이들의 자녀들은 우즈벡인 학교에 다니기 때문에 러시아어를 철저하게 배우려는 의욕이 약하다. 우즈벡인 학교에서도 러시아어를 가르치지만 러시아어 사용이 장려되지 않고 있기 때문이다. 특히, 악사칼과 노인들 앞에서 러시아어의 사용은 무례한 행위로 주의를 기울여야 한다. 러시아 학교에서는 학문 중심으로 문학, 과학과 예술을 중시하는 반면, 우즈벡인 학교에서는 우즈벡 역사와 언어를 비롯하여 농축업 과목에 초점을 맞춘다.

3) 마할라의 종교

이슬람은 전통적 우즈벡인에게는 불가결한 요소이지만 크게 두 가지로 나누어진다. 이 두 가지는, 순니파의 정통주의와 혼합주의이며 혼합주의에는 민속신앙이 가미돼 있다. 전 세계 무슬림들은 1일 5회 기도의 준수를 중요하게 받아들인다. 우즈벡 무슬림들도 기도를 중요하게 생각하지만 철저하게 지키지 않는 편이다. 식사 전후의 기도는 잘 이행되며 몸 앞으로 손을 벌려 기도하며 끝날 때에는 두 손으로 얼굴을 위에서 아래로 쓸어내린다. 전통적 우즈벡인들이 모스크 예배에 참여하는 숫자가 증가하는 추세이며 금요일 오후 1:00시가 정기 예배시간이다. 라마단의 금식은 중동지역에 비해서 잘 준수되지 않고 독실한 소수 무슬림들이 철저하게 지킬 뿐이다. 무슬림들이 중요하게 지키는 신앙행위 가운데 하나인 성지순례는 1980년대 말 개방과 개혁의 시대 이전에는 재정의 부족과 통제로 인해 큰 관심을 끌지 못했다. 오늘날에는 재정적 여유가 허락하면 누구나 참여할 수 있게 됐지만 여전히 순례 비용이 부담스럽기 때문에 참여하는 사람들이 일부에 국한돼 있다. 전통적 우즈벡인은 자신이 무슬림으로 생각하지만 이슬람의 의무를 지켜야 하는 정도는 개인의 의사에 달려있다. 중동 지역의 경우 라마단에는 '금식을 하느냐'라는 질문을 인사말로 대신하므로 금식을 하지 않으면 인사하기가 어려울 정도이다. 그러나 우즈벡에서는 금식 행위가 사회 전체적으로 중동 지역만큼 비중을 차지하지 못한다.

우즈베키스탄에서는 이슬람의 관행이 민속신앙과 일부 뒤섞여 지켜진다. 이들은 전통을 중시하므로 민속신앙 또한 이슬람과 관계된 신행(信行)으로 파악한다. 가장 보편적으로 지켜지는 전통적 신앙행위는 고인들과 관련돼 이루어지는 기도이다. 고인을 위한 기도는 천국이나 저승에서 고인을 더욱 편안하게 하며 또는 조상들이 기도에 대한 응답으로 후손들에게 복을 준다고 믿는다. 고인에게 항상 경의를 표하는 것은 이들의 주된 풍습이다. 화려하고 커다란 묘비는 고인을 명예롭게 한다고 여기며, 이슬람 축일에는 묘지를 방문하여 고인에게 참배한다. 때로는 동물을 희생 제물로 바치는데 희생물은 고인이 천국으로 들어갈 때 도움을 제공할 것으로 생각한다. 자신의 행운을 기원할 경우에는 염주 목걸이를 세면서 알라의 이름을 되새기며 기도하고 화장실이나 침대는 메카 방향으로 놓지 말라고 권한다. 이들은 이상한 예감이나, 특이한 현상과 환상, 꿈 등을 중시한다. 이맘들은 환자들의 회복이나 부인들의 임신을 위해 기도하기도 한다. 이맘들은 전통적 우즈벡인들에게 존경을 받으며 결혼식, 장례식과 할례식에 참석하여 꾸란을 읽고 예식을 인도한다.

4) 마할라의 일상생활

(1) 음식

음식은 전통적 우즈벡 문화를 이해하는데 중요한 단서를 제공한다. 손님이 오면 풍부한 음식과 차를 대접하며 친밀감을 표현한다. '손님은 아버지보다도 잘 모셔야 한다'는 말이 있을 정도로 대우를 잘 받는다. 멀리서 온 손님은 집에서 머물도록 권유를 받는다. 과거에 유목민이 어려운 조건 하에서 이동했으므로 산과 스텝의 험한 길을 온 손님도 고생을 겪으며 왔다는 것을 이해하고 융숭하게 대접한다.

이들의 주식은 '난(Non)'이라는 빵이며, 난은 두꺼운 피자처럼 둥근 모양이다. 빵은 매우 신성한 음식으로 여겨져 심지어 '알라' 다음으로 중요하다고 본다. 빵을 쓰레기통에 던져 버리는 것은 피해야 한다. 빵을 버리는 행위를 노인들이 본다면 질책은 피할 수 없다. 손님이 있으면 먹기 전에 빵을 먼저 자르도록 한다. 빵 다음으로 필라우(Pilau) 라는 밥이 중요하다. 필라우는 빵에 비해 약간 비싸며 그러나 비중있는 모임에는 반드시 필라우가 제공된다. 필라우는 쌀밥과 양고기, 당근, 콩 등을 섞어 볶은밥 형태로 만든다. 기름이 많이 붙어 있는 살점은 어른과 손님의 몫이 되며 가장 맛있고 영양가가 많은 부분으로 여긴다. 식사 후 차를 마시는데, 컵 대신 대접을 사용하며 차를 대접에 반 정도만 따른다. 차를 대접에 꽉 채우는 것은 손님이 별로 환영받지 못한다는 의미이다. 차를 대접하기 전에 세 차례 찻물로 컵에 물을 부어 컵을 데우는 것이 예의다.

손님이 와도 집에서 식사할 때는 다리를 포갠 채 낮은 테이블에서

앉아서 먹거나 테이블 없이 방바닥에 음식을 놓는다. 손님이 있을 때는 남녀 따로 앉는다. 음식을 집을 때는 주로 손가락을 사용하며 손님에게도 맛있게 많이 먹으라고 권한다. 이들은 고기덩이를 잘라 꼬치에

난, 샤스릭과 차

필라우, 라그만과 난

끼워 구운 일종의 꼬치구이인 샤스릭을 손쉽게 해먹는다. 고기는 양고기와 소고기를 주로 먹고 말고기는 약간 비싼 편이다. 고기를 구워 먹기도 하지만 수제비 형태로 만든 국수와 함께 끓여 먹는다. 과일은 여름과 가을에는 풍부하나 겨울에는 과일 저장 기술이 떨어져 주로 건과로 먹는다. 귤도 껍질을 벗겨 건과로 만들어 겨울에 먹는다. 저장 과일은 매우 비싸 저소득 계층은 구입할 엄두를 내지 못한다. 식품이 귀한 곳에서 음식을 대하는 자세가 경건할 정도로 조심스러워야 한다.

(2) 외관(外觀)

전통적 우즈벡인 남성들도 지난 70년간 러시아의 영향을 받아 양복을 입는데 익숙해졌다. 하지만 이들은 자신들을 나타내는 가장 뚜렷한 특징을 돕파(Doppa)라는 작고 둥근 모자라고 생각한다. 중도적 우즈벡인들도 돕파를 머리에 쓰지만 전통적 우즈벡인들에 비해 덜 쓰는 편이다. 모스크에서 예배에 참석할 경우에도 돕파를 쓴다. 여성들은 화사한 색깔의 실크 의상을 입어 전통성을 과시한다. 머리는 길게 따거나 묶는다. 짧은 머리는 서구적 여성의 상징이므로 바람직스럽지 않다. 일반적으로 여성들은 머리에 스카프를 두르며 특히 남성이 있거나 모스크나 묘지에 갈 때에는 필수적으로 머리를 가린다. 여성에 따라서는 얼굴을 거의 다 가리는 경우도 흔하다. 추비체이카는 여성들이 사용하는 모자로서 비단으로 수놓아진 사각의 형태를 띠고 있다.

전통 의상은 남녀 모두 원색의 실로 짜서 화려한 무늬를 놓는다. 남자들은 여름에 목둘레와 소매에 아름다운 무늬가 수놓아진 셔츠를 입고 여자들은 원피스나 셔츠를 입는데 겉에 꽃무늬가 화려하게 수놓아진 조끼를 걸쳐 입기도 한다. 겨울에는 추위를 막기 위해 남녀 모두 가죽으로 만든 옷을 선호하고 긴 가죽 구두를 신는다. 여성 의류의 색상은 가지각색이지만 주로 노란색 바탕에 붉은색, 초록색, 파란색, 자주색 등이 현란하게 섞인 옷감이 가장 일반적이다.

1991년 소련으로부터 독립 이후에는 우즈벡인들의 의류문화도 변하고 있다. 타쉬켄트의 브로드웨이에는 젊은이들이 많이 모이는데 이곳에는 짧은 미니스커트를 입은 여성들을 볼 수 있다.

(3) 가족관계

전통적 우즈벡인들은 다산하며 자식이 많은 것을 자랑으로 삼는다. 어떤 가정은 10명 이상의 자녀를 두기도 한다. 대가족은 조부모, 부모, 자녀들 그리고 삼촌과 사촌 등으로 구성되며 이들이 한 집에서 산다. '많은 자녀들이 있다면 그 집은 시장처럼 활기가 넘칠 것이다. 그러나 만일 자녀가 없다면 그 집은 공동묘지와 같다.' 이 속담은 자녀의 중요성을 강조하는 전통적 우즈벡인의 특성을 여실히 보여준다. 대가족의 유대관계는 매우 강하며 사촌을 부를 때에도 형제라고 부른다. 자녀들에게 부모만이 아니라 조부모도 교훈을 가르치며 오히려 조부모의 말씀이 더 영향력이 있다.

여성들은 가사를 주로 책임지고 있으며, 직장을 가진다고 해도 가사를 소홀히 해서도 안 된다. 전통적으로 모든 집안일을 여성만이 책임지지는 않으며 일정 부분 남편과 아이들도 떠맡았다. 가장 어린 아들이 자질구레한 집안일을 맡으며 나이 든 아들은 바깥일을 돌본다. 예를 들어 가축을 돌보거나 농사를 짓고 장인으로 수공업에 종사하고 농산품이나 수공업품을 시장에 내다 판다. 막내아들이 부모를 돌보기 위해 결혼해도 주로 부모와 함께 산다. 이에 대한 보상으로 부모는 재산을 막내아들에게 유산으로 물려준다.

가정의 대소사를 결정할 때 아버지나 할아버지가 주도권을 가지며 중년의 남성도 일반적으로 아버지의 결정에 우선권을 둔다. 그들은 아버지의 결정에 따르는 것이 자신들의 의무이자 전통으로 여긴다. 만일 아버지의 결정을 무시할 경우 아버지 동료들이 알게 되고, 그 후 주변 이웃들은 이 집의 자녀들을 곱지 않은 시선으로 바라본다.

결혼 적령기에 부모들이 대체로 배우자를 선택해 주며 남자의 부모가 결혼하게 될 신부의 부모와 결혼 조건에 대해서 논의한다. 여성은 17~18세가 되면 결혼할 수 있으며 고등교육을 받지 않는다면 20세 전후로 결혼한다. 남성들은 여성들에 비해 1~3년 늦게 결혼한다. 신부는 결혼하면 신랑 집의 사람이 된다. 결혼 후에 40일 동안 신부는 신랑 집에 머물며 요리, 세탁, 청소 등의 일을 떠맡는다. 이 기간에 신부는 스카프로 얼굴 일부를 가리고 보통 전통 의상을 입는다. 막내아들의 신부라면 집안일을 완전히 책임지게 된다. 전통적 우즈벡 여성은 흔히 우즈벡 남성과의 결혼을 선호하며 러시아인과는 거의 하지 않는다. 우즈벡 여성과 타직 남성과의 결혼은 거부감 없이 받아들인다. 신랑 측은 신부 값을 지불해야 하며 신랑과 신부 아버지 사이에 논의되고 결정된다.

결혼식은 3일 동안 지속되며 첫째 날, 신랑 아버지가 아침에 친척과

마할라 아낙네들의 여흥

지인들을 비롯해 축하객에게 음식을 대접한다. 그러고 나서 마을 회관이나 동사무소 식장에서 참석한 공무원 앞에서 결혼 서약식을 하고 모스크에 간다. 모스크에서는 이슬람식 결혼이 이맘의 주례로 이루어지고 이맘의 기도문 낭독과 축복이 있다. 전통적 우즈벡인은 이슬람식 결혼을 통해서 신의 축복을 받을 수 있다고 믿는다. 둘째 날에는 신부의 집에서 축하 잔치가 마련되고, 셋째 날에는 신랑이 살 집에서 음식을 대접한다. 할례식은 아들이 3~4살에서부터 초등학교 재학 중에 갖게 되고 이때에는 주로 남성을 초청한다. 하객들은 할례 당일 아침 식사에 초대를 받는다. 마할라에 사는 사람들은 각 집에서 이루어지는 행사에 관심을 기울이고 일반적으로 가정을 대표하는 사람이 참석한다.

전통적 우즈벡인들은 소련 시절에 정부의 강압에도 불구하고 자신들의 삶의 방식을 고수해 왔다. 이들의 삶의 방식에 이슬람적 요소가 많이 포함돼 있지만 이들이 근본주의에 입각한 정치체제를 원한다고 보기 어렵다. 이들은 과거 조상들로부터 받은 유목민의 생활 관습을 자유로운 상태에서 지켜나가기를 바라고 있다. 때로는 러시아인들을 포함해 비우즈벡계 민족에게 반감을 표시하는 이들도 있다. 그것은 자신들의 땅에 비우즈백계 민족이 들어와 많은 문제를 일으켰다고 보기 때문이다. 하지만 일부 현대적 우즈벡인들은 전통적 우즈벡인들의 배타심 때문에 자신들과도 공감하지 못하는 부분이 많다고 지적한다.

3. 현대적 우즈벡인

현대적 우즈벡인들이, 타쉬켄트 거주 우즈벡인의 약 10%에 해당된다. 이 숫자는 평가하는 사람에 따라 7~15%(175,000~375,000) 정도 차이가 난다. 전통적 우즈벡인은 자신들의 관습과 사고방식을 중요시하는 반면 현대적 우즈벡인은 이들과 대조적으로 지향하는 바가 매우 다르다. 현대적 우즈벡인들은 거의 서구인이라고 할 만큼 자신들의 전통에 구애받지 않으며 진보와 실리주의를 추구하고 있다. 우즈벡인의 정체성에 대해서 다른 각도에서 바라보기 때문에 그들 간에는 결혼 방식, 사는 지역, 외모와 가치관 등이 상이할 수밖에 없다. 현대적 우즈벡인들도 자신들이 우즈벡인이라는 사실을 잘 알고 있다. 그러나 그들은 소비에트 통치 하에서 받은 교육과 당시의 사회환경에 의해 영향을 받지 않을 수 없었다. 이들은 러시아인에 대해 친근감을 갖으며 우즈베키스탄의 발전에 러시아인의 기여를 인정한다. 과거에는 도시 표지판과 지하철 안내도가 러시아어로 적혀졌는데 독립 후 우즈벡어로 대체되는 것을 이해하지 못한다. 이제는 러시아어와 문화가 역차별을 받고 있어 일부 러시아인들이 러시아로 이민하는데 대해 이들은 유감을 피력한다. 현대적 우즈벡인들은 러시아의 교육을 받아 혜택을 입고 국가발전에 참여해 왔다고 보며 이것을 긍정적으로 평가한다. 이들은 유치원부터 대학까지 러시아어로 공부했으며 가정과 마을에서도 러시아어로 말하고 친구들을 사귀어 오히려 우즈벡어를 말하지 못한다. 따라서 현대적 우즈벡인들은 러시아인들을 다른 집단이 아닌 하나의 가까운 친구로 보고 있다. 이제 우즈베키스탄은 우즈벡어 중심의 사회로 급속하게 변하고 있기 때문에 현대적 우즈벡인들은 부담을 느끼고 있지만 우즈벡어를 배우려는 노력을 기울이고 있다.

현대적 우즈벡인들의 부모 세대와 그 자녀들의 대부분이 모스코바에서 대학을 다녔고 러시아어 능통자 우대정책에 따라 지식계층으로 편입되는 기회를 가졌었다. 현대적 우즈벡인 여성들의 교육 수준이 높고 생활능력이 있으므로 매우 독립적이고 자유로운 생활을 추구한다. 따라서 이들은 남성우위의 사고관을 가진 전통적 우즈벡인들과 어울리기를 꺼린다. 이들 여성들은 화학, 생명공학, 물리학, 의학, 간호학과 역사학 등의 전문분야에서 적지 않게 활동하고 있다. 이 여성들은 유

'난' 을 먹고 차를 마시는 현대적 우즈벡인

럽 영화를 보고 싶어하며 유럽의 신문과 방송을 통해 유럽의 문화와 사고를 전반적으로 잘 이해한다. 이들은 전통적 우즈벡인들을 전통 의상과 의식을 중시하는 과거 지향적 집단으로 규정하거나 '시골뜨기(Kishlak)'라고 무시한다. 이들은 자신들이 전통을 중시하든 말든 전통적 우즈벡인들이 간섭할 필요가 없으며, 선택권은 전적으로 자유의사에 달려 있다고 판단한다. 진보적 여성들은 결혼해서 남편의 부모와 일정 기간 생활하는 관습에 반대하며 전통적 우즈벡인과의 결혼을 생각하지 않는다. 이 밖에도 이들은 남성이 전적으로 결정권을 갖는 생활 방식을 거부한다. 현대적 우즈벡인들은 타쉬켄트에서 소수 집단으로서 위기감을 느끼고 있고 심지어는 소속감마저 상실해 가고 있는 실정이다.

4. 페르가나 우즈벡인

타쉬켄트는 우즈베키스탄의 머리, 사마르칸트와 부하라는 정신 또는 혼, 페르카나 지역은 심장을 각각 상징한다고 알려져 있다. 타쉬켄트는 수도로서 몸의 머리에 해당하고 사마르칸트와 부하라는 많은 문화 유적지와 유구한 가진 역사를 가진 도시로서 우즈벡인들의 자부심을 느끼게 한다. 이 도시들은 우즈벡인들에게 역사적 향수를 느끼도록 자극한다. 페르가나 지역의 우즈벡인들은 이곳을 민족적 의식과 열기가 강력하게 숨쉬는 심장이라고 부른다. 러시아인이 중앙아시아를 점령하는 과정에서 페르가나 지역의 코칸드에서 우즈벡인들을 중심으로 저항이 가장 격렬하게 이루어졌으며, 이 지역에는 우즈벡인들이 절대다수를 차지하고 있다. 타쉬켄트의 전통적 우즈벡인이라고 해도 이 지역의 우즈벡인에 비해 러시아의 영향을 많이 받을 수밖에 없었다. 이에 반해 페르가나 우즈벡인들은 비교적 순수한 전통을 가지고 있다.

페르가나 지역은 키르기즈스탄과 타지키스탄 영토로 둘러싸인 삼각형의 분지이다. 페르가나 분지는 우즈베키스탄의 동부에 위치하며 우즈벡 인구의 1/4이 약 4.3%의 영토에 밀집되어 살고 인구 밀도 면에서도 수도 타쉬켄트를 제외하고 가장 높다. 이 지역은 우즈베키스탄과 소련 전체에서 우즈벡인의 고향으로 불릴 정도로 전통주의가 강하다. 지역 면적에 비해 이 지역의 상징성은 우즈벡인들에게 매우 크다고 할 수 있다. 히말라야와 파미르 분지에 의해 둘러싸인 이 지역의 해발 고도는 300~1,000m에 이른다. 여름은 덥고 건조하며 겨울 날씨는 비교적 온화한 편이다. 여름에는 분지의 북부 지역이 가장 더우며 남부 지역은 거대한 산에 비교적 가까워 시원한 편에 속한다. 연간 강우량은 빈약하며 분지 서부 지역에는 20~30Cm에 불과하다. 그러나 페르가나 분지에서는 주변의 높은 산악지대에서 공급되는 물이 관개시설을 통하여 효과적으로 활용돼 다양한 농작물이 생산된다. 주요 농작물로 목화,

포도, 호두, 뽕잎 등을 비롯해 다양한 과일이 있다. 지하자원으로 석탄, 철, 우라늄, 천연가스, 수은, 안티몬, 유황 등이 유명하다.

페르가나 분지의 우즈벡인들은 다른 지역의 우즈벡인들과 자신들 사이에는 많은 차이가 존재한다고 느낀다. 타쉬켄트의 우즈벡인들은 러시아어를 주로 쓰거나 우즈벡어를 말한다 해도 러시아어 어휘를 차용하므로 타쉬켄트 우즈벡어는 페르가나 우즈벡인들에게는 다소 어색하다. 생활방식에 있어서도 대조되는 면이 적지 않다. 타쉬켄트 우즈벡인들은 페르가나 우즈벡인들에 비해 세련되고 윤택하다. 타쉬켄트의 영화관과 극장에서 이루어지는 영화나 공연은 러시아의 영향을 어느 정도 반영하고 있다. 페르가나 우즈벡인들은 단순한 전통 음악과 춤을 즐긴다. 러시아적 색체를 반영하는 현상에 대해서 페르가나 우즈벡인들은 거부감을 느끼기 마련이다. 페르가나에서는 손님 환대는 자연스러운 일이며 정성껏 대접한다. 그러나 타쉬켄트에서는 산업화와 일상적 업무 때문에 손님에게 할애할 시간적 여유가 부족해 다소 소홀한 것이 사실이다. 이에 대해 페르가나 우즈벡인들은 도시인들이 지나치게 인색하게 대접한다고 비판한다. 마할라를 포함하여 타쉬켄트 우즈벡인들은 대체로 자신들 안에서 배우자를 찾으려고 한다. 또한 분지의 우즈벡인은 그 지역 내에서 결혼 대상자를 찾는 경향이 있다.

우즈베키스탄의 제2의 대도시 사마르칸트에는 우즈벡인들과 타직인들이 커다란 구별 없이 어울려 산다. 이곳에서 우즈벡인과 타직인은 오랜 기간 공존해 왔으므로 둘을 불리할 수 없다고 여기며, 민족을 구별하지 않고 결혼이 많이 이루어진다. 그러나 페르가나 분지의 우즈벡인들은 타직인들을 달갑게 보지 않는다. 페르가나 우즈벡인들은 타직인들이 좋은 이웃이라고 생각하지만 결혼은 하지 말라고 조언한다. 타직어는 언어적으로 페르시아어 계통에 속하므로 사고 구조와 종교적 특징도 이란인들과 유사성이 적지 않기 때문이다. 페르가나 분지의 우즈벡인들은 여타 지역에 비해 결속력이 강하며 투르키스탄(Turkestan)

의[24] 부활을 꿈꾸고 있다.

페르가나 분지에는 나망간(Namangan)주, 안디잔(Andizhan)주, 페르가나(Fergana)주가 있는데 그 가운데 나망간, 안디잔과 페르가나는 각 주의 주도(州都)이다. 타쉬켄트에서 육로를 통해 페르가나 분지로 진입하려면 산맥 사이의 도로를 지나 제일 먼저 나망간 주에 도착하게 된다. 나망간 시는 페르가나 분지에 있는 최대의 도시이다. 약 40만 이상의 인구가 거주하며 주요 산업은 면, 실크와 식품 가공업이다. 이곳에는 러시아인을 비롯한 소수 슬라브계 민족이 살지만 우즈벡인들이 절대 다수를 구성하며 대학교가 있어서 교육에 대한 관심도 높은 편이다. 나망간에서 이맘과 같은 무슬림 지도자들이 커다란 영향력을 행사하며 우즈벡 여성들은 거의 흰색 베일을 쓰고 다닌다. 버스를 탈 경우에도 남자들은 뒷문으로 타서 뒷좌석에 앉고, 여자들은 앞문으로 타서 앞좌석에 앉는다. 이곳에서 여성들이 짧은 치마를 입거나 머리를 가리지 않고 다니면 낭패를 볼 수도 있다. 우즈베키스탄 정부는 나망간 지역에서 이슬람 세력이 극단화되는 경향을 막으려고 주의를 기울인다.

안디잔주의 주도(州都)인 안디잔은 페르가나 분지에서 나망간 다음으로 큰 도시이다. 인구 약 30만 이상이 거주하는 이 도시는 키르기즈스탄 국경에서 약 9.5Km 지점에 위치하며, 이곳에도 대학이 있고 주민들이 교육에 대한 관심이 크다. 안디잔은 페르가나 시와 함께 나망간보다 진보적이며 자유로운 분위기를 풍긴다. 이곳에는 화학제품과 시멘트 산업을 비롯해 중공업 시설이 가동하고 있다.

페르가나주에 주요 도시로 코칸드, 마르길란과 페르가나가 있다. 역사적으로 코칸드가 이 지역의 대표적인 도시였지만 러시아가 1876년 이곳을 점령한 뒤 저항의식이 강한 이 도시를 의도적으로 피해 새로운 행정, 군사 도시인 페르가나를 건설했다. 러시아는 1917년까지 우즈벡

24) 러시아와 구소련에 의해 중앙아시아로 지칭되기 이전에는 투르계 민족의 거주 지역이 '투르기스탄'으로 불리었다.

인들이 이 도시로 이주하는 것을 금지했었다. 주도 페르가나에는 1989년에 23만 명의 인구가 거주했고 그 가운데 70% 정도가 유럽계 민족에 속했다. 그러나 우즈베키스탄의 독립 후 유럽계 인구가 60% 정도로 줄었고 나머지 40%는 우즈벡인들을 비롯해 투르계 민족으로 구성돼 있다. 페르가나시는 여전히 분지의 여타 도시에 비해 활동이 자유로운 편이어서 유럽계 인구가 선호하는 도시이다. 러시아인들뿐 아니라 자유로운 생활환경을 선호하는 우즈벡인과 타직인들도 페르가나시로 이주를 희망하는 것으로 알려져 있다. 이 지역의 이슬람은 조로아스터교로부터 일부 영향 받은 흔적을 나타낸다. 예를 들어, 어느 누가 사망하여 조문을 갔을 때 조문객은 관이나 묘 주위에 솜 막대기에 불을 붙여 놓는다. 이 의식이 사람들을 보호한다는 확신을 심어 주기 때문이다. 또한 소련 시대의 반종교 선전으로 인해 무신론적 가치관을 가진 우즈벡인들도 볼 수 있다.

제11장

우즈베키스탄의 전통과 변화

-'ZAYNAB AND AMAN'을 중심으로- 25)

1. 주인공: 자이납(Zaynab)과 아만(Aman)

'ZAYNAB AND AMAN'은 우즈벡 시인인 하미드 알림잔(Hamid Alimjan)이 1938년도에 지은 서사시로 1930년대 소련의 우즈벡 집단농장에서의 사랑이야기를 담고 있으며 문학과 정치 사이의 상호작용에 있어서 암시를 줄만한 작품이다. 시는 전통적 무슬림 사회 속에서 소비에트 현대적 문체를 문학적 기반으로 사용하여 우즈벡인들의 면화재배 집단농장에서의 구애 과정을 통해 사회적 변화의 필요성을 각성시키고 있다. 이야기의 구성은 오랜 관습으로 대표되는 어린 시절에 부모에 의해 정해진 결혼에 대해 집단농장의 두 남녀(ZAYNAB-여자주인공, AMAN-남자주인공)가 기존의 사회적 관습과 사랑의 충돌에서 자유의지에 따라 배우자를 선택함으로써 사회적 관습에서 벗어나려는 두 남녀의 노력과

25) David C. Montgomery, Zaynab and Aman: Love and Women's Liberation on A Soviet Uzbek Collective Farm in the 1930s, A Story Poem by Hamid Alimjan, Cultural Change and Continuity in Central Asia, TJ Press, 1991 을 요약하여 정리한 것임을 밝힘.

주변사람들의 동의를 담고 있다. Zaynab은 이전의 우즈벡 여성과 달리 자신의 사랑을 자신이 직접 선택하는 진보적인 여성으로 묘사된다. 1920년대에 우즈벡은 소연방에 포함된 후, 그에 따라서 정교분리, 집단농장화, 공업화, 공산주의화되어 간다. 'ZAYNAB AND AMAN' 은 우즈벡이 근대화(현대화)되어 가는 과도기 시절에 기술된 것이다. 논문의 저자 David C. Montgomery는 우즈벡의 당시 시대적 상황, 시인 Hamid Alimjan의 성장, 정치적 배경, 문학적 성격, 정치적 상황 등을 바탕으로 자신의 논문을 기술하고 있다. 본론에서는 시인 Hamid Alimjan과 우즈벡의 시대적 상황, 그리고 시의 내용, 시의 역사, 시의 해석, 시에 내포된 의미, 그리고 시의 주제와 내용 분석이 언급되었다.

2. 우즈벡의 시대적 상황과 시인 하미드 알림잔(Hamid Alimjan)

오늘날 우즈베키스탄에 속한 사마르칸트는 1868년 러시아에 의해 점령당하고, 1917년 볼세비키혁명 이후 1924년 스탈린이 중앙아시아 민족 소비에트[26]의 수립을 결정했다. 마침내, 1925년 소련 일원인 우즈베키스탄 사회주의공화국이 출범한다. 'ZAYNAB AND AMAN' 의 저자 Hamid Alimjan은 1909년 태어나서 1944년에 죽는다. 그는 짧은 35년간의 인생을 짜르 정부의 몰락과 소비에트 정권이 등장하는 시기를 거치면서 혼란과 격변을 목격하며 살았다. 소년으로서 그는 반란과 혁명, 그리고 내란의 시대를 경험했다. 그야말로, 그는 공산통치 하에서 집단화, 산업화, 세속화의 험난한 시기를 살며 어른으로 성장하였다. 그의 성인시절에는 정치적 격변이 몰아쳤다.

---

26) 러시아어로 '평의회' 또는 대표자 회의를 뜻함. 1917년 공산혁명 과정에서 노동자·농민·사병 대표 소비에트가 형성되었고 혁명의 성공 이후에는 '노·병·농 소비에트'가 인민권력의 기관으로서 변신했다.

Hamid는 유서 깊은 도시인 사마르칸트 근처 Jizzak 지방에서 태어나서 어린 시절 자신의 고향에서 할아버지로부터 러시아어를 교육받고, 할머니와 어머니로부터는 우즈벡 터키어를 배우고 타직-이란의 민속 전통에 대한 것을 배웠다. 할아버지로부터 배운 러시아어는 소련정권에서 제공된 교육을 받는데 많은 도움이 된다. 1923년에 초등교육을 고향에서 마치고 1928년 사마르칸트에서 고등학교 과정을 마치고 1931년에는 우즈벡 교육대학에서 21살의 나이로 문학과 언어과정을 수료하고 졸업한다. 그는 청소년기부터 시를 쓰며 작품활동을 했는데 그의 작품은 지방 간행지에 정기적으로 실렸으며 대학 때는 문학단체에서 활동했다. 그가 대학을 졸업할 때 이미 두 권의 시집이 발간되었다. 그의 초기작품은 사랑과 자연에 대한 것뿐만 아니라 소련 정부와 우즈벡 사회의 새로운 변화를 격찬한 내용을 포함하고 있었다. 1930년대 우즈벡에서 문학활동은 점차 정치적 성향을 띠었다. 그는 1931년에 우즈벡의 수도 타쉬켄트에서 다양한 신문과 잡지의 작가로서 일했다. 일부 민족주의 작가들이 고발돼 출판기회를 거부당하고 문학단체로부터 제명되자 이들과는 대조적으로 그가 경력을 쌓을 기회가 늘어났다. 이때 그는 문학적 재능과 정치적인 면에서 명성을 얻게 되었으며 29살의 나이에 우즈벡의 소비에트 작가연합의 의장에 임명된다. 1930년대 후반기에는 정치적 긴장이 커졌지만 이 기간이 그에게는 가장 생산적이었다. 그는 사랑과 자연에 대한 서정시를 주로 썼고 민속 전통에 근거하여 다수의 서사시를 썼다.

1938년 신문에 ZAYNAB AND AMAN' 라는 주제로 장편의 시가 실리게 된다. 제2차 세계대전 동안에 우즈벡 작가동맹의 회장으로 활동했다. 그는 국가의 전투 수행을 지원하고자 다수의 시, 극본과 수필을 발표했다. 그는 특파원으로 1943년에 최전방을 방문했는데 1944년 타쉬켄트에서 교통사고로 생을 마감한다. 그가 사망한 지 40년의 세월이 지났음에도 불구하고 그는 20세기 우즈벡 문학 발전사에서 여전히 가장 주목받는 인물로 간주되고 있다. 그의 작품은 광범위하게 읽혀지고 감상되며 자주 출판되었다. 그의 작품의 대부분은 러시아로 번역되었다. Hamid와 그 시대의 우즈벡 작가들은 전통적 무슬림사회에서 소비에트 주도의 근대화를 이해시키고 수용하게 하는 어렵고도 까다로운 작업을 수행했다. 그의 작품과 인생은 전환기 시대에 작품의 성공에 필요한 협력과 타협의 본보기라고 할 수 있다. 소비에트 정권과 협력한 그나 그와 유사한 인물들은 비판을 받기도 하나 역사, 사회적 관점에서 보면 건설적인 협력자로 분류될 수 있다. 이러한 인물들은 우즈베키스탄의 사회, 경제, 정치적 안정에 기여했다는 점에서는 긍정적으로 평가받기도 한다. 이들의 노력이 우즈베키스탄의 현대화 속도를 가속시켰고 이 국가를 소연방에서 발전된 국가로 만드는 데 기여하였기 때문이다.

3. 시의 내용과 소비에트의 평가

1) 시의 내용

자이납과 아만의 플롯은 간단하고 평범하며 보편적이다. 한 소년과 소녀가 만나 사랑에 빠지고 장애물을 극복하고 결국에 결혼한다. 적어도 서구적인 독자에게는 이 묘사가 다소 이상할 수 있다. 이야기는 1930년대 중반 우즈베키스탄의 면화재배 집단농장을 배경으로 전개된다. 십대 후반의 소녀인 자이납은 집단농장의 목화밭에서 일하는 노동자이다, 그녀는 고아이며 부모는 10년 전 내전의 격랑 속에서 목숨을 잃었다. 그녀는 아이가 없는 늙은 여자 아나르의 곁에서 허드렛일을 하며 자란다. 집단농장이 형성되자 그녀는 밭에서 일을 하며 학교에도 다닐 수 있었다. 그녀의 삶은 고단했지만 행복을 느꼈다. 그녀에게는 집단농장의 일꾼이자 같은 마을에 사는 친구인 쿠리(Khuri)가 있었다.

자이납이 처음 사랑에 빠졌을 때, 사랑의 대상은 집단농장의 젊은이 아만이었다. 아만은 자이납의 사랑을 몰랐다. 그 이유는 당시 젊은이들 간의 교재는 관습에 의해 금기시되었기 때문이었다. 자이납은 아만을 몰래 먼발치에서 사랑했다. 그녀의 잠을 이루지 못하는 밤은 아만에 대한 생각으로 가득찼다. 대담하게도 그녀는 사랑을 고백하려고 편지를 썼으나 바로 찢어버린다. 그녀는 계모 아나르에게 자신의 감정을 때때로 말하고 싶었으나 주저했다. 그리고 단지 그녀의 친구 쿠리에게만 자신의 감정을 털어 놓았다. 아만을 알고 있는 쿠리는 두 사람을 서로 소개시켜 준다. 친구의 도움으로부터 힘을 얻은 자이납은 계모에게 아만에 대한 자신의 사랑을 말하기로 결심한다.

자이납은 쿠리와 함께 아나르에게 간다. 그러나 그녀가 아만에 대한 사랑을 말하기 전에 그녀의 꿈은 산산이 부서져 버린다. 계모 아나르는 자이납이 어렸을 때 이미 부모에 의해 결혼 상대자가 정해졌고 결혼해야 할 시간이 다가오고 있다고 말했기 때문이다. 그 정혼자의 이름은 사비르로 그는 대학에서 공부하기 위해 도시로 나갔다. 이 모든 것이 자이납에게 숨겨져 있었기에 예기치 않은 상황의 전개로 인해 그녀는 할 말을 잃고 만다. 그러나 쿠리는 당황하지 않고 계모인 아나르에게 부모에 의한 정혼 관습을 따르지 말도록 간청하고 자이납이 아만을 사랑하고 있음을 밝힌다. 아나르는 화가 나서 자이납을 집에서 쫓아내자 자이납은 쿠리와 함께 생활하기 시작한다.

그날 이후 어느 날 오후 슬픔에 잠긴 자이납이 강가를 거닐고 있을 무렵 그녀는 아만을 만나게 된다. 두 사람은 처음으로 단 둘이 대화를 나눌 기회를 갖게 된다. 대화중에 아만은 그의 삶에 대해 이야기하게 된다. 그 또한 고아이며 그 부모 역시 내란과 혁명의 시기에 실종되었다는 말을 한다. 그의 험난한 유년시절이 그를 고되게 만들었지만 비참하게 만들지는 않았다고 여겼다. 그는 가족이 없는 상황에서 자신을 우즈벡 민족의 아들로 여겼고 집단농장의 자식으로 받아들였다. 지금까지 떨어져 있었으나 비슷하고 유사한 삶을 살았던 두 젊은이는 서로에 대한 사랑을 고백했다. 그들은 처음으로 키스를 했다.

다음 날 아침, 자이납과 쿠리는 고향집에 들르기 위해 온 사비르를 만나기 위해 대담하게 그의 집으로 찾아갔다. 사비르의 부모가 집에 있었음에도 불구하고 자이납은 솔직하게 말했다. 그녀는 어렸을 때의 정혼에 대한 생각과 아만에 대한 사랑을 말했다. 그녀는 약혼을 무효화할 것을 간청했다. 그녀와 마찬가지로 과거의 정혼에 대해 알지 못했던 사비르도 당황했다. 이러한 상황에서 그 역시 행복할 수 없었다. 그 역시 전통을 답습하지 말 것과 젊은이들의 마음과 열정을 따라 결혼해야 한다는 것을 주장했다. 사비르도 자신이 사랑하는 대상이 있으며 자이납을 정혼의 굴레에서 풀어주도록 입장을 밝혔다.

자이납, 사비르 그리고 아만의 이야기는 삽시간에 마을 전체에 퍼졌다. 집단농장 내에서 그들의 주장은 공감을 받았으며 그곳에서 결혼을 할 계획을 세웠다. 농장 주민 전체가 참석했다. 노래와 춤 잔치가 끝난 후, 흥겨운 행렬이 새 신랑과 신부를 그들의 새 보금자리로 안내했다.

2) 소비에트의 평가

이 단순하고 수수한 시골 마을의 로맨스는 1938년 출간 당시 사람들에게 큰 호응을 받았다. 그 이후에도 비평가들은 "Hamid Alimjan 의 1930년 작품들 중 최고 걸작으로 손꼽으며 소비에트의 현실상에 대한 그의 작품 중 가장 눈에 띄는 것이라 평했다. 이 시는 새로운 가족관계의 창조에 대한 가장 위대한 예술적 표현이자 구습의 잔재에 대한 공산주의적 도덕성의 승리로서 해석되어 왔다. 시는 새로운 사회 개념과 전통적 삶의 방식 그리고 구세대와 신세대의 사고 사이에서 매우 실제적인 갈등으로 이야기를 서술하고 있다. 이 두 부류 간의 갈등은 새로운 시민의 출현에 대해 전달하고 있다. 이 시에는 대중과 집단생활 속에서 살며 특히 소비에트의 발전과 함께 성장해온 세대에 대해 관심을 가지고 있다. 시는 근대화 사회에서 제공되는 개인 자유의 증가에 대한 표현이며 또한 감정의 자유를 나타내고 있다. '우리의 시대에서 사랑은 그 진정한 가치를 찾았다. 새 시대 사람들의 생활에서 사랑하는 사람들 사이의 관계에서 가장 중요한 것은 성실함과 신뢰이다.' "Zaynab and Aman"은 단지 사랑에 빠진 두 사람의 이야기가 아니라 그것은 혈연, 우정, 창조적 정신을 매개로 한 사회적 집단에서의 혁명적인 힘의 표출이다.

농장소녀 자이납은 시의 초점이다. 소비에트 비평가들에게 그녀는 진보적이고 독립적이고 열심히 일하는 새로운 우즈벡 여인의 표본이다. 시는 우즈벡 집단마을의 전형적인 노동자들의 이미지를 창조함으로써 광범위하고 일반적인 의미를 부여할 수 있도록 기본적인 생활의 자세와 철학을 제시하고 있다. … 자이납의 이미지에는 우즈벡 소비에트 여인들의 다양한 성격들이 존재하고 … 자이납은 오래된 관습을 타파하고 과거의 약혼제도를 편견으로 간주하며 자유와 개인의 독립성을 위해 투쟁한다. 자이납은 새 시대의 인물이며 그녀의 승리는 소비에트 시대에 있었던 새 시대의 정신에 의해 이루어진 것이다. 따라서 자이납은 사랑에 의해 용기를 얻은 젊은 소녀임에도 불구하고 그녀의 투쟁과 승리는 작은 서사시가 된다. 작가는 자이납을 통해 그 시대의 영웅을 구체화시켰다. 시는 새 시대의 정신과 특징을 소비에트 대중들의 고차원적 도덕적 가치와 결합시켰다. 시는 풍요한 영혼을 지니고 현명하고 인간적인 새로운 유형의 인간의 탄생을 보여준다.

이 시에서는 적어도 사 반세기전 우즈벡에서 사랑하는 사람들에게 방해가 되었던 장애물과 극복할 수 없었던 금기들이 몰락하고 산산이 부서진다. 마치 진흙벽이 햇빛에 의해 부서지고 비에 의해 붕괴되는 것처럼.

이 시는 세대 간의 충돌, 전통과 현대의 가치 및 감정 충돌을 보여주는 동시에 과거 러시아 작가와 무슬림 작가의 충돌을 연상하게 만든다.

3) 하미드 알림잔의 작품 활동

Hanid Alimjan 의 소비에트 우즈벡 여인의 진보성에 대한 시적 표현은 유일한 시도는 아니었다. 동시대의 다른 우즈벡 작가들 역시 이와 유사한 주제를 다루었는데, 당시 소비에트 정부는 이러한 주제에 큰 관심을 보였다. 우즈벡 여성들의 역할과 지위에 대한 문학적 관심은 소비에트 시절 이전에도 이미 있었는데, 투르키스탄 지역의 진보적인 무슬림 집단인 '자디스트(진보주의자)'들이 여성 문제를 다루었었다.

Zaynab and Aman이 발표되었을 때인 1938년까지의 Hamid Alimjan의 작품을 살펴볼 것 같으면, 이 시는 그가 관심을 가지고 약 십년간 써왔던 작품들의 주제인 지역 발전과 여성의 지위라는 두 가지 주제를 연결시키는 작품이 되었음을 알 수 있다. 지역발전은 1930년 초부터 그가 꾸준히 써오던 연작시들의 주제였다. 이 여러 시에서 나타난 과거 시대의 단점들은 소비에트 시대 기간 동안에 이루어졌던 발전과 대비된다. 그러나 이전의 시 가운데 어느 것도 자이납과 아만처럼 특정한 줄거리를 가진 것은 없었다. 아직 청소년 시기에, Alimjan은 사회에서 여성의 역할 변화에 대해서 쓰기 시작했다. 다양한 그런 종류의 시들이 자이납과 아만 이전에 발표됐었다. 그의 시에서 이미 여성은 전통적 사회에서도 높은 지위를 인정받았었다.

자이납과 아만은 실제 인물을 바탕으로 하고 있다. 1935년 집단농장 노동자인 자이납 아만노바(Zaynab Amanova)는 면화 수확기에 그녀의 자기 희생적 노동으로 인해 레닌 훈장을 수여 받았다. 그녀의 이야기는 Alimjan 에 의해 쓰여지고 1937년 발간되었다. 실제 자이납은 아만이라는 이름의 남자와 결혼했다.

'자이납과 아만'에서 작가는 이전에 썼던 주제와 소재를 결합한 것 뿐 아니라, 이전에 그가 지었던 시들과 유사한 여러 가지 구절들을 포함시켰다. 따라서 소비에트 논평가들은 시 '자이납과 아만'은 1930년대 알림잔의 창작품의 결정체이자 최고봉이라고 말하고 있다. 이 작품에서 그는 이전에 발표된 시의 주제와 소재를 하나로 통합한 것이다. 그 안에는 가장 주옥같은 사상과 시적 감정들을 담아놓았다. 이 작품은 그가 추구했던 예술의 구현이자 표현 형식의 궁극적인 특성으로 인정받았다.

1938년의 초반 발간된 이후 이 시는 우즈벡에서 여러 차례 다시 발간되었다. 1943년 이 시는 시민과 군인들에게 배포하기 위해 러시아어로 번역되었다. 그것은 즉시 인기를 얻었다. 여러 해 동안 그것은 전쟁기간의 전형적인 애국을 강요하는 문학과는 대조적으로 환영받았다. 이 시는 전쟁영웅에 관한 것이 아니라, 전쟁 이전의 우즈베키스탄에서의 새로움과 행복을 상기시키고 있었다. 러시아어 번역판은 1971년에 재발간되었고 그 후에도 여러 차례 발행되었다. 1958년 우즈벡 여류시인 Zulfiya(Alimjan 의 미망인)은 같은 이름의 오페라 대본의 기초로서 시의 문장을 사용했다. 이렇게 해서 '자이납과 아만'은 우즈벡 소비에트 문학의 인기 작품으로서 위치를 굳힐 수 있었다.

4. 시의 주제와 내용 분석

Zaynab and Aman 은 공산당의 노선을 따르는 정치적 작가라고 할 수 있으며 따라서 그는 새로운 시대에 맞는 이데올로기를 조성하는 기여하게 됐다. 이에 맞춰, 그는 기존의 전통주의를 극복한 모더니즘의 승리와, 억압적인 관습을 뛰어넘는 비타협적 젊음과 이성의 승리를 시적으로 묘사하였다. 여성의 권리와 지위에 대한 특별한 주제는 1930년대 중반의 명백한 이슈였다. 소비에트의 영향력이 1920년대 초에 중앙아시아지역에 미치기 시작한 이후로 여성의 지위를 높이기 위한 법률이 공표되었고, 여성을 위한 활발한 정치적 운동도 전개됐다. 베일 착용이 금지됐고 신부지참금과 여성의 사회적 격리는 비판을 받았다. 여성 교육이 허용되었고, 여성은 행정적 지위나 중요한 업무를 맡기 시작했다. 그럼에도 불구하고 변화는 느렸고 법은 실생활에 적용되지 못했다.

Alimjan이 농촌에서의 생활조건을 고려할 때 현실을 너무 잘 알고 있었다. 그는 소비에트 정권이 중요한 정치, 경제적 변화를 가져다준다 할지라도 사회적 관계에 있어서는 효과적이지 못할 것임을 인정하였다. 수많은 오래된 생활 방식들이 여전히 버티고 있었다. 그것들 중에는 여성에 대한 억압과 낮은 지위도 있었다. 그의 대부분의 작품에서 Alimjan 은 우즈베키스탄의 문화적 전통과 역사적 전통의 측면에 대해 존경을 표시하였다. 그러나 그는 근대화주의자였다. 그는 새로운 시대에는 과거의 관습 가운데서 선별하여 알맞은 것을 계승해야 한다고 믿고 있었다. Alimjan은 현실적으로 당시 소비에트의 우월적인 지위를 인정했다. 그러나 그는 "러시아인화를 원하는 사람"이 아니었다. 반대로 그의 우즈벡인과 자연에 대한 사랑에도 불구하고 그는 국수주의자도 아니었다. 그는 "소비에트인"으로서 분류될 수 있었다.

Alimjan 은 재치 있게 문제와 해결책을 제시했다. 시가 정치적 격동기에 쓰여졌고, 이 시기에 시인의 경력과 생명은 위기에 처할 수 있었다. Alimjan을 비롯한 많은 작가들은 레닌, 스탈린, 공산당을 찬양하기 위한 정치적 선동의 작품들을 굴욕적으로 양산하기도 했다.

자이납과 아만은 표면적으로는 비정치적 시인 것이다. 시는 이념적인 표현이 없었고 그리고 거기에는 막스-레닌주의 또는 공산주의에 대한 언급이 전혀 없다. 모든 사건들이 집단농장에서 발생했는데, 집단농장은 당시 역사적인 사실이었다. 시에 나타난 것처럼 전통에 대항하는 자이납의 행동의 바탕은 가슴과 영혼에서 나오는 자극들이다. 그녀는 사랑을 느껴 대담하게 행동하는 어린 소녀이지, 강압적인 소연방청

년여성동맹원이나 이데올로기적 사상과 국가의 힘으로 무장한 공산당 간부 부인회의 대표가 아닌 것이다.

Alimjan은 사랑이라는 꿈을 실현하는 과정에서 인간본성을 중시하는 해결책을 제시했으며 토착적인 인물을 등장시킨다. 시에는 모두가 우즈벡인이며 단 한 명의 러시아인도 등장하지 않는다. 러시아인이나 소비에트 연맹에 대한 언급조차 하지 않는다. 자이납이 히로인으로, Aman이 영웅으로 묘사된다 할지라도, 시에는 악한도 부정적인 인물도 존재하지 않는다. 계모 Anar가 그녀를 딸이 아닌 하녀로 이용하고 그녀의 사랑을 막으려 했던 존재였음에도 불구하고, 그녀의 모습은 동정적으로 묘사된다. 그녀는 그리 나쁘지 않으며 오히려 그녀 또한 정혼제도로 고통받아온 것이다. 여기서 비판을 받는 대상은 오직 그녀가 추구해 온 구태의연한 생활방식이었다. 이 시에서는 전통적 생활관습을 유지해 온 사람들을 무작정 비판하기보다 오히려 변명하거나 동정하는 기지가 나타나 있다.

히로인인 자이납은 젊은 소비에트 여성들의 전형적 모습을 나타낸다. 그녀의 행동은 침착하다. 그녀는 교육을 받았으며 집단농장에서 일하는 데서 만족을 얻는다. 남자 주인공 아만(Aman)도 유사한 성격의 인물이다. 자이납의 어린 시절 약혼자인 사비르(Sabir) 또한 긍정적인 인물로 나타난다. 자이납을 약혼의 족쇄에서 풀어준 사실뿐만 아니라 새로이 지역사회에 나타나는 인텔리 계층의 인물인 것이다. 그는 농과대학 학생이다. 그가 대학에서 배운 현대적 기술이 자이납이나 아만과 같이 집단농장의 노동자의 희생적인 노력과 조화를 이루어 새로운 우즈베키스탄을 건설할 수 있는 것이다.

그러나 작가가 회피했던 문제는 가족 문제이다. 사실 우즈벡인들의 가족관계는 매우 강하다. 조연에 해당하는 인물인 사비르는 그의 부모의 요구에 따라 행동할 수 있도록 설정돼 있다. 그러나 이와 같은 행동이 긍정적인 인물로 설정된 자이납과 아만에게는 적합하지 않을 수 있다. 그래서 작가는 자이납과 아만 두 명을 고아로 만들어 주인공이 부모의 뜻에 직접적으로 저항함으로써 전통을 깨는 어려움을 피하고자 했다. 이렇게 해서, 이 인물들은 거추장스러운 전통에 얽매이지 않는 새로운 소비에트 시민의 대표적인 모습이 될 수 있었다. 위에서 언급했듯이, 아만은 그 자신을 우즈벡 민족의 아들이며 집단농장의 아들로 지칭했고 과거와 현재의 결합인 것이다.

Alimjan은 혁신과 변화가 오해될 수도 있다고 인정한다. 세계 여러 곳에서 전통과의 대립은 부도덕과 연결지어 나타난다. 따라서 자이납이 그의 계모에게 아만에 대한 그녀의 사랑을 말했을 때, 계모는 격앙된 목소리로 소리친다.

"이 나쁜 것, 이것이 네가 집단농장에서 배운 태도냐! 이게 네가 여름동안 했던 일이냐. 넌 스스로 남편을 찾았구나! 우리 가족의 수치다! 뻔뻔스러운 것! 방종한 여자다. 그래서 넌 사람들 앞에서 스스로 부끄럼을 당해야 해, 아, 매춘부, 철면피, 짐승! … 그게 누구냐, 어떤 저주받을 놈이 너의 품에서 잠들었느냐?"

작가는 전통적 양식의 억압적인 영향을 묘사할 때 다소 일관성이 결여되기도 한다. 시의 전반부에 자이납은 아만에 대한 사랑을 드러내기 두려워한다. 사람들이 그녀의 부도덕성을 성토할 것을 두려워하였기 때문이다. 그러나 종반에는 그들의 사랑이 드러났을 때, 오래된 관습은 온 데 간 데 없이 사라지고 모두가 그들의 사랑을 승인하는 것 같기도 한다.

이슬람교는 짓누르는 과거의 짐으로 묘사돼 있으며, 특히 여성의 경우에 더욱 그러했다. 가정에서, 특히 여성의 생활공간에서는 보수적 전통을 따라 코란의 구절이 모든 것을 지배했다.

여성을 억압받는 사회적 지위에 묶어둔 종교나 전통은 바람직하지 않은 것이다. 자이납의 과거와의 대립은 험악하게 표현된다. "사악하고 검은 까마귀와 같은 구습은 자이납을 얽어맨다. 까마귀는 밤의 유령처럼 나타나 그녀에게 날아와 발톱을 세워 그녀의 가슴으로 돌진한다. 맑은 눈을 쪼으려 하고, 운명을 좌우하려 한다." "무책임하고 거만한 남성들이 무자비하게 살았던 반면, 여성들이 예쁜 눈을 감히 뜨지 못하게 만든 과거가 숨어있다가 이따금 나타나 괴롭히려고 하고 있다. 자이납은 그녀 등 뒤에 숨어 있던 과거가 나타나 그물을 쳐서 그녀가 바라는 것과는 전혀 다른 길을 만들어 가고 있음을 알지 못했다. 그리고 누군가 그녀의 운명을 좌우하려는 것과 구습이 또 다른 고통을 야기할 수 있음을 깨닫지 못했다."

과거의 어두운 압박은 극복되었다. 사랑의 힘과 권리를 지키려는 진실한 마음에 의해 자이납은 목표를 이룰 수 있었다. 따라서 그녀는 그 시대와 그 이후 시대의 젊은이에게 모델이 될 수 있었다.

작가는 시적인 방법을 통해서 전통주의에 대한 현대(근대)주의의 승리, 젊은이의 승리, 불합리한 관습에 대한 이성의 승리를 표현한 것이다. 자신만의 시적인 기법을 이용하여 두 남녀의 사랑이야기를 표현함으로써 새로운 시대의 요구를 전달하려고 했다. 자이납이 자신의 사랑을 차지하기 위해서 오랜 관습에 도전한 것이지, 사회주의 이념으로 무장하여 정치적인 목적을 위해서 불합리한 관습에 도전한 것은 아니기에 '자이납과 아만'에 대한 평가는 그 정치적인 이데올로기적 측면보다는 작가 개인의 전통의 변화와 여성 지위의 재조정을 추구하려는 그의 관점에서 이루어져야 할 것이다.

제12장

터키인의 종교의식

1. 터키인과 이슬람

터키인들은 이슬람을 믿고 있으며 이슬람을 믿는 사람들을 무슬림이라고 부른다. 이슬람(Islam)이라는 말의 아랍어 의미부터가 '순종', '복종' 또는 '귀의'를 뜻하여 신자들의 사고를 일정 방향으로 유도하고 있으며, 이슬람 신자의 순종과 복종의 대상은 우주의 창조자인 알라(Allah)이다. 알라에게 복종하는 사람들을 일컬어 무슬림(Muslim)이라고 하는 것이다. 다시 말하자면, 무슬림은 알라에게 복종하는 사람들을 지칭하는 것이다.

이슬람의 율법은 불교나 유교의 문화적 환경에 익숙해진 사람들에게는 부담스러울 정도로 사회생활을 영위해 가는 과정에서 지켜야할 행동의 원리를 규정하고 있다. 그 원리에 근거하여 무슬림들은 타인의 신앙 행위를 외부적으로 어느 정도 평가할 수 있으므로 일정 집단에 속한 무슬림들은 자의반 타의반으로 종교적 율례를 지키지 않을 수 없다. 이슬람은 종교인 동시에 무슬림들의 사고와 생활양식의 원천인 것이다. 이슬람에서는 인간을 크게 두 가지 유형으로 나누고 있다. 두 가지 유형을, 첫째는 알라를 창조주로 믿고 그의 법도를 지키는 무슬림, 둘째로 창조주인 알라의 존재를 부인하는 이단자 내지 불신자에 해당하는 '카피르'(Kafir)으로 구분할 수 있다. 이슬람권에서 무슬림과 카피르 사이에는 커다란 거리감이 존재한다. 무슬림은 카피르를 융화될 수 없는 상대로 여기고 심지어 무슬림에 비해 낮은 수준에 있는 열등자로 받아들인다. 왜냐하면 무슬림들은 이슬람이야말로 신의 계시를 나타내는 최고의 원리이며 우월한 종교로 확신하고 있기 때문이다. 무슬림들은 유대교도나 기독교도들을 '성스러운 책'을 따르는 사람들로 인정하기는 하되 여전히 신의 뜻을 확실히 깨닫지 못한 집단으로, 무신론자들을 무지한 존재로 평가한다.

터키인들과 관계를 맺게 되면서 가장 많이 접하는 질문 가운데 하나가 '당신의 종교는 무엇인가?' 내지 '당신은 무엇을 믿고 있는가?'이다. 이때 불교 또는 기독교 신자이거나 무신론자라고 대답하면 터키인들은 이슬람을 소개하고 종교를 바꾸라고 권하고 어느 경우에는 쿠란을 선물로 주기도 한다. 터키인들이 외부인과 친분을 맺기도 전에 종교를 이슬람으로 바꾸라고 거리낌 없이 이야기할 수 있는 것은 이슬람이 완전한 종교임을 확신하고 있다는 증거로 보아야 한다. 그들은 무슬림으로서 비무슬림들을 계도하고 구원에 이르는 길을 가르쳐야 할 사명감마저 느끼고 있는 것이다.

터키인들이 언제 무슬림이 됐으며 어떤 과정을 거쳐서 오늘의 상태에 이르게 됐는가를 추적해 본다면 터키인들의 종교의식을 이해하는데 도움이 될 것이다. 터키인들이 이슬람과 처음 접촉하기 시작한 시기와 장소는 8세기 중엽 중앙아시아의 트란스옥시아나 지역이었다. 터키인들이 무슬림과 접촉하게 된 동기는 751년 이슬람 압바스 왕조와 당(唐)나라 간에 있었던 탈라스 전쟁에서 압바스 왕조와의 협력이었다. 압바스의 2대 칼리프 아부 자파르 알-만수르(Abu Zafar Al-Mansur) 시대에는 터키인들이 행정 요직에 기용되면서 이슬람권과의 교류가 활성화되었다.(이희수 1993: 197) 9세기 후반부터는 이슬람권과 터키인들 간의 교역이 진행됨과 동시에 무슬림 선교사들도 선교활동을 추진함으로써 터키족의 이슬람화가 가속화됐다. 터키인들이 이슬람을 받아들이기 전에 신앙의 대상은 정령(精靈), 조상신과 천신이었다. 따라서 터키인들이 이슬람을 받아들인 뒤에도 그들의 이슬람 속에는 여전히 신비주의적 요소가 존재했으며, 이슬람 수용이후 천년 이상이 지난 지금에도 완전히 사라지지는 않았다.

오늘날 터키공화국 국민들의 98% 이상이 이슬람을 믿고 있으며 나머지 약 1.5~2%는 정교도, 유대교도 또는 가톨릭교도로 구성돼 있다. 인구의 98%에 해당하는 무슬림들은 터키인과 쿠르드인들로서, 이 가운데 쿠르드인들은 전체인구의 15-16%를 차지하며 터키인들은 전체 인구의 약 82%에 해당한다. 터키인과 쿠르드인이 민족으로는 확실히 구별되지만 동일하게 무슬림이라는 점을 고려하여 두 민족을 구별하지 않고 다수 민족인 터키인을 중심으로 하여 종교의식을 분석하고자 한다.

터키인들의 종교의식을 이해하기 위해서 우선적으로 종교의 시대별 발전과정을 개괄하고 그리고 오늘날 터키인들이 지키고 있는 종교 축일과 풍습을 살펴봄으로써 터키인들의 생활에서 종교가 차지하는 위상과 특징을 파악하려 한다.

2. 시대별 종교적 상황

1) 터키인의 고대 종교

알타이 산맥 주위의 스텝지대에서 생활하던 터키인들의 신앙은 크게 정령숭배, 조상숭배와 천신숭배 등 세 가지로 분류된다. 고대 터키인들은 산, 언덕, 바위, 계곡, 강, 샘, 동굴, 나무, 숲, 호수, 철, 무기 등의 자연물에 정령이 있다고 믿었다. 또한 태양, 달, 별, 번개, 천둥 등도 신으로 숭배되었다. 아시아 흉노와 돌궐의 군주들은 연초(年初), 봄, 가을에 강의 상류에서 천신, 조상신과 정령에게 숭배의식을 거행했다. 국가의 고위 관료들이 참석한 숭배의식에서 희생 제물로 동물이 드려졌고 낮에는 태양에, 밤에는 보름달에 희생을 바쳤다. 흉노, 돌궐, 위그르족은 원정의 성패를 달과 별의 움직임으로 판단했으며 특히 봄과 가을에는 조상신에게 희생제물을 바쳤다.

사람이 죽으면 애도를 표하는 장례식이 치러졌는데 고인의 천막 주변을 말을 타고 빠르게 달렸으며 고인의 말이나 꼬리를 제물로 바쳤다. 고인을 매장하거나 화장하는 풍습이 있었고 매장하는 경우에는 묻고 난 뒤 봉분(封墳)을 쌓고 주위에 돌을 놓았다.(kafesoğlu 1987: 91) 돌궐족은 신성하게 여기는 동굴 입구에서 조상신에게 동물을 희생제물로 바쳤으며, 영향력 있는 인물이 죽으면 그의 혼령을 보호신으로 삼을 만큼 중요하게 여겼다. 영향력 있는 인물의 혼령을 보호신으로 삼는 관습은 오늘날까지 지속되고 있는 것으로 보아야 한다. 이와 같은 관습은 오늘날 성인숭배 의식으로 형태가 변하여 계속되고 있다. 과거 셀주크와 오스만제국 시대에 타계한 저명한 이슬람 지도자들이나 성인들의 시신이, 고인들이 주로 활동하던 모스크 안에 관(棺)이 돌출된 상태로 매장됐다. 성인이 묻힌 모스크에 가면 터키인들이 관 앞에 서서 손을 들고 기도를 하는 장면을 볼 수 있다. 관 앞에 서서 기도하는 모습에 익숙해 있지 않은 문화권에서 온 사람들은 이 장면을 보고 섬뜩해 질 수 있다.

돌궐 시대에 고인과 함께 그가 쓰던 무기, 말과 귀중품이 매장되었다. 이와 같이 함으로써 저승에서 고인의 편안한 삶을 기원하였다. 터키인들은 무덤을 표시하기 위해 분봉을 쌓고 주위에 돌로 경계를 나타내거나 석상을 세우기도 했다. 희생에 사용되는 적당한 동물로서 양,

말, 낙타 등이 있는데 그 가운데 수컷을 골랐다. 스텝 지역의 고대 터키인의 무덤으로 추정되는 곳에서 말의 뼈가 다량으로 발견돼 터키인들의 매장 관습을 확인할 수 있다.(kafesoğlu 1987: 95, 이희수 1993: 193)

스텝 터키인 사회에서 가장 보편적으로 영향력을 미치던 신앙은 천신숭배였다. 천신은 텡그리(Tengri) 또는 탄르(Tanri)로 불리며 '하늘 신'을 뜻했고 창조주로서 자연 전체를 주관하는 '모든 신위에 뛰어난 신'으로 여긴 것이다. 터키인 사회의 천신숭배 사상을 흉노시대 이래 돌궐 비문이나 중국 사료에서 찾아 볼 수 있다. 아시아 흉노의 선우 묵특이 기원전 176년에 한문제(漢文帝)에게 보낸 서신에서 천신의 은총으로 왕위에 오르고 전투에서 승리하였음을 밝혔다. 흉노의 4대 선우인 군신(軍臣)이 기원전 133년 한무제의 매복 계략을 간파할 수 있었던 것도 천신의 보호 덕택으로 받아들였던 것이다. 흉노 시대의 선우들은 전쟁의 승리를 바라며 하늘을 향해 손을 들고 천신에게 가호를 기원했었다. 즉, 천신은 인간의 생사화복을 주관하며 그의 명령을 따르는 자에게 복을 내리고 불순종하면 징벌한다고 믿었다. 인간이 무릎을 꿇고 천신에게 간청하면 복을 주고 말(馬)을 많이 소유할 수 있도록 했으며 장수도 허락했다. 천신은 인간의 거짓과 참을 구별하는 절대적 존재였다.

천신숭배와 함께 정령숭배도 계속됐으나 정령은 주변적 신이었고 천신이 숭배의 주대상이었다.(Kafesoğlu 1987: 97, 99) 터키어인 '탄르(Tanri)'는 묵특 선우 시대(BC. 209-174)에 중국어로 천(天, T'ien)으로 표기되어 사용됐으며 점차 접촉을 통해 아시아 여타 지역으로 전달됐다고 언어학자 네메스(Nemeth)가 주장하고 있다. 천신숭배는 스텝 터키인 사이에 보편화된 신앙이었으므로 터키인의 이슬람화에 기여했다는 견해가 터키 학자들 간에 제기되고 있다.(Ocak 1983: 32)

2) 오스만제국의 이슬람

9세기 후반부터 터키인의 이슬람화가 진행되는 과정에서 과거의 신앙적 전통 또한 유지됐으나 시간이 지나감에 따라 약화될 수밖에 없었다. 그럼에도 불구하고 과거의 신앙적 전통이 완전히 사라지지 않은 채 대중의 생활 속에서 이슬람과 함께 혼합되어 새로운 형태로 존재하는 길을 찾으려 했다. 14세기 초 소아시아 지역으로 진출해 오스만제국을 건국했던 터키인들의 다수는 순니(Sunni) 무슬림들이었다. 그러나 중앙아시아에서 쉬아(Shi'a) 선교사들의 활동도 전개됨으로써 터키인들은 이슬람의 비주류인 쉬아 교리도 일부 수용하였다. 따라서 소아시아로 진입한 터키인들 사이에는 순니 교리와 쉬아 교리 그리고 스텝의 전통적 신앙이 혼합된 새로운 형태의 신비주의적 신행(信行)이 나타났다. 특히 오스만제국 건국 초기에는 신비주의 종단이 성행했는데 중앙집권적 국가제도가 정착되지 않았으므로 정치, 사회적 환경이 유동적이었기 때문이다. 13세기 중엽 몽고가 중앙아시아와 소아시아를 칩입하는 과정에서 이슬람의 교리를 배우지 못한 유목민 집단이 대거 이동하여 이슬람 교리와 전통적 신앙 행위의 혼합이 불가피하게 일어났다. 부족장 중심의 체제에서 잠정적으로 정착하고 얼마 있지 못해 또 이동해야 하는 터키 유목민이, 주로 아랍어로 사용되는 이슬람 교리의 강론을 이해할 수 없었거나 정신적 여유를 찾지 못했다. 따라서 오스만제국 건국초기 정치, 사회적 질서가 불안정한 과도기적 상황에서 신비주의적 활동이 두드러지게 되었다.(김대성 1992: 133-134) 오스만 시대의 신비주의 종단은 크게 정통적 신비주의 종단과 비주류의 신비주의 종단으로 구분된다. 정통적 신비주의 종단으로는 메브레비(Mevlevilik), 할베티(Halvetilik)와 낙쉬벤디(Nakshbendikik)를 들 수 있다. 정통 신비주의 종단은 쿠란과 하디스에 법해석의 바탕을 두며 일반적으로 선례와 전통을 중요시여기는 원칙을 추구하고 있었다. 오스만의 통치자들은 온건한 성향을 갖고 체제 순응적인 정통 신비주의 종단을 지원하였다. 이단적 신비주의 종단은 쿠란과 하디스에 법해석의 근거를 두었으되 의식의 경직화를 경계하며 유목민 전통신앙을 혼합시킨 이슬람 예배의식을 만들었다. 따라서 신비주의 종단은 사회적 환경과 필요성에 따라 법해석을 신축적으로 운용하여 경우에 따라서는 급진적인 성향을 보이기도 하였다. 비주류 신비주의 종단으로는 아히 조합(Ahilik), 벡타쉬 종단(Bektashlik), 알레비(Alevilik) 등을 들 수 있다. 오스만제국 초기 통치자들의 영토 확장에 힘입어 중앙집권적 제도가 도입되었고 그에 따라 통치력이 강화되는 현상이 나타났다. 오스만제국 흥륭기(1403-1699)에는 신비주의 집단의 활동이 약화되고 오히려 이슬람 정통 법학파 가운데 하나인 하나피(Hanafi)派 울레마들이 국가 지배계층의 일원으로 확고한 자리를 차지할 수 있었다. 통치자들은 대체로 신앙행위의 편차가 심했던 신비주의 집단과의 긴밀한 관계 유지를 기피하였고 교육기관에서 배출된 이슬람 이론가인 울레마들을 국가 행정의 요직에 배치하여 종교, 정치적 통일성의 유지를 시도했다. 특히 셀림 1세(1512-1520)의 카이로 점령 이후 오스만제국 내의 종교, 정치적 일체성을 이슬람 이론의 학문적 연구를 통해 강화하려는 시도가 전개됐다. 셀림은 맘룩 통치하의 할리파 알 무타와킬로부터 1516년 8월 공식적으로 할리파 직위를 이양받았다. 할리파 직위의 이양과 함께 예언자의 망토, 지팡이, 신발, 의자, 검 등의 유품들이 이스탄불로 옮겨졌다. 이로써 오스만제국의 왕들이 이슬람권의 최고의 통치자가 됐으며 1923년 터키공화국 선포 직후 할리파 직위가 공식적으로 폐지될 때까지 무슬림권의 후견인으로 명실공히 인정받았다.(이희수 1993: 333)

오스만제국이 부족국가의 형태로 출발하여 제국을 형성하기까지 왕인 술탄이 주도적 역할을 맡았고 따라서 관료와 국가조직에 대해 절대적 권한을 소유하였다. 술탄은 원칙적으로 이슬람법에 따라서 통치했으되 필요한 경우에는 관습에 근거하여 새로운 규칙을 제정하였다. 하지만 관습법도 이슬람법의 테두리를 크게 벗어나지는 않았다. 술탄의 측근에는 군인과 종교인이 있었는데 종교인들은 지방 행정과 재판의 책임자로 국가 내정의 핵심 권력층을 형성해 위상을 강화할 수 있었다.

종교인들은 대율법사인 세이휼이슬람이 관장하는 종교조직으로 흡수되어 각기 할당된 직무를 맡아 국가발전에 기여했다. 종교조직은 셋으로 대별되는데 첫째, 이슬람법을 근거로 한 법해석을 제시하는 법학자로 구성된 재판자문 조직 둘째, 법해석을 근거로 판결하는 재판 조직 셋째, 법학자와 재판관을 양성하는 교육기관이 있었다. 그러나 쇠퇴기로 접어들면서 17세기 말에 나타난 종교조직의 부패현상은 오스만제국 전반에 걸쳐 시작한 전반적 위기상황의 일부로 볼 수 있다. 권력의 핵심부에서 기득권을 고수하려는 종교인들은 사욕을 채우고 있었고 권력 부패에 대한 해결책을 제시할 이슬람 학자들도 경직된 사고체계에서 벗어나지 못했다. 그러나 장기화된 종교인들의 비리 노출과 이슬람 학자들의 보수화는 거센 반작용과 변화에 대한 갈망을 야기하여 개혁주의 세력의 출현을 촉진시켰다.

19세기 중엽 술탄 압둘메지드(1839-1861)는 개혁칙령에서 효과적인 통치에 필요한 새로운 법의 도입을 강조하였고, 이후 1850년 '통상법', 1861년 '통상시행법', 1864년 '해상무역법', 1876년 '헌법'이 공포됐는데, 이러한 법들은 서구의 세속법을 모방하여 제정되었다.(이희수 1993: 392) 기존 이슬람법과는 별도로 서구식 헌법이 도입됨으로써 사법체제가 이원화되었다. 제2차 입헌기가 선포된 1908년 이후 서구화가 급격하게 진행되는 과정에서 세이휼이슬람 산하의 이슬람법 재판소가 법무부로 이관되었다. 이슬람법 재판소가 법무부로 흡수된 것은 세이휼이슬람을 정점으로 하는 종교조직의 역할 감소를 반증하는 조치였다. 점차적으로 종교인들의 역할은 세속 전문대학을 마친 민간인들에게 인계되었다. 제1차 세계대전 종전 이후 1923년 터키공화국이 설립됐으며, 1924년 4월 터키 대국민의회는 종교법정을 폐지하는 법안을

통과시켜 재판조직을 서구식 체제로 일원화하였다.(Dursun 1989: 284)

3) 터키공화국의 이슬람

1918년 10월 30일 오스만제국이 몬드로스(Mondros)에서 연합국과 휴전협정을 체결함으로써 제1차 세계대전이 종식되었다. 패전 이후 3년여에 걸쳐 해방전쟁을 성공적으로 마친 케말 파샤 주도하의 앙카라 정부는 1923년 7월 로잔느(Lausanne) 조약의 체결에 따라 국제적 승인을 얻게 돼 10월 29일 터키공화국을 할 수 있었다.(서재만 1997: 222) 케말 파샤는 오스만제국 쇠퇴의 주요 원인 가운데 하나로 이슬람의 경직화와 종교인의 정치개입을 지적하였다. 따라서 케말은 술탄제와 할리파제 폐지를 필두로 세속적인 정치체제의 구축을 추진하였다. 케말은 앙카라 국민의회에서 강력한 설득으로 1922년 11월 1일 술탄제 폐지를 의결하도록 촉구했으며 연이어 터키공화국 건국 이후 1924년 3월 3일 할리파제마저 폐지시켰다. 터키 국민의회의 할리파제 폐지는, 할리파 직위를 이양 받은 이래 이슬람권의 종주국으로 자임해 온 터키인들이 오스만제국의 통치체제와의 결별을 선언하는 결정이었으며 종교인들의 정치개입을 차단하려는 강력한 의지의 표현이었다. 과거 오스만제국 근대화 과정에서 종교인 집단은 개혁자들의 계획을 지연시키거나 좌절시켰었다. 그러나 이번에 케말 파샤는 개혁의 걸림돌을 제거하고자 할리파 직위의 폐지로 종교인 조직에 결정적인 충격을 가하였다. 후속적으로 이슬람 대율법사 직제와 종교부의 해체, 특별 종교 재판부의 해산 등의 조치가 취해졌다.(Lewis 1994: 307)

국민의회는 할리파제 폐지 법안과 함께 '교육통합법'을 통과시키기로 가결하였다. 종래 종교단체에서 운영하던 종교학교는 종교부에 속해 있었지만 교육통합법으로 인해 교육부의 관할을 받게 되었다. 교육통합법 제4조에 '교육부는 종교문제에 관한 전문인력을 양성하기 위해 다률퓨눈(이스탄불대학교 전신) 내에 신학대학을 설립하고 별도로 이맘(예배 집전자)과 하팁(설교자) 같은 종교의례를 관장할 인물을 양성하기 위한 별도의 교육기관이 필요하다.'라고 명시하고 있다. 교육통합법은 종교인들의 역할을 순수한 종교 활동에 국한시키려는 의도로 제정됐음에도 불구하고, 과거 오스만제국 시대의 종교인들과 비교할 때 신학대학 출신자들의 위상이 현저히 축소될 것이라는 판단 때문에 신학대학에 대한 관심이 극히 저조할 수밖에 없었다.(Balaman 1995: 307; Akgun 1983: 46)

케말 파샤는 법 해석과 적용에 있어서 이슬람의 영향을 제한하려는 의도로 법 개혁에 착수했으며 전통적 가족관계를 서구식으로 전환시키는데 역점을 두었다. 1924년 9월 11일 26명으로 구성된 법률위원회가 스위스 민법을 터키의 필요성에 맞추어 개작하는 작업에 착수하였다. 완성된 민법은 1926년 2월 17일 국민의회에서 가결돼 10월 4일부터 시행되었다. 이에 따라 여성의 자유를 구속해 왔던 일부다처제와 일방적 이혼제가 폐지됐다. 새로 도입된 조항 가운데 무슬림들에게 가장 충격적인 것은 무슬림 여성의 비무슬림 남성과의 혼인을 법적으로 허용한 것과 모든 성인에게 자신의 의지에 따라 종교를 개종할 수 있도록 법적 권리를 부여한 것이다. 여성들이 법적으로 광범위한 새로운 권리를 부여받았음에도 불구하고 남편이나 아버지 또는 형제에 대해 권리를 주장하는 행위를 대체로 부담스럽게 여겼다. 왜냐하면 이슬람 전통이 터키인들 생활 속에 뿌리를 깊게 내리고 있었으므로 단순한 서구식 민법의 도입으로 조기에 가족 관계와 생활 방식의 변화를 기대하기에는 무리가 있었다.(Lewis 1994: 315)

1924년 4월 20일 선포된 공화국 헌법에서 "주권은 절대적으로 조건없이 국민에게 속하고, 통치형태는 국민에 의한 민주주의이며 정부형태는 공화정이다"라고 규정하였으되 "국가의 종교는 이슬람이다"라는 조항이 여전히 자리 잡고 있었다. 대통령 무스타파 케말과 수상 이스메트 이뇨뉴(Ismet Inonu)는 헌법에서 비세속적인 요소를 제거하기 위한 노력한 끝에 1928년 4월 10일 헌법에서 "국가의 종교는 이슬람이다"라는 내용을 삭제함으로써 터키가 세속주의 공화국임을 공식화하였다. 그러나 세속주의와 개혁주의 노선을 강조하던 무스타파 케말 대통령의 사망(1938년)으로 세속주의 노선은 커다란 타격을 입게 되었다. 제2대 대통령으로 선출된 이뇨뉴는 세속주의 원칙을 고수하려고 했지만 이슬람주의자들의 거센 정치적 저항에 효과적으로 대처하기에 역부족이었다. 심지어 집권당인 공화인민당 내에서도 기존의 세속주의 정책을 완화하자는 의견이 제기되었다.

1945년 다당제 정치시대가 개막되자 보수층의 표를 의식하고 야당인 민주당은 종교적 성향을 띤 농민에게 접근하여 입지를 크게 강화하였다. 보수층의 부단한 요구에 굴복하여 집권당 또한 초등학교에서 종교교육을 선택과목으로 지정하고(1949년 2월), 이맘 하팁학교와 신학대학의 자유로운 설립을 허용하였다. 종교주의자들에게 유화정책을 표방한 민주당은 마침내 1950년 5월 14일 총선에서 승리하여 집권당으로 변신하였다. 민주당은 종교인들을 정권유지 기반으로 여겼으며 종교주의자들도 민주당을 친이슬람 정당으로, 공화인민당을 세속주의 정당으로 평가했다. 민주당은 저소득층이 밀집해 있는 농촌과 중소도시에서 이슬람 운동을 활발히 전개해 나갔다. 이때부터 친이슬람 집단은 우익으로, 서구화주의자들은 좌익으로 인식되기 시작했으며, 정당의 성격도 종교적 색체의 정도에 따라 극우익, 중도우익, 좌익 등으로 구별되었다.(Balaman 1995: 316,321)

1950년 민주당이 집권하면서부터 종교교육이 자연스럽게 확대되었다. 민주당 집권 초기인 1951-52학년도에 중고등학교 과정에 해당하는 7개의 이맘-하팁 학교가 설립됐고, 1958년에는 이 학교가 18개로 늘어났으며 학생 수도 2,476명으로 급증했다. 1961년에 설립된 고등이슬람 연구소가, 민주당의 후신으로 조직된 정의당 집권기인 1965-1969년에 3개 연구소의 추가 설립으로 사회, 정치적 압력단체로

이맘-하팁 학교 현황

시 기	중학교	고교	총계	학생수	집권당
1951-52			7		민주당(중도우익)
1958			18	2476	〃
1965-69			58		정의당(중도우익)
1969-70	71	30	101	42443	〃
1974-75	101	73	174	49000	공화인민당(중도좌익),국민안정당(극우익)의 연정
1977-78	334	103	437	134517	우익 정당의 연정
1987-88	376	341	717	240000	모국당(중도우익)

자료: (Balaman 1995: 323)

발돋움하였다. 여기에 그치지 않고 이슬람계 정치인들의 지원을 받아 정의당은 40개의 이맘-하팁 학교를 새로 개교하였다. 1970년대 이후 이슬람계 정치세력은 국민의 종교적 정서에 호소하여 정치권을 주도해 나갔으며, 이에 반해 케말 아타투르크 대통령이 건국이념으로 내세웠던 세속주의와 개혁주의 원칙은 퇴색돼 원래의 취지를 상실하고 말았다. 종교적 성향의 정치인들은 "터키는 곧 이슬람"이라는 전략을 사용해 군부와 민간 엘리트를 제외한 대중의 절대적 지지를 얻는데 성공했다고 볼 수 있다.

터키인의 다수는 순니 무슬림이며 이와 함께 비주류에 속하는 약 1,000만 이상으로 추산되는 알레비 무슬림들이 공존하고 있다. 알레비 집단은 쉬아 이슬람적 성향을 띠는 동시에 스텝 유목민의 신앙적 전통을 일부 혼합하고 있어서 순니 무슬림들과 간헐적으로 충돌하기도 하나 심각한 관계를 유지하고 있다고 보기 어렵다. 순니 무슬림들도 관대한 성격을 가지고 있어서 종파적 차이를 큰 갈등적 요소로 인식하지는 않는다. 터키에는 종파간의 갈등보다는 이슬람 부흥세력과 아타투르크주의자(세속주의 옹호세력) 간의 대립으로 인해 정치, 경제적 발전이 저해 받고 있다. 이슬람 부흥세력은 이맘-하팁 학교 출신자들로 약 100만 명으로 추산되며 7만 개의 모스크를 중심으로 영향력을 확대해 나가고 있다. 반면에 아타투르크주의자들은 지식층과 군부로서 숫적인 면에서 점차 위축되고 있기는 하나 반전의 기회를 찾고 있다.(Balaman 1995: 328) 특히, 법조계와 군부는 철저히 세속주의 원칙의 지지세력으로 단호하게 입장을 표명하고 있다. 76개 주(州)의 주검사장, 8개 국가 안전법원 검사장과 8개 군단위(軍單位) 검사장들이 세속주의 원칙에 위배되는 시도와 행위에 대해서는 철저한 조사와 검토를 거쳐 엄정한 법집행을 실천할 것임을 천명한 바 있다. 법조계는 이슬람 부흥세력의 움직임을 용의주도하게 파악하여 대응책 마련에 부심하고 있는 대표적인 집단이다.(Balaman 1995: 329) 이슬람 부흥세력이 기선을 잡게 된다면 세속적인 법 원리에서 재판을 담당하는 법조계가 무엇보다 먼저 타격을 입게 될 것이기 때문이다.

3. 종교 축일

무슬림이 되려면 우선적으로 여섯 가지 믿음을 가져야 하며 믿음에 따른 다섯 가지 행위를 준수해야 한다. 여섯 가지 믿음은, 유일신 알라, 천사들, 예언자, 성서, 부활과 심판 그리고 알라의 뜻에 의해 정해지는 정명(定命) 등을 의심 없이 받아들이는 것이다. 이슬람은 믿음에 따른 실천적 행위를 강조하고 있는데, 행위에 따라 믿음을 판단하는 경향이 있기 때문이다. 다섯 가지 행위로는 신앙고백, 예배, 단식, 희사와 성지순례 등이다.(김정위 1987:77) 다섯 가지 행위 가운데 가장 중요한 행위는 신앙고백으로서 신앙고백이 있어야 무슬림이라고 할 수 있다. 두번째 중요한 행위는 율법적이며 영적인 기도의식이다. 기도의식을 얼마나 잘 지키는 가에 따라 무슬림의 신앙이 평가되며 여성의 월경시 일시적 기간을 제외하고는 하루 다섯 차례 준수해야할 의식으로 여겨진다.(공일주 1996: 159)

본 글에서는 일반적으로 무슬림들이 지키는 육신오행에 대한 설명을 피하고, 터키인들이 지키고 있는 종교 축일과 풍습을 살펴보고자 한다.

1) 칸딜

칸딜(Kandil)은 모스크의 첨탑에 불을 밝혀 축하하는 종교 축일로서 일 년에 다섯 번 지킨다. 종교축일은 이슬람의 절기를 기념하는 날이므로 이슬람력에 따라 지킨다. 이슬람력의 3월 12일은 무함마드(Muhammad)의 '탄생일'이다. 이날을 메브리드 칸딜리(Mevlid Kandili)라고 하는데 메브리드는 출생일 또는 출생지를 의미한다. 이슬람력의 7월 첫째 금요일은 '기도일(Regaip Kandili)'로서 이날 드려진 기도는 알라에게 모두 상달(上達)된다고 믿는다. 7월 27일은 '승천일(Mirach Kandili)'로 무함마드가 알라의 곁으로 올라간 날로 기념한다. 8월 15일은 '사죄일(赦罪日:Beraet Kandili)'로 알라의 은혜와 자비를 받아 사면되는 날이다. 9월(라마단) 27일은 '계시일(Kadir Gecesi)'로 지킨다. 이날을 '운명의 밤'으로 부르기도 하는데 이날 밤에 알라로부터 운명적인 계시를 받기 시작했다고 한다.

이날 밤에 모스크의 첨탑에 불을 밝히고 예배를 드리며 평소에 비해 쿠란을 많이 읽으며 의미를 생각한다. 낮에는 친척의 묘를 돌아보며 고인의 명복을 빌고, 가까운 곳에 사는 친척들을 초대하거나 방문한다. 작은 선물을 나누기도 하고 멀리 있는 친척들에게는 카드를 보내거나 전화로 축하 인사를 전한다. 라디오나 텔레비전에서도 쿠란 낭송을 방송하여 무슬림들이 경건하게 지내도록 돕는다. 신심이 깊은 무슬림들은 기도와 금식을 하며 하루를 지낸다. 오늘날 기독교 명절이 상업화돼 그 원래의 뜻을 상실하고 있는 모습과는 대조적으로 무슬림들은 일반적으로 이슬람 축일을 경건하게 지키며 결속력을 다져가고 있다. 그러나 이 종교 축일이 공휴일로 지정돼 있지 않아서 생활이 바쁜 대도시에서는 저녁에 가까이 사는 친척이나 친지들이 연장자의 집에 모여 식사하며 축하 인사를 주고받으며 간소히 보낸다.(Araz 1991:173)

2) 라마단(금식월)

금식의 달로 지켜지는 라마단(Ramadan)은 이슬람력으로 9월에 해당하며 연도에 따라 라마단은 29일이거나 30일이 된다. 9월 한 달 간의 금식기간에 정상적인 성인은 일출부터 일몰까지 음식과 물을 먹지도 마시지도 않고 금연하며 부부 관계의 중단을 권한다. 환자, 임산부나 월경중의 여성, 여행자 등은 다른 기간을 정해 금식해야 한다. 노인이나 중증(重症) 환자는 금식을 할 수 없으므로, 가난한 이에게 30일간의 음식을 제공하는 것으로 금식 의무를 대체한다.

라마단 기간에 일출부터 일몰까지는 금식하지만 일몰 직후에는 음식을 먹기 시작하며 밤에도 간식을 들 수 있다. 라마단이 시작되기 전 가정에서는 라마단 기간의 밤 시간에 먹을 음식을 다양하게 준비한다. 낮 시간 동안 금식하다가 공복에 저녁 식사를 들게 되면 많이 먹을 가능성이 크므로 위에 부담을 줄 수 있다. 그러므로 가정주부들이 위에 부담을 주지 않을 음식을 준비하는 것이 일반화된 관습이다. 우선 수프를 위한 재료를 준비하고 곁들여 먹을 올리브나 대추야자 열매, 꿀과 잼 등을 구입해 둔다. 라마단 기간에 수요가 많은 식품 가격이 보통 상승하기 때문에 사전에 준비해 두는 것이 주부들의 지혜다. 위를 풀어준 다음에 영양가가 높은 음식으로 소모된 에너지를 보충해야 한다. 그래야만 다음 날 낮 시간을 커다란 무리 없이 견딜 수 있게 된다. 라마단 식탁의 주요 후식으로 과일 섞어 만든 귈라츠(Gullach: 일종의 푸딩)를 들 수 있다. 귈라츠는 라마단을 상징하는 후식이라고 할 만큼 절대적으로 인기를 누린다.

라마단 기간에 일출과 일몰 시간을 정확히 알아야 그에 따라 식사시간을 맞출 수 있다. 금식을 종료하고 저녁을 먹는 것을 이프타르(Iftar)라고 한다. 이프타르 시간이 가까워지면 모스크에서 불을 밝히고 방송에서는 쿠란이 낭송된다. 각 지역마다 일출과 일몰 시각이 약간씩 다르기 때문에 지역에 맞는 일출과 일몰 시각이 발표된다. 일출 시간을 사후르(Sahur)라고 하는데 금식하려는 사람들은 낮 시간에 무리 없이 견디기 위해 사후르 직전에 음식을 먹는다.(Araz 1991: 178) 사후르 시간 전에 음식을 준비하도록 주부들은 신경을 쓴다. 과거 자명종 사용이 보편화되기 전에는 대포를 쏴서 시간을 알렸다. 요즘에 자명종을 사용하기도 하나, 각 지역마다 큰북을 치고 다니며 사후르 시간 전에 사람들을 깨운다. 큰북을 치면 더 이상 잠을 청할 수 없어서 졸음을 떨쳐 버리고 일어난다. 의지력이 약해 자명종으로 일어날 수 없는 사람들은 큰북의 효과를 톡톡히 본다.

라마단 기간에는 가족과 친지 그리고 이웃과 직장 동료들이 자주 만나서 음식을 나누는 전통이 있으므로 공동체의 결속력이 강화된다. 라마단에 전통으로 내려오는 저녁 식사에 초청은 대체로 라마단 시작 이후 15일이 되는 날부터 실시되며 라마단 종료 이틀 전까지 계속된다. 가족 간에 초청이 이루어질 경우, 우선 가장이 먼저 흩어져 사는 자녀들을 초청하며 그 다음에는 연장자 순으로 초청 순서가 돌아가게 된다. 이웃 간에 초청이 이루어질 경우에, 연령과 영향력 내지는 능력에 따라 순서가 돌아간다. 직장이나 조직에서는 경영자나 조직의 장이 우선적으로 직원들을 초청하는 것이 상례로 돼 있다. 이때는 정치인들도 자신의 얼굴을 알리거나 정치적 영향력을 과시하기 위한 하나의 방편으로 식사 초대 관례를 활용한다. 부유한 사람은 저녁 식사를 준비할 수 없는 사람들을 집이나 음식점으로 대거 초대해 대접하기도 하며, 이때 방송 매체가 화제 인물들의 동정을 집중적으로 보도하므로 저명인들의 초대 행위는 대중들의 대화 주제로 떠오른다. 외국인을 친구로 사귀고 있는 사람들은 그를 초대하여 푸짐하게 대접하고 외로움을 달래주기도 한다. 라마단 기간에는 낮에 활동이 위축되어 보이지만 오히려 저녁 식사 후에 활동이 활발해져 음식점이 사람들로 붐빈다. 라마단 관습을 잘 이해하지 못하는 사람들은 금식 관행을 매우 불편하게 여기지만 익숙해진다면 의미있는 종교적 축제로 받아들일 수 있다. 밤에 기도 모임, 음악회, 연극과 동호인 모임 등도 활발해져 무슬림들은 라마단을 단지 금식 기간이 아니라 사회 구성원간의 결속과 상호 지원을 위한 특별한 기회로 의미를 부여한다. 라마단 기간에 저녁 식사를 마련하지 못하는 극빈자들을 위해 기부금을 모으기도 하는데 관례에 따라 개인별 또는 가족단위로 행사에 참여한다.

라마단 금식에 내재되어 있는 의미는 인간의 가장 기본적인 욕구인 식욕을 억제하는 고통의 체험을 통해 경건하고 절제된 생활을 연습하는 동시에 불우 이웃에 대한 지원 활동을 확산시키려는 것이다. 하디스(무함마드의 언행록)에 "거짓말을 하고 위선적인 행동을 하는 자들의 금식은 열납(悅納)되지 않는다."고 기록된 것처럼 신자들이 금식 이전에 가져야 할 바른 마음이 강조되고 있다.(Araz 1991:181) 라마단 기간에 금식하는 신자들이 비금식자들을 정죄하거나 비방하지 않는 것이 원칙이다. 그럼에도 불구하고 금식자들과 비금식자들 간에 충돌하는 경우도 간혹 발생한다. 산업화 시대에 생활이 바쁘고 업무량이 많으므로 젊은 층에서는 비금식자들이 증가하고 있다. 독실한 금식자들은 세속적 활동보다 신앙적 순종을 우선순위에 두기 때문에 비금식자들을 선도하려는 차원에서 충고의 필요를 느끼게 된다. 금식자들의 충고가 일정한 한도를 넘어설 때 비금식자들도 반발하여 불미스런 일이 생긴다.

금식 종료일 다음 날 라마단 축일이 시작돼 3일간 지속된다. 라마단 축일 아침 모스크에서 진행되는 집단 기도에 참석하기 전에 목욕재계를 하는 일을 잊지 말아야 한다. 또한 기도하러 가기 전 단 음식을 먹는 습관이 있는데, 그것은 단 음식을 먹으며 선하고 아름다운 말을 하자는 뜻을 내포하고 있다. 의복도 새것으로 갈아입고 새 사람이 된 듯한 기분을 갖는 것이다. 라마단 축일에는 기도에 힘쓰고 고인이 된 친척의 묘소에 성묘를 가며 성묘객들은 그곳에서 쿠란 제1장(Fat'hah)을 낭송한다. 성묘객들은 죽음과 인류 심판의 날을 기억하고 그릇된 생활을 정리하려는 결심을 하도록 권고한다. 결론적으로, 라마단은 단순한 금식이 아니라 신에 대한 복종과 믿음을 표시하는 과정을 통해 성숙하고 경건한 신앙인으로 자라나게 하는 영적인 교육기간이라고 요약할 수 있다.

3) 쿠르반(희생절)

쿠르반은 알라에게 제물로 드려지는 동물을 말한다. 쿠르반 축일은 4일간 계속되며 동물 희생 의식은 주로 이슬람력으로 12월 11일과 12일에 걸쳐 주로 거행되는데 대체로 희생절 첫째 날 아침에 이루러진다. 쿠르반 축일은 라마단 종료 이후 약 70일 되는 날에 시작된다. 경제적인 여유가 있는 사람은 12월 7-10일에 걸쳐 성지순례를 마치고 나서 쿠르반 축일에 참여한다. 희생물은 소, 양, 염소와 낙타 등의 암수로서 소는 2년생, 양과 염소는 1년생, 낙타는 5년생으로 한정된다. 희생물로 선정되는 동물은 병들거나 마르지 않고 흠 잡을 데 없이 건실해야 한다.

희생물을 바칠 때 소유자가 동물 목의 식도, 기도와 동맥을 절단해야 하며 동물이 고통을 느끼지 않도록 예리한 칼로 단번에 자르는 것이 보통이다. 희생물 소유자가 절단할 수 없을 경우에는 다른 사람에게 부탁할 수 있지만 자신도 거들거나 옆에서 지켜보아야 한다. 동물을 희생물로 바치기 전에 충분한 물을 주며 학대하지 않고 그 머리를 멕카로 향하게 한다. "알라의 이름으로 자르며, 알라는 위대하다."라는 고백을 한다. 동물을 희생시킨 뒤에도 기도하며 피를 이마에 바르거나 주위에 뿌리기도 하는데, 이는 알라의 가호(加護)를 믿는 의식이다. 바쳐진 희생물의 어떤 부분도 팔 수 없다. 고기는 3 부분으로 나뉘어 가난한 자, 이웃과 친척, 자신의 몫으로 돌린다. 가죽을 사회단체에 기증하거나 집에서 말려 방석 대용으로 사용할 수 있다.

희생물을 바치는 의식은 알라의 은택을 입어 사면 받는 성스러운 기회로 간주된다. 무슬림들은 쿠란과 하디스(무함마드 언행록)의 교훈을 지키며 살아가야 하는데 신의 명령을 실천하기란 거의 불가능하다고 받아들이며 정기적인 기도와 의식을 통해 신의 은택을 겸손히 기다리는 것이다. 이슬람 의식을 전혀 접해 보지 않은 사람들이, 쿠르반 기간 동안에 길모퉁이나 집 앞 마당에서 희생물을 잡는 광경을 보고 당황하는 모습을 볼 수 있다. 터키인들은 이 기간에 외국인이 이웃에 살고 있다면 초청하기도 하며 또는 희생물의 일부를 나누어 주기도 한다.

4. 종교적 풍습

1) 기도생활

무슬림이 지켜야 할 다섯 가지 행위 가운데 가장 중요한 행위는 신앙고백으로서 신앙고백이 있어야 무슬림이라고 할 수 있다. 두 번째 중요한 행위는 율법적이며 영적인 기도의식이다. 기도의식을 얼마나 잘 지키는 가에 따라 무슬림의 신앙이 평가되며 여성의 월경시 일시적 기간을 제외하고는 하루 다섯 차례 준수해야할 의식으로 여겨진다. 의식적인 정규 기도를 쌀라트(Salat) 또는 나마즈(Namaz)라고 하는데 '신에게 바치다 또는 깨끗하게 하다'라는 의미를 가진다. 자진해서 임의적으로 하는 기도를 두아(Dua)로 표현한다. 무슬림들은 기도를 통해 알

라의 가호와 은택에 감사하며 위대성을 고백한다.(공일주 1996: 177)

기도는 메카를 향해서 하루에 다섯 번 해야 한다. 터키에서는 기도하는 시간을 모스크에서 확성기를 사용해 알려 준다. 바쁜 일을 하다가도 기도 시간을 알리는 소리를 들으면 경건한 무슬림은 메카를 향해 기도할 준비를 한다. 기도하기 전에 몸을 청결하게 씻는다. 몸을 전체적으로 씻는 방법과 부분적으로 씻는 방법이 있다. 무슬림들은 대체로 부분적으로 씻는 법을 선택하며 얼굴, 손과 팔꿈치, 목덜미와 발을 씻으며 머리 윗부분의 사분의 일을 젖은 손으로 닦아야 한다. 기도할 때는 경건한 태도로 임해야 하며 최소한 남자는 배꼽에서 무릎까지 덮어야 하고, 여자는 목에서 팔꿈치 아래 그리고 발목까지 모두 덮어야 한다. 대체로 신발을 벗고 기도하며 이맘들은 모스크 안에서 슬리퍼를 신을 수 있다. 거리를 지나다가 집단적으로 씻고 있는 사람들의 모습을 보면 기도를 준비하는 무슬림들이라고 생각할 수 있다.

기도자는 먼저 청결의식을 행하고 나서 다음의 동작을 취하는 데 이것이 의식적인 정규 기도다. 기도를 시작할 때 직립 자세로 서서 양손의 엄지를 귓볼 가까이 올리고 이 동작이 끝나면 배의 중앙부에 두 손을 모아 신심을 고백한다. 우선적으로 하는 고백은 '알라는 가장 위대하다(알라후 아크바르)'이다. 그리고 서서 쿠란 제1장(개경장)을[27] 외우거나 또는 쿠란의 일부를 선택하여 낭송한다. (1) 직립 자세로 서서 상반신을 머리가 무릎과 수평이 될 만큼 숙인다. 그러고 나서 상반신을 들어 올려 바로 선다. (2) 무릎을 땅에 대고 엎드려 이마와 코를 바닥에 닿게 한다. 이때 '가장 지고하신 알라께 영광이 있으라'고 말한다.

27) 개경장(Fat'hah)은 쿠란의 첫 장으로서 무함마드가 생존 중에 가장 많이 애송하였다. 1.-3. 자비롭고 자애로운 알라의 이름으로 우주의 주인이신 알라께 찬미한다. 4. 심판 날을 주관하시는 당신에게만 우리가 경배하며 도움을 구하나니 5.-7. 저희들을 올바른 길로 인도해 주시고 즉, 당신께서 은총을 내려주신 사람들의 길로. 진노를 받거나 불순종하는 자들의 길이 아니라. Kazici, Ziya ve Taylan, Necip ; KURAN-I KERIM MEALI, Istanbul, 1982.

기도의 차례와 레카트

기도의 차례	아침 기도	낮 기도	늦은 오후 기도	일몰 기도	밤 기도
레카트의 횟수	4	10	8	5	13

(3) 다시 앉은 자세에서 '알라는 가장 위대하다'라고 말한다. (1)의 자세 1회 그리고 (2)와 (3)의 자세를 2회 취하는 것을 레카트(Rekat)라고 한다. 이 용어는 아랍어로 라크아(Rak'ah)가 변형된 표현이다. 하루에 다섯 차례의 의무적인 기도에서 40회의 레카트가 이루어진다.

기도를 할 경우 일출, 정오와 일몰 시각은 피해야 한다. 그 이유는 일출, 정오와 일몰 시각에 이루어지는 기도 행위가 마치 태양 숭배 의식을 상징할 수도 있기 때문이다. 무슬림들의 기도 행위는 외부로 표현되므로 서로의 행동을 통해서 믿음의 수준을 어느 정도 짐작할 수 있다. 일부 터키인들이 젊어서는 외부로 표출되는 행위를 꺼려 소극적인 태도를 보이다가도 나이가 들어가면서 종교 활동에 적극성을 나타내는 경향이 커진다고 볼 수 있다. 특히 금요일 낮 기도는 집단적으로 이루어지는데 모스크 안과 마당이 무슬림들로 차고, 모스크 안으로 들어가지 못한 신자들이 밖에서 기도 의식에 동참하는 광경을 보면 무슬림들의 결집력과 경건성을 구체적으로 이해할 수 있다.

2) 할례

할례는 유대인과 무슬림이 전통적으로 지켜오는 관습이다. 쿠란에 할례를 의무 사항으로 규정하고 있지는 않지만 이슬람권에서는 무슬림이 되는 조건 가운데 하나로 보고 있다. 무슬림들이 할례를 일종의 의무로 간주하는 이유는 예배 전에 심신을 청결히 하는 의무 행위와 관계가 있으며 할례가 이루어지지 않을 경우 양경(陽莖) 표피의 밑부분이 불결하기 때문이다. 순니 4대 법학파 가운데 '샤피이', '말리키', '한발리' 법학파는 할례를 의무행위로 보고 있으되 '하나피' 법학파는 의무행위로 해석하고 있지 않다. 이 밖에도 예언자 무함마드가 할례된 상태로 태어났다는 믿음 때문에 무슬림들이 할례를 따라야 할 모형으로 삼았다는 견해도 있다.(Balaman 1983: 102)

종교 의식으로 여겨지는 할례가 남성이 되는 자격 조건과 동일시되고 있다. 할례를 받은 아이에게 '이제 .... 남자가 되었다'라고 축하하며 성인 사회에 속할 수 있는 일원으로 여긴다. 부모들은 사내아이들이 일정한 연령을 넘기기 전에 할례를 받도록 관심을 기울인다. 일정한 연령이 구체적으로 정해지지는 않았으되 대체로 아이들이 남자라는 의식을 갖게되는 시기를 말한다. 자라가는 아이들이 할례의 의미가 무엇인지 알게 되고, 할례자와 무할례자의 차이를 구별하는 시점이 할례를 받는 적당한 때로 볼 수 있다. 만일 친구들과 대화 중에 다수가 할례를 받았는데 자신이 아직도 할례를 받지 않았다면 놀림의 대상이 될 수 있는 것이다. 따라서 경제적 여유가 허락하면 늦어도 초등학교를 마치기 전에 할례를 받도록 해야 한다.(Balaman 1983: 103)

할례가 이루어지는 시기는 농촌에서는 담뱃잎을 수확한 뒤부터 가을에 올리브 열매를 거두기 직전에 비교적 여유로운 때로 볼 수 있고, 도시에서는 개학(9월) 직전에 해당된다. 할례 의식을 준비하는 가정은 먼저 행사에 필요한 의복과 음식을 마련한다. 전통적으로 할례는 주로 일요일에 이루어지지만 준비는 목요일이나 금요일부터 본격적으로 시작된다. 목요일부터 손님을 대접할 음식을 만들고 금요일이 되면 행사에 흥을 돋울 악대가 합세한다. 토요일 전야제에는 마을의 젊은이들이 악대와 함께 공터에 모여 노래를 부르며 춤을 춘다. 이때 여성들은 남자들의 노는 모습을 지켜보며 마음에 드는 남자들을 찾는 기회로 삼기도 한다. 여흥이 한창 진행될 때에는 이슬람에서 금기시하는 술이 제공되기도 하는데 그것은 잔치 분위기를 고조시키기 위함이다. 여성들도 잔치 집에 모여 노래하며 춤을 추기도 한다. 일요일 할례가 이루어지기 전에 초대 손님들에게 음식을 대접하며 할례 예복을 입은 당사자를 알리고 때로는 말을 태워 마을을 돌아다니게 한다. 다시 집으로 돌아온 당사자는 하객으로부터 인사를 받는다. 이때 하객들이 할례 당사자에게 접근하여 돈을 핀으로 예복에 달아주는데 이것이 축의금에 해당된다.

시술의가 준비를 마치면 아이를 데리고 들어간다. 아이가 들어가면 남자들이 '알라는 가장 위대하다'라는 고백을 반복하며 무사한 시술을 기원한다. 시술의가 할례를 마치면 사용도구와 도려낸 살을 함께 놓은 쟁반을 아버지를 비롯해 기다리는 사람들에게 준다. 아버지와 친지들은 이 쟁반 위에 감사의 뜻으로 돈을 놓는데 이것이 시술비이다. 도려낸 살은 사람들이 잘 가지 않는 곳에 가서 땅에 묻는다. 의식을 마친 뒤에는 가족들이 모여 코란을 낭송하고 모스크에 가서 기도하기도 한다.

할례를 하는 중요한 이유는 크게 두 가지로 설명될 수 있다. 첫째, 사내아이가 성인 사회의 일원으로 인정받는 공개적인 절차이며 둘째, 신 앞에서 청결한 신심을 유지하려는 경건성의 외적 표현이다. 무슬림들이 쿠란이 명한 율법을 지키려는 노력은 가상하다고 할 수 있으며, 사회적 관계 속에서 동기를 부여받아 지켜지고 있다.

5. 도시와 농촌에서의 종교적 성향

터키인들에게 자신의 종교가 무엇이냐고 묻는다면 그들은 전혀 주저함이 없이 이슬람이라고 말한다. 오히려 그들에게 종교가 무엇이냐고 묻는 것 자체가 무의미하다. 터키에 사는 1.5-2%의 아르메니아인과 그리스인을 제외하면 나머지는 무슬림이다. 이슬람은 신자의 사고와 행동에 영향을 미치는 정도의 측면에서 볼 때 다른 종교에 비하여 우위에 있다고 할 수 있다. 하루에 다섯 번의 기도가 의무이며 1년에 한 달이 금식월로 지키도록 정한 율법은 철저한 실천에 중점을 두고 있다. 그들은 율례를 철저하게 실천하다 보면 신앙심 또한 돈독해 질 것으로 믿는다.

터키인들의 고대 종교가 정령, 조상과 천신숭배였으므로 대중의 이슬람 속에 전통 신앙의 자취가 약간 남아있다. 특히, 오스만제국 초기에 중앙집권적 국가조직이 정착하기 전 전통적 신앙과 이슬람이 혼합된 신비주의 신행(神行)이 나타났다. 예를 들자면, 오늘날에도 벡타쉬 종단은 비주류에 속하는 종단이지만 터키에서 무시할 수 없는 세력을 형성하고 있다. 벡타쉬 종단의 의식에서는 이슬람에서 금기시하는 음주가 행해진다. 일부 지역에서는 일반 음료도 사용되나, 엄숙한 분위기에서 마심으로써 음주를 의례로 여긴다. 벡타쉬 종단은 정통 이슬람과 달리 남녀가 같이 모여 예배 의식을 갖는다. 그리고 예배 의식이 주로 밤에 이루어지는 것이 특이하며 예배 주관자인 데데(Dede)가 예배가 시작될 때 사방으로 절을 하고 입에 물을 머금었다가 내뿜는다. 샤머니즘에서도 볼 수 있는 이 행위는 부정을 씻는다는 표현이다. 이 밖에도 다수의 순니 무슬림들도 일상생활 속에서 유목민적 신앙 행위를 지속하고 있다. 악귀와 부정을 막기 위해 구슬 형태의 푸른 눈을 가지고 다니거나 벽에 걸기도 하며, 가족 중에 일원이 멀리 여행을 떠날 때 떠나는 사람 뒤에서 물을 뿌린다.

약간의 신비적 행위를 제외하고 터키인들은 철저하게 쿠란에 의거하여 생각하며 살아간다. 하루 다섯 차례의 기도의식, 할례식, 결혼식, 장례식 등이 순니 하나피 법학파 규율에 따라 이루어지므로 터키인들이 종교적인 틀을 떠나서 산다는 것을 기대하기 어렵다. 케말 아타투르크가 공화국을 건국하여 세속주의를 통치 원리의 하나로 내세워 서구화를 추진했지만 그의 사후 세속주의 이념은 지속적으로 도전을 받고 있다. 세속주의 이념이 도전 받고 있으되 원리주의로 전환될 가능성은 크지 않다고 보아야 한다. 순니 하니피 법학파에 속한 터키인들은 쿠란 해석에 있어서 융통성이 많고 관용적인 성향을 가지고 있다고 일반적으로 평가된다.

종교적 의식은 도시와 농촌, 학력의 고하에 따라 약간의 차이를 보인다. 대도시에 사는 고학력자들은 대체적으로 탄력적인 사고방식을, 이와는 대조적으로 농촌 거주민들은 보수적인 이슬람적 가치관을 가지고 있다. 대도시에서 생활하는 고학력자들은 교육을 통하여 합리적 사고와 행동 양식을 배웠을 뿐 아니라 다양한 문화권에 속한 정치인, 학자 또는 경영자들과 접촉할 수 있는 기회를 상대적으로 많이 가지므로 보수적 고정관념이 강하지 않다. 반면에, 농촌에서는 교육 시설이 부족하여 전반적으로 교육의 기회가 축소되며 또한 남아(男兒)에 비해 여아(女兒)들이 교육의 혜택을 받는 데 불리하다. 교육 환경의 공백을 종교적 가르침이 채워주고 있으므로 농촌에서 모스크의 지도자들의 위상은 커질 수밖에 없다. 특히, 교육의 혜택을 받지 못한 여아들은 아버지나 종교 지도자들의 가르침을 통해 사회를 바라보는 시각을 배우므로 남성 의존적 사고관에 대한 이의 제기를 어색하게 여긴다. 집단주의 문화가 강조되는 농촌에서는 종교적 전통을 유지하고 발전시키는 것을 커다란 미덕으로 평가하고 있어서 낯선 문화에 대한 배타적인 성향이 장기간 유지될 것으로 보인다.

제13장

카자흐인들의 통과의례[28)]

1. 출생과 자녀 교육

1) 카자흐인들의 자녀 교육

카자흐인들도 다른 어느 국가의 국민들처럼 아이를 사랑하는 민족이기에 카자흐인 가족들에게 있어서 가장 중요한 일상생활의 기쁨 가운데 하나가 바로 자녀의 출생이다. 이들에게 있어서 만일 새로 태어난 아이가 남자라면 가족의 기쁨은 두 배로 커진다. 그 이유는 "내가 죽고 난 후 나를 위해 기도해 줄 아들 하나는 있어야지"라는 말을 통해 가계를 잇는다는 것에 큰 의미를 부여한다. 이는 카자흐인들의 가계가 남성에 의해서 이어진다는 것을 시사한다. 그러나 여자아이가 가계를 직접적으로 잇지 못한다 하더라도 그들 역시 한 가족에서 매우 귀중한 존재이므로 출생을 커다란 축복으로 여긴다.

---

28) Jannat Ergalieva - Nurhat Shkuzadauli, Kazak Kültürü, Al Farabi Kitabevi, Almaty, 2000에서 부분 발췌하여 정리하였음.

여아든 남아든 한 카자흐인 가족에게는 아이의 탄생과 첫 번째 목욕, 작명, 요람에 눕히기, 첫 걸음마와 관련한 '발목 끈 푸르기', 할례, 말에 태우기, 처음으로 말하기 등을 기념하기 위한 음식 준비와 같은 아이 출생 및 성장과 관련한 다수의 전통이 있는데 이런 전통은 가족이나 마을 사람들과 함께 하는 전통의식이나 잔치 형태로 이루어진다. 전통 행사들 중에는 경마, 씨름과 같은 전통 놀이와 오락이 있다.

카자흐인 가족에게서 태어난 아이는 7세가 될 때까지 별다른 제재 없이 자유롭게 키운다. 왜냐하면 카자흐인들에게는 아이가 7살이 될 때까지는 의식이 많이 발달하지 않았고 또한 이 나이의 아이들에게는 아직 의지가 생겨나지 않았다고 여기기 때문이다. 하지만, 7살이 되면 아이는 자의식을 갖기 시작해서 스스로 결정할 수 있는 능력이 형성된다고 여기고 이후부터는 아이의 교육에 지대한 관심을 기울인다. 카자흐인들은 "아들의 양심은 아버지의 몫이고 딸아이의 양심은 엄마 몫이다"라며 다음 세대가 예의 바르고 원만한 인격을 갖춘 사람으로 커가기를 기원하며 이와 관련된 모든 노력을 아끼지 않는다. 카자흐인들은 아이가 7–12세 사이에 예절 교육을 익혀야 한다고 여기는데 이는 이 시기를 자의식과 도덕적 가치 형성을 위한 가장 좋은 기간으로 보기 때문이다. 이 시기를 놓치면 소년들이 청소년기에 접어들어 자아 정체성을 갖게 되고 따라서 잘못된 습관이나 태도를 수정하기 어렵다고 여기며, 청소년기의 젊은이들은 이제 육체적, 정신적 그리고 감정적으로도 어느 정도 성장한 상태라고 믿는다. 다음에 아이 교육에 관한 몇 가지 카자흐인들의 전통을 소개하고자 한다.

2) 아이 지키기

카자흐인들에게 있어서 자녀의 출생은, 단지 자녀가 출생한 가족의 기쁨만이 아닌 온 동네 마을의 기쁨이다. 옛 카자흐 전통에 따르면 아이가 태어난 날 그 가족은 잔치를 시작하고 새로 태어난 아이의 건강을 위하여 큰 머리 동물(소, 말)을 잡아 잔치를 베풀고, 저녁 무렵에는 마을의 젊은 여자들과 남자들이 이 집으로 모여 아이를 지킨다. 이들의 모임이, 새로 태어난 아이를 부정을 타는 요소나 귀신과 같은 악귀로부터 보호한다는 믿음과 관련한 전통이라 할 수 있다. 아이의 집으로 모여든 젊은이들은 아이에게 온 잡신과 악귀를 겁주기 위해 즐거운 노래를 부르며 즐기며 밤을 지새운다.

예전에는 이 임무를 마을에서 존경받는 여성이 맡았었고 이러한 전통들은 오늘날까지 이어져 왔다. 예를 들면, 초를 태우면서 아이 지키기를 하는데 이는 아이가 태어난 그날을 촛불을 키고 보호하지 않으면, 유령과 악귀가 그 아이를 데려가 다른 아이로 바꿔버린다고 믿고 있는데 기인하다. 아이 지키기는 때로는 3일 동안 진행되기도 한다.

3) **말 선물하기**(besire)

아이가 태어나면 아이에게 출생의 선물로 어린 말 한 필이 주어진다. 관습에 의하면 아이가 좋은 운명을 갖고 건강하게 자라는 것은 이 말과 밀접한 관련이 있기 때문에 이 말에는 어느 누구도 올라 탈 수 없으며 보호해야 하고 누구에게도 팔아서는 안 된다. 이 말을 "Besire"라고 한다. 아이가 훗날 자라면 이 말이 정식으로 아이에게 양도되고 자신 말로 사용한다.

4) **이름 지어주기**

아이에게 이름을 지어주는 일은 한 마을의 큰 행사가 된다. 이와 함께 '신의 손님'(하루 밤 묶고 가는 손님)도 이 행사에 한 몫을 하게 된다. 일반적으로, 마을의 이맘에 의해서 아이의 한 쪽 귀에 기도문을 읊으면서 아이에게 이름을 말해준다.

이름은 아무 의미 없이 주어지는 것이 아니라 어떤 특별한 사건과 관련하여 지어지기 마련이다. 주어진 이름은, 한 민족의 정신세계, 사고방식, 생각 그리고 이상을 대표한다. 당연히 어느 누구도 아이가 잘못되기를 바라지 않으며 아이에게 이름을 지어줄 때 자기가 이루지 못했거나 기대하는 일들이 이루어지기를 바라며 아이의 이름을 붙여준다. 예를 들어, 카자흐인들 사이에는 아르만(이상, 꿈), 바크트(행복), 틸렉(소원), 마핫바트(사랑), 카이랏(노력) 등과 같은 이름이 많은데 이것이 바로 그들의 이름 짓는 방식을 보여주는 예이다.

또한, 이들의 이름에는 하나의 특정 성격을 강조하는 이름도 많이 보여지는데, 때문에 아이에게 조마르트(검소), 바트르(영웅), 아딜(정의), 베릭(건강), 세릭(든든함, 지원)과 같은 이름을 지워주기도 한다.

카자흐인들의 "얼굴이 아름다운 자만이 아름다운 것은 아니다, 영혼이 아름다운 자가 진정한 아름다움을 가진 자이다."라는 격언이 있어 진정한 내면적인 아름다움을 강조하기도 한다. 때문에, 카자흐인들은 그들의 딸들이 외적 아름다움뿐만 아니라 부드럽고 착한 마음, 성실한 자세, 다시 말해, 내면의 아름다움에 더 큰 의미를 부여하기를 바라며 이러한 희망의 표현으로 딸의 이름을 지어준다. 예로, 지벡(비단), 막팔(벨벳천)과 같은 이름을 지워준 카자흐인들은, 그들의 딸들이 이름과 같이 부드럽고 값진 천과 같이 여성스럽고 예의바른 사람이 되길 기원한다. 사울레(빛), 살타나트(의식), 카를르아쉬(기쁨), 세님(믿음)과 같은 이름들은 카자흐인들의 추상적인 정신세계를 보여준다.

이 밖에도, 아이들에게 유명한 카자흐 위인들이나 성인들처럼 성장하기를 바라는 마음에 그들의 이름을 따서 지어주는 경우도 있는데, 아바이, 아블라이, 누르술탄, 이스타이, 이브라이, 디나, 아이샤 등의 이름들 역시 매우 인기를 얻고 있다.

아이에게 이름을 지어줄 때는 마을의 어른들과 가까운 친지들, 이웃들을 모두 집으로 초대한다. 아이의 이름을 밝힌 후 이맘은 아이의 오른쪽 귀에 3번, 왼쪽 귀에 3번 아이의 이름을 큰 소리로 이야기 해준다. 이후부터는 이를 기념하기 위해 음식이 차려진다.

5) 사십일 기념행사

아이가 태어난 지 40일이 지나면 아이의 뼈가 단단해지기 시작한다. 남아인 경우 37–39일 경에, 여아는 42–44일 경에 크르크(아이의 40일) 행사를 치른다. 마을의 존경받는 사람과, 친지들, 이웃들을 초대하여 음식을 나눠 먹는다. 이 행사에는 작은 머리 동물(염소나 양) 한 마리를 잔치 음식으로 마련한다. 잔치가 시작될 때 아이를 식탁의 맨 앞에 앉히고 그의 건강과 안녕을 위해 기도를 올린다. 여자들은 대야에 40번 국자로 물을 따르고 그 안에 은으로 만들어진 돈을 넣고 그 물에 아이를 씻긴다. 그러고 나서 아이의 머리카락과 손톱, 발톱을 손질한다. 머리카락은 천에 싸서 무스카(일종의 부적)에 넣어 아이의 오른쪽 어깨에 걸어준다. 손톱과 발톱은 땅에 묻는다. 대개, 아이의 머리카락은 함부로 버리지 않고 아무도 다니지 않는 장소에 묻는다.

아이가 태어난 날에 산파가 넓은 천을 잘라 만든 윗도리를 아이의 첫 옷으로 선물로 준다. 40일을 채운 아이는 이제 많이 자랐고 윗저고리 역시 낡고 해졌다고 생각하기 때문에 이 윗저고리로 작은 자루를 하나 만들어 그 안에 사탕을 채워 개의 목에 걸어준다. 마을의 어린 아이들은 개 뒤를 좇아가서 개를 붙든 후 목에 걸린 사탕 주머니를 풀어내 서로 나눠 가져야 한다. 이는 개를 맨 처음으로 붙든 아이를 새로 태어난 아이가 닮는다고 생각하므로 생겨난 전통 중 하나이다. 또한 사탕 주머니를 다른 동물이 아닌 개의 목에 거는 이유는 카자흐인들에게 있어서 젊은이의 필수 용품으로 개, 말 그리고 무기를 꼽기 때문이다. 이런 잔칫날에 말과 무기는 다소 적당치 않다고 여긴 카자흐인들에게는 개를 이용하는 것이 하나의 관습으로 자리 잡았다.

6) 요람에 눕히는 의식(Besik toy)

요람은 아이에게 성스러운 물건이자 아기의 완벽한 쉼터로 생각된다. 때문에, 태어난 아이를 요람에 눕히는 의식 역시 카자흐 민족들에게 있어서 가장 중요한 전통이라 볼 수 있다. 아이가 태어난 지 40일이 지나고 나면 아이의 아버지와 할머니 혹은 아이의 부모가 모든 마을 사람들을 모아놓고 요람에 눕히는 의식을 치른다.

요람은 일반적으로 아이의 엄마 쪽 친척들이 맡아서 준비하고 요람 잔치를 하는 날 선물로 준다. 외가 쪽 친지들이 너무 멀리 떨어져 있어 잔치에 올 수 없는 경우에는 아이를 다 키우고 자녀와 후손의 수가 많은 이웃의 여인이 태어난 아기에게 줄 선물을 준비하게 된다. 이는, 이 요람에 눕게 될 아이 역시 대를 이을 많은 자손을 낳기를 소원하는 마음에서 생긴 전통이다. 아이를 요람에 눕히는 순서는 마을의 가장 덕망 있는 노인이나 경험이 많은 할머니 혹은 여성에 의해 이루어진다. 이를 담당하는 여성은, 요람에 필요한 모든 물건을 본인이 가져오고 아이를 직접 요람에 눕힌다. 요람 위에 대체로 일곱 종류의 깨끗하고 소중한 물건을 놓아둔다. 요람에 눕히는 의식을 맡는 여성에게는 값진 선물이 주어진다.

7) 아이 기어 다니기

아이가 태어난 지 5-6개월이 지나면 기어다니기 시작한다. 이때에는 아기가 빨리 기어다니게 하기 위해 마을 이웃들이 아이를 부르면서 행하는 전통이 있다. 접시에 이유식(離乳食)용 음식을 담고 아이의 오른쪽에서 왼쪽으로, 왼쪽에서 오른쪽으로 접시를 움직이면서 “빨리 기어봐라”라고 한다. 이렇게 해서 접시에 있는 음식을 빨리 기어다니게 하여 다 먹게 하면서 소원 역시 바로 이루어지길 기원한다.

8) 걸음마 하기

아이가 빨리 걸음마를 할 수 있게 하기 위해 “걸음마 하기” 의식을 한다. 걸음마 의식의 분위기를 고조시키기 위해 마을의 아이들을 뛰어

다니며 경주를 하게 한다. 잔치의 주인공인 아이를, 잔치에 참석한 사람들 중 가장 활동적이고 빨리 걷기를 시작한 사람 앞에 두 사람이 데려온다. 아이의 다리를 색색의 실과 줄로 묶는다. 그 사람은 "잘 뛰고, 얼른 걸어라"라며 이 줄을 자른다. 그러고 나서 양 쪽의 두 사람이 아이의 두 팔을 붙들고 걷게 한다. 때때로 "걸음마 하기" 의식은 2-3일까지 이어지기도 하는데 이유는 아이를 위한 여러 행사가 이루어지기 때문이다.

그런데 왜 아이의 다리에 색색 끈을 묶을까? 이유는 다음과 같다. 카자흐인들은 아이가 도둑질이나 폭력, 거짓말과는 가까이 하지 않길 바란다. 이러한 요소를 바로 색색의 끈들이 상징하기 때문에 이 끈들을 자르는 행위는 "색색의 끈으로부터 지나감", "정직하지 못한 행위를 배우지 말 것", "공경하고 어른의 말을 행동으로 옮기는 것" 등과 같은 의미를 나타낸다.

"걸음마 하기" 잔치를 하는 동안 잊지 말아야 할 중요한 것이 바로 4행시(트사브케세르)를 읊는 것이다. 이 4행시는 매우 의미가 있고 중요하다. 4행시의 예로써 다음과 같은 가장 기본적인 형태가 있다.

> "어여쁜 우리 아가야, 한 걸음 내딛어 보렴.
> 끈들을 풀어보자, 색동 끈들을 잘라보자.
>
> 어여쁜 우리 아가야, 한 걸음 내딛어 보렴.
> 걸음을 걸어보자, 처음부터 세어보자.
>
> 어여쁜 우리 아가야, 끈 조각들을 둥글둥글 말아보자.
> 어린 망아지처럼 건강하렴, 으뜸이 되거라.
>
> 어여쁜 우리 아가야, 한 걸음 내딛어 보아라, 그 걸음에 축복이 있기를.
> 많이많이 걸어서 멋진 사람이 되거라.

걸음마다 씩씩하기를, 이날을 축하한다.
살면서 내딛을 이 걸음들이 모두 성공하길.

색동 끈을 가져가자, 우리 할머니에게 가보자.
씩씩한 청년이 되었구나 하시겠네, 사탕을 먹자."

간단히 말하면, "걸음마 하기" 전통은 다음과 같은 의미를 전한다. 아이가 태어난 이 땅에서 두 발로 씩씩하게 걸어가길, 일생동안 부딪힐 많은 장애에 굴하지 말 것을, 인생이 활짝 열려 있기를, 그리고 아이의 미래가 광명 속에 있기를!

9) 말하기 의식

아이가 말을 하기 시작하면, "빨리 말을 배우길!" 하는 바람으로 "말을 시작하기 의식"을 한다. 양고기 요리를 준비하고, 그 마을의 덕망 있는 사람을 초대한다. 아이에게 양의 혀를 요리하여 준다. 양의 혀로 만든 요리를 아기에게 주는 것은 아기가 성장해서 자신의 혀로 좋은 말을 잘 할 수 있다는 믿음 때문이다. 나중에 아이를 말린 양 창자로 묶고 아이가 말을 할 것을 믿는다고 확신한다며 그 역시 세 번 "말할 것입니다"라고 큰소리로 외친다. 후에 어른들은 그날의 주인공인 아이를 위해서 소원을 빈다.

10) 말타기 의식

아이가 자라서 4-5세가 되면 여자 아이들과는 다르게 놀기 시작한다. 전통에 의하면 이 나이 때의 아이들은 나무 안장(아샤마이)에 올라타기 시작하게 되면 그때에 잔치를 벌여준다. "아샤마이"는 단순한 안장 종류인데 나무로 만들어진다. 윗부분을 아이가 앉기에 적당한 형태로 만들고 그 위에 부드러운 방석을 깔아준다. 이것을 말 위에 적당히 고정시킨다. 아이가 말에서 떨어지지 않게 하기 위해 두 발을 안장에 연결한다. 아이를 큰 말에 태워서 큰 말을 끌어 일정 거리를 걷게 하게 한 뒤, 점차 그 아이가 그 말을 타는 데 어느 정도 익숙해지면 아이에게 직접 말을 몰게 한다. 1-2일 지나면 더 이상 아이의 발을 고정시키지 않는다. 이때가 되면 아이의 부모들은 아이를 위해 잔치를 열어준다. 양고기나 말고기를 마련해서 주변의 모든 이웃과 친지들을 초대해 그들에게 음식을 대접한다. 어른들은 아이가 훌륭한 청년이 되기 위해 기도를 한다.

11) 성년을 위한 준비의식

아들로 태어난 아이가 어렸을 때 아이 몫으로 선물로 받아 두었던 말은(베시레) 아이가 커감과 동시에 같이 커간다. 청년의 나이에 들어선 아들이 이 말과 함께 첫 먼 길을 떠나도록 하는데 이때 아이의 어머니와 아버지는 아들에게 필요한 물품을 준비해 준다. 아들이 처음으로 홀로 말을 타고 길을 떠나게 되는데 이를 위해 부모들은 도움을 주려고 노력한다. 이때 아들에게 청년이 갖추어야 할 모든 필수용품을 준다. 이제 아이는 이 도구들을 자신의 몸처럼 잘 관리하고 중요하게 보호해야 남자로서 인정을 받게 된다.

12) 친족과 혈통 배우기

아이는 7-9세가 되면 아버지 쪽부터 시작하여 모든 친지들을, 어머니 쪽 친지들, 할아버지들 등 모든 가족에 대해 배우게 된다. 아이에게 가까운 친족과 혈통을 가르치는 것은 모든 아버지의 의무이다. 아이의 아버지는 아이에게 단지 친족과 혈통의 이름만을 가르치는 것으로 끝내는 것이 아니라 그들이 어떤 사람인지를, 이와는 별도로 국민을 위해 큰일을 했던 위대한 인물들에 대해서도 가르쳐준다. 이것의 목적은, 아이가 자신의 가족을 이해하고, 민족과 국가에 대한 가치관을 확립시킨다는 것에 있다. 자신의 가족과 부족에 대해 아는 것은 자녀들의 당연한 도리이다. 그러나 아이가 단지 자신의 가족만을 옹호하며 "훌륭하고 올바르고 겸손한 사람은 오로지 우리 가족에서만 나온다"라는 이기주의적인 사고방식을 갖게 되는 것은 잘못된 가르침으로 보기 때문이다. 카자흐인들은 다른 가계의 훌륭한 인물들에 대한 이야기를 들려주면서 그들로부터도 아이들이 교훈을 얻게 하는 것이 마땅하다고 본다.

13) 산파와 유모

카자흐인들 사이에서 산파나 유모가 지역 사회에서 존경을 받는 인물이었다. 카자흐인들은 출생할 아이의 탯줄을 자르게 될 사람을 고르는 것에 상당히 주의를 기울였다. 아이의 탯줄을 자르는 역할을 맡은 사람은 태어나는 아이를 처음으로 대하고 품에 안게 되기 때문이다. 따라서 좋지 못한 성격을 가지고 있거나 아팠던 사람이 이 일을 맡기보다는 주변에서 덕을 쌓고 본이 될 만한 여성들이 이 일에 대한 적임자로 여겨졌다. 유모가 되기 위해서는 모든 종류의 아이의 어머니가 행하는 책임을 유모로서도 지켜야 하고, 정직하고, 부지런하며 훌륭한 인성을 가지고 있어야 한다. 왜냐하면, 카자흐인들 사이에서는 "아이는 그의 유모를 닮는다."라는 속설이 있고 또한 어느 누구도 아이가 나쁘게 크길 바라지 않기 때문이다.

유모로 선택된 사람은, 아이를 출산하게 될 산모를 여러 면에서 도와야 하며, 산모에게 모르는 것을 가르쳐주고 산모의 어머니가 미처 알려주지 못했던 것들을 설명해 주어야 하며, 젊은 산모가 신생아의 어머니가 될 수 있는 준비를 하는 데 구체적으로 도와준다. 아이가 태어난 후, 유모는 신생아의 부모를 자신의 집으로 불러 음식 대접을 한다. 이 후부터는 두 집 사이에 돈독한 정이 싹트게 되고 친척처럼 지내게 된다.

예전의 카자흐 마을에서는 여성의 출산을 돕는 역할은 아는 것이 많고 병을 치료할 수 있는 할머니들이 했었다. 그들을 "악콜 아나(흰 손, 신성한 손을 가진 어머니)"라고 했었다. 이 악콜 아나의 도움으로 산모는 출산 준비를 하고, 악콜 아나 역시 산모를 돕는다. 그리고 신들에게 기도를 하고 소원을 빈다. 새로 태어난 아기와 함께 산모를 돌보는 일은 바로 유모의 몫이다.

아기의 첫 옷(이트교일렉)을 유모가 준비해 간다. "올바른 성품을 가지거라, 살아가는 동안 전혀 부족함이 없기를 바란다."라는 목적으로 첫 윗저고리를 넉넉하게 잘라 박음질을 안으로 하지 않고 밖으로 한다. 단지 유모뿐만 아니라 유모의 가족들도 이 아이를 잘 돌보아야 하며 바라는 것들을 들어주어야 한다.

옛날에는 탯줄을 하얀 작은 도끼로 자르고 깨끗한 실로 묶고 끝에는 재를 발랐다. 탯줄을 자르는데 사용하는 도끼는 다른 용도로는 절대 사용하지 않으며 잘 보관되어진다. 아이의 탯줄은 3-4일이면 떨어진다. 남자 아이의 탯줄은 "대장부가 되고 공처가는 되지 말라."고 언덕에서 던졌으며, 여아의 탯줄은 집안에 복을 가져오라는 의미에서 화덕 밑에 묻었다. 또한 아이가 똑똑하라고 탯줄을 책 사이에 보관하는 것, 훌륭한 기수가 되어라 하는 의미에서 말의 갈기에 묶는 것과 같은 관습도 있었다.

14) 땋아 묶은 머리(변발, 꽁지머리)

예로부터 남자 아이가 있는 카자흐인들은, 그 아이에게 나쁜 일이 생기지 않기를 바라며 아이의 머리카락을 가운데 부분만 동그랗게 남겨두고 모두 깎았다. 이 머리가 자라면 여기에 여러 종류의 액세서리와 보석으로 치장해 땋아 주었다. 말 꼬리 모양의 머리를 만들었다.

역사 기록에 의하면, 옛 카자흐인의 대부분이 어릴 적에 머리를 땋아 묶었다고 한다. 이 오랜 전통은, 지역에 따라서 오늘날까지 유지되고 있지만 약간의 변화를 겪었다. 예전에는 카자흐 남자들은 나이와 상관없이 땋아 머리를 묶었지만(아이다르) 지금은 학교에 입학하기 전인 6-7세 아동에게서만 아이다르를 찾아볼 수 있다. 알려진 바에 의하면, 아이다르는 나쁜 기운으로부터 아이를 보호한다고 하는데, 그 이유는 어떤 사람이 아이를 쳐다볼 때 특이한 머리 모양 때문에 아이의 얼굴보다는 우선 머리를 보게 된다는 것이다. 어떤 아이는 자신을 특별하게 하는 이 아이다르를 금은 보석으로 치장해 더욱 돋보이게 하기도 하고 또한 더욱 길게 보이려고 말의 꼬리를 이어 붙이기도 한다.

카자흐인들은 자손들을 교양 있고 예절 바르며, 전통을 잊지 않고 키우기 위해 그들을 아주 어렸을 때부터 이와 같은 관습에 따라서 양육하는 일을 소홀히 여기지 않았다. 카자흐인들은 아이의 판단력과 능력, 인성 등을 발달시키고 아무 탈 없이 자랄 수 있기를 바라며 전통 유지에 여전히 중요성을 두고 있다.

2. 할례 의식

카자흐인들은, 할례 의식에 큰 의미를 부여한다. 카자흐인들이 이슬람을 받아들인 뒤 할례 의식을 행하게 됐으며 점차 남자 아이들이 성인이 되어가는 과정에서 받아야 하는 중요한 통과 의례로 삼게 되었다. 할례식은 일반적으로 아이가 어릴 때 치르게 되지만 어떤 분명한 이유가 있어서 그때를 놓쳤다면 아이가 컸을 때도 할례를 할 수 있다. 남자아이들이 일반적으로 다섯 살부터 시작해서 초등학교 졸업하기 전에 할례를 받는다.

할례를 받게 될 아이를 위해 할례식이 있는 날은 잔치 분위기를 만들어 준다. 할례를 하기 전에 아이의 머리와 양 어깨에 부엉이 깃털을 꽂아 준다. 그리고 아이를 말에 태우고 친지들과 이웃들을 방문한다.

할례 의식에 초대를 받은 친지들은 아이에게 선물을 주며 "이제 다 컸구나, 청년이 됐어. 이제 그 증거로 할례를 받아야 하겠다."라며 아이의 기분을 들뜨게 해준다. 선물로는 일반적으로 양을 준비한다. 아이가 이런 잔치 분위기 속에서 두려움을 이기고 할례를 받을 마음의 준비를 하도록 유도한다.

카자흐인들은 대게 여름 끝 무렵이나 초가을의 여유로운 시간을 잡아서 할례식을 한다. 왜냐하면 너무 덥지도 너무 춥지도 않아 아이에게 부정적 영향을 미치지 않기 때문이라고 여기기 때문이다. 때때로 할례를 하게 될 연령대의 아이들은 집단적으로 이슬람 성직자에 의해 할례를 받기도 한다. 사람들은 이슬람 성직자가 할례식을 맡아 해주는 것에 대한 답례로 각자가 준비할 수 있는 만큼의 돈이나 양을 준비한다.

할례를 받은 아이의 아버지는 아이를 위해 말 한 필을 선물로 준비한다. 이 말을 할례식 말 이라고 부른다. 할례식이 있는 날은 잔치를 하고 다양한 놀이를 하면서 마을 사람들과 친지들이 아이의 할례식에 참관하여 돈을 주는데, 이 돈을 "참관비"라고 한다. 바로 이것이 할례식 또는 할례 축제이다.

할례식을 하는 것은 이슬람권으로부터 전달된 관습이지만 시간이 지남에 따라 카자흐인들이 할례식을 중요한 통과의례로 삼았다.

3. 장례 의식

카자흐인들은 장례 의식에 특별한 의미를 부여한다. 카자흐인들 대다수가 이슬람을 믿고 있기 때문에 장례 절차도 종교적인 요소와 많이 결부되어 있다. 카자흐 민족의 장례 절차와 관련된 중요 관습들은 다음과 같다: 임종과 유언, 기도(사자를 땅에 묻고 난후 무덤 앞에서 이맘이 하는 기도), 장례식장(집), 부고, 곡 하기, 애도, 염하기, 장례기도, 매장, 추도, 3일제, 7일제, 40일제 등이다.

1) 임종과 유언

죽음을 맞이하는 사람이 유언을 남기는 것은 매우 오래된 전통이다. 만일, 임종이 가까이 온 것을 감지한 사람은 그의 인생에 대한 정리를 한다. 그는, 이러한 자신의 생각을, 마지막 말과 충고들을 전해주기 위해 친척, 자손, 지인들을 그의 곁에 불러 모으고 유언을 남기며 마지막을 정리한다. 그는, 유언을 하는 동안 마지막으로 자신이 정리해야 할 일들을 설명하고, 살아오는 동안 주변 사람들에게 본의 아니게 끼친 정신적, 물질적 피해가 있다면 사죄를 하고 이에 대한 해결책을 말할 필요가 있고 그리고 그들로부터 용서를 구하는 과정이 뒤따른다. 그의 사후에는 친족들이 고인의 유산을 활용하여 최선을 다하여 유언을 실행에 옮기려고 노력한다.

2) 초상집

전통에 따라 카자흐인들은 그들이 사는 유르타(텐트 집)의 오른쪽 구석을 언제나 비워놓는다. 만일, 가족 가운데 일원이 사망하게 되면 유르타의 오른쪽 귀퉁이를 커튼으로 가리고 시신을 그곳으로 옮겨 놓으면서 시신의 얼굴이 메카 방향을 향하게 눕혀놓는다. 사망자 가족이 경제적으로 여유가 있는 경우에는 그를 위해 또 하나의 검은 천막을 유르타 밖에 세운다. 천막의 바닥은 검은 카펫으로 깔고 그 위에 시신을 눕힌다. 사자를 기리는 의식, 제사와 같은 의식들이 끝날 때까지 시신을 그곳에 안치한다. 장례 의식이 이루어지는 방에는 그 지역에서 가장 존경을 받는 이와 이맘이 자리를 지키게 되고 여자와 아이는 이곳에 들어올 수 없다. 시신은, 그의 발이 집을 가장 먼저 집을 빠져나가게 하는데 이는 죽은 자가 영원히 그 집을 떠난다는 것을 의미한다.

장례식장 밖에는, 문의 오른편에 특별한 색의 천 조각을 창에 끼워 세워둔다. 이것은, 그 지역 모든 마을 사람들에게 사망자가 있음을 알리고 사자에게 애도를 표시하도록 하는 상징물이다. 천의 색은 죽은 이의 나이에 따라 달라지는 데, 젊은이가 죽으면 빨간색 천을, 중년층이 죽으면 검은색 천, 그리고 노인이 죽으면 흰색 천을 걸어둔다. 여행객이나 손님들은, 천의 색을 통해 죽은 이의 나이를 대략 파악할 수 있다.

3) 부고

한 사람이 타지에서 사망했다면 그 소식을 우선적으로 가족과 가까운 친지들에게 바로 알려야 한다. 그때 사망 소식을 전하러 온 이는, 우선 처음에는 일상적인 방문인양 행동하며 집으로 들어간다. 천천히 암시적으로 이야기를 꺼내며 듣는 상대방이 담담하게 받아들일 수 있도록 정신적으로 준비를 시킨다. 일반적으로, 사망에 대한 소식을 전달하는 사람이 다른 지역에서 왔다면 마을의 최고 연장자나 덕망 있는 사람에게 가서 상황을 설명하고 그와 함께 사망자의 가족에게 찾아간다. 대체로, 집 주인은 이들이 오는 것을 보면 상황을 직감하게 된다. 만일 이 소식을 접하게 될 사람이 사자를 매우 아끼고 사랑했다면, 혹은 가족들이 그의 죽음을 받아들이기 힘들 것 같은 경우에는 사자의 집으로 바로 가지 않고 그 집의 이웃들이나 혹은 가까운 친구들을 먼저 방문한다. 거기서 상황을 설명하고 나서 "예디 예멕(빵의 일종)"을 만들어 사자의 가족들을 이 집으로 오게 한다.

만일 여행을 하던 도중에 사람이 죽게 되면, 사망자의 말안장을 거꾸로 놓고 소식을 전하는 자가 말고삐를 붙들고 말을 사망자의 집으로 데리고 간다. 사망자의 친지들이 멀리 있는 경우에 그들에게도 역시 죽음의 소식을 전하나 그들이 참석할 것을 꼭 기대하지는 않는다.

4) 곡 하기

친근하게 지내던 사람의 죽음은 매우 슬픈 것이다. 예로부터 카자흐 여인들은, 남편이 죽었을 경우 그녀들의 뺨을 손톱으로 상처를 냈다. 이렇게 해서 슬픔을 표시했다. 또한 예전의 투르크인들 사이에서는 아버지를 여읜 젊은이들은 자신이 고아가 된 것을 알리기 위해 얼굴의 오른쪽 귀부터 왼쪽 귀까지 칼로 긋기도 했었다. 다시 말해서, 아버지나 남편의 죽음으로 인해 자신의 얼굴에 상처를 내는 행위는 매우 오래된 관습임을 알 수 있다.

사망자가 남자라면 그의 부인은, 남편을 잃은 날부터 머리를 검은 천으로 덮는다. 예전에는 사망자의 부인, 딸, 여자 형제, 어머니, 며느리 등 여자 모두가 사망일을 기준으로 하여 일 년 동안 매일 아침 일찍 일어나 무릎을 꿇고 벽을 보며 1-2시간가량 큰 소리를 슬픔을 토해내며 곡을 했다. 물론 오늘날에는 이와 같은 관습은 남아있지 않지만, 장례식장에서, 장지에서, 고인의 명복을 빌기 위해서 온 자리에서는 반드시 곡을 한다.

5) 염습

시신은 총 7명이 염습한다. 그들 중 한명은 이맘이고, 다른 이들은 이맘을 도와주는 자들이다. 첫 번째 사람은 물을 가져오고, 두 번째 사람을 물을 붓고, 세 번째 사람은 시신을 들어 자세를 바꿔주고, 네 번째 사람은 시신 위에 천을 덮는다. 나머지 2명은 시신을 씻는다. 이맘은, 염습이 어떻게 진행되어야 하는지를 지시하며 이맘 역시 시신을 씻긴다. 시신은 총 세 번 씻기고 물기를 닦는다. 마지막으로 남자는 세 번, 여자는 다섯 번 천으로 감싼다.

6) 장례 예배

염습이 끝난 후 종교 의식이 진행된다. 무슬림의 의무(기도, 금식, 성지순례, 헌납, 신앙고백)를 생전에 행하지 못했다고 여기는 속죄에 대한 표시로서 망자의 재산에서 일부를 가난한 이들에게 나누어준다. 그 후에, 시신은 사람들 앞에, 높은 장례 단에 놓아두고 장례 의식을 시작한다. 장례 의식의 가장 중요 목적은, 고인의 영혼이 용서를 받았다고 확인하는데 있다. 이맘은, 고인에 대한 모든 정보를 모아 그의 업적, 부족한 점 및 선행에 관한 이야기를 전한다. 다시 말해, 고인이 어떤 사람이었는지를 설명하는 것이다. 그러고 나서 이맘이 모인 조문객들에게 사망자의 모든 허물이 있다면 용서하겠는가를 묻는다. 그러면 이맘의 질문에 대해 조문객들은 '그렇다'라고 대답해 준다.

장례 의식은 고인의 나이와 밀접한 관계가 있다. 이슬람 관행에 따르면, 오직 성인이 된 자만이 죄가 있다고 보기 때문에 남자일 경우는 12세 이상, 여자인 경우는 9세부터 장례예배가 행해진다.

7) 매장

카자흐인들은 자신들이 사는 지역에서 지대가 약간 높은 언덕을 선호해서 그 부근에 묘자리를 만든다. 고인이 직접 정해 놓은 자리나 혹은 가족묘가 없다면 마을 묘지에 묻는다. 예전에는 서너 개의 무덤을 만들어 한 집단 혹은 한 혈통의 사람들을 모두 같은 장소에 매장했었다. 6-10세기에 조상들은 유명한 위인이거나, 영웅, 지도자가 운명하면 땅 밑에 큰 묘를 만들어 고인과 함께 그의 사냥 도구나 무기 그리고 개를 함께 묻었었다. 또한 고인이 사용하던 접시와 그릇 등도 함께 묻었고 무덤의 입구를 큰 바위로 막아 조그마한 언덕을 만들었다. 고인과 함께 물건들을 같이 묻는 이유는 다음과 같다. 고인이 다른 세상에서도 생활을 이어갈 수 있도록, 그에게 필요할 만한 모든 용품들을 함께 두어야 한다고 여기기 때문이다.

남자의 무덤에는 깃대를, 여자의 무덤에는 yayik(버터 제조용 대형 우유 통)을 아이의 무덤에는 천을 걸어두었다. 죽은 이를 매장하는데 있어서 무덤의 위치는 물과 가까운 곳에 있어야 하며 땅은 단단하고 높은 언덕부근에 위치하는 것을 선호했었다. 무덤은 먼 길을 걷는 여행객이 무덤을 보고 물이 근처에 있다는 것을 알게 하는 하나의 방법이었다. 친지들은 고인을 위한 비석을 세우고 그 위에 고인과 관련한 사항을 새겨 넣는다. 고인의 이름과, 나이, 혈통과 부족에 대한 내용을 아랍 문자로 기입하며 가능하면 혈통에 대한 내용 또한 새겨 넣는다. 최근에 들어서는 고인의 사진도 자리를 차지하기도 한다. 고인에 대한 사항을 기록하지 않고 매장하는 것을 카자흐인들은 고인에 대한 무례한 행위로 받아들인다. 사각형이나 돔 모양의 무덤은 고인이 된지 1주년이 될 때까지 만들어지고 무덤이 모두 완성이 되면 고인의 모든 친척들은 한 자리에 모여 그의 명복을 기리고 희생제물을 드린다. 카자흐인들은 묘와 무덤에 지대한 관심을 기울인다. 예를 들어, 묘지 옆을 지나는 한 행인이 있다면 그는 무덤의 주인이 그가 아는 사람이거나 가족이 아니라 할지라도 타고 있던 것에서 내려 기도를 하고 흰 천에 약간의 돈이나 귀중품을 넣어 묘비에 걸거나 묘 옆에 놓는다. 또한 무덤을 손가락으로 가리키는 행동 또한 금기시 된다.

카자흐스탄 남부 지역에는 몇 개의 방이 있는 아주 특별한 무덤이 있다. 아흐멧 야세비 묘지와 아이샤 비비 묘지가 바로 그 예이다. 이러한 묘지에는 카자흐인들에게 유명하고 특별한 위인들이 안치되어 있는데 예를 들어, 투르크스탄에 위치한 아흐멧 야세비 묘지에는 아브라이한, 카즈벡 비와 같은 유명한 인물들이 잠들어 있다.

8) 추도

추도식에서 전통에 따르면 고인의 유품들을 놓고 애도한다. 유목생활이 일반화됐던 시기에는 노인이 죽게 되면 일반적으로 고인이 탔던 말의 모형을 만들지만, 만일 젊은이가 죽었다면 그의 말의 모형과 함께 옷, 무기 등과 같은 물건을 놓고 기억한다. 또는 고인의 모형을 만들어 고인의 옷을 입히고 집의 한 장소에 놓기도 한다. 고인의 부인은 이 모형과 유품을 보면서 40일 동안 머리를 풀고 큰 소리로 곡을 하며 애도하며 기억한다. 오늘날에는 모든 다른 전통들이 시간에 따라 적당한 형태로 변화하듯 고인의 모형 대신에 사진을 보며 곡을 하거나 기억한다. 요즘에는 고인의 명복을 빌기 위해 손님이 방문했을 시에 영정이나 고인의 사진이 이용된다.

갓 결혼하여, 사랑을 맛보지도 못하고 아이에 대한 사랑도 느껴보지 못한 채 저 세상으로 간 젊은이들의 명복을 기리는 전통 역시 약간 변화했다. 젊은이가 세상을 뜨면 죽은 지 1년이 지나면 그가 살아있을 때와 같이 그의 몫의 음식을 준비한다. 그 음식을 묘지로 가져가 기도를 한다. 그 후에 묘지에서 돌아온 남자들 중 고인의 형제나 가까운 친척은 "아, 내 형제여!"하며 울부짖으며 주변 사람들에게 그의 슬픔을 표한다.

9) 영혼 달래기

카자흐인들은 아주 오래 전부터 고인의 넋을 기리기 위해 사망한 지 3일, 7일 40일, 100일 그리고 1년이 되는 날에는 고인을 위한 특별 음식을 정성껏 마련한다. 일반적으로 소나 말을 잡으며, 살아있을 때 음식을 준비하는 것처럼, 고인 무덤에 가서 쿠란을 읊고 영혼을 달래준다.

고인이 세상을 떠난 지 3일, 7일, 40일 그리고 100일째 되는 날 고인의 혼을 기리는 데에는 특별한 이유가 있다. 3일째 되는 날의 의미를 살펴보면, 카자흐인들은 고인이 죽은 지 3일이 지나면 그의 영혼이 육체를 빠져나간다고 믿는다. 따라서 육체를 빠져나간 혼을 달래기 위해 죽은 지 3일 되는 날을 특별히 기억하고 넋을 달랜다. 고인의 혼이 육체에서 벗어나 돌아다니다 죽은 지 7일째 되는 날이 되면 처음으로 아무도 모르게 생전의 집을 찾는다고 사람들이 믿고 있어서 고인의 혼을 달랜다. 이와 같이, 무덤에 있는 시신이 40일째까지는 잘 보존이 되다가 41일째부터는 부패하기 시작한다고 여기고 이를 위해 40일제를 지내게 된다. 마찬가지로 고인의 영혼이 99일이 지나 100일째가 되면 자신의 집에 다시 한 번 들린다고 믿고 있기 때문에 이를 위한 100일제 전통이 생겨난 것이다. 이렇게 1년이 지나면 죽은 지 41일째부터 부패하기 시작한 시신이 완전히 썩게 되면 이날부터는 죽은 이의 혼이 다른 세상에서 또 다른 삶을 시작한다고 믿고 있고 이러한 이유로 1년이 되는 날 또 한 번 제사를 지낸다. 오늘날에는 대부분의 사람들이 이와 같은 제사를 지내는지는 연유를 잘 모르고 있지만, 3, 7, 40, 100일제, 그리고 1년 제사를 지내며 고인의 혼을 기리는 것은 모든 카자흐인의 가정에서 지속되어지는 전통이다.

10) 1년제

사람이 세상을 떠난 지 첫 1년이 지났을 때 마지막으로 모든 주민들이 모여 그를 기억하고 기리며 음식을 나눈다. 음식이 사람들에게 나눠질 때가 되면 많은 천막을 세우고, 고인을 위한 절을 올리고 기도를 한다. 이와 같은 1년제에는 종교 지도자, 시인들, 씨름꾼 등등이 초대되어 제사의식이 진행된다. 1년제를 위한 준비와 제사 음식을 장만하는데 대게 큰 비용이 들어간다.

음식을 나누어주는 날과 장소는 1-2달 전에 미리 사람들에게 알려주고 이때부터 세심하게 음식 장만을 하기 시작한다. 이때 사용되어질 가축을 정성껏 사육하고, 말 젖으로 크므즈(말젖 술)를 만들고 그날 올 손님들 모두에게도 알린다. 이때 손님들이 앉을 정도로 천막을 마련해 둔다.

보통 규모의 1년제인 경우에 대략 40–45개의 천막을 준비한다. 음식을 먹으러 오는 소님들은 우선 천막들 중 가운데에 위치한 "검은(kara)" 천막으로 들어간다. 여기에는 전통에 맞춰 옷을 입고 곡을 하는 여인들이 있다. 고인의 혼을 기리며, 기도를 올린 후 손님들은 자신들을 위해 만들어 놓은 천막으로 간다. 거기서 크므즈를 마시며 음식을 먹는다.

전통적으로는 이와 같은 의식이 있기 전에 말 경주가 이루어진다. 둘째 날에는 이날을 위해 준비해 놓은 가축을 잡는다. 고기는 한 천막에서 요리되고 다른 천막에 전달된다. 고기 음식은 특별히 이 일을 하기 위해 별도의 옷을 갖추어 입은 사람들이 나누어 준다. 이전에는 그들은 아름다운 옷을 입고 장식을 한 말 위에 올라타 음식을 나누어 주었다.

음식과 음료를 때에 맞추어 나누어 주는 것, 어떤 천막에 어떤 음식이 들어가야 하는지 등과 같은 일을 주관하는 일은 최고 주방장이 하지만, 그가 모든 음식을 조리하는 것은 아니다. 이러한 1년제 제사와 위로 행사가 2–3일 정도 이루어지지만, 잔치 중간에 행해지는 여러 다양한 놀이와 경주가 있다면 이 기간은 더욱 늘어날 수도 있다.

사실상, 성대하고 규모가 큰 1년제 제사와 위로 행사는 부유한 계층만이 할 수 있다. 서민들은 이 정도까지는 하기는 어려우나 나름대로 사정에 맞게 음식을 준비한다. 일반적으로 음식은 남자 고인을 기리기 위해 준비되어지나 여자 고인의 혼을 기리기 위해서 제사를 지내는 경우에는 음식만 제공되고 전통 놀이는 대체로 하지 않는다.

참고문헌

고재남, 1996, 『구소련 지역 민족분쟁의 해부』, 경남대학교 출판부.

공일주, 『아랍문화의 이해』, 대한교과서, 1996

김대성, 1991, "터어키족의이동", 『외대논문집』제24호

김대성, 1998, "카자흐스탄과 우즈베키스탄의 일반 개황", 『한국중동학회논총』 제19-1호.

김대성, "오스만 제국 전반기의 수피집단과 통치자 및 울레마의 관계", 『중동연구』 No;11. 중동연구소, 1992.

김영석, 『소련사』, 홍성사, 1991

김정위, 『이슬람 문화사』, 문학예술사 , 1985.

김정위, 1987, 『중동사』, 대한교과서(주)

나가사와 가즈도시, 1990, 『실크로드의 역사와 문화』, 이재성 역 , 민족사.

대외경제정책연구원, 1994, 『우즈베키스탄 편람』.

________________, 1996, 『카자흐스탄 편람』.

로베르, 장-노엘., 1998, 『로마에서 중국까지』, 조성애 옮김, 도서출판 이산.

룩 콴텐, 1984, 『유목민족제국사』, 송기중 번역, 민음사.

세이버리, 로저 M., 1994, "이란", 버나드 루이스 편, 김호동 역, 『이슬람문명사』, 이론과 실천.

손영훈, 1997, "카작 칸국의 사회구조 -유목사회 봉건제 논의를 중심으로-", 한국외국어대학교 석사학위논문.

송재우, "중앙아시아 지역 국가의 이슬람 발전과정에 대한 연구", 한국외국어대학교 석사학위논문, 1995

신양섭, "이슬람의 벡타쉬 종단 연구", 『종교연구』 제12집 (한국종교학회) , 1996.

신양섭, 1997, "타직 민족의 성립과 사만 조의 문예부흥", 『중동연구』 제16권 제2호, 한국외국어대학교 중동연구소.

외무부, 1995, 『카자흐스탄 공화국개황』, 서울.

우덕찬, 1998, 『중앙아시아史 概說』, 부산외국어대학교 출판부.

이 애리아, 1998, "타지키스탄의 민족분쟁과 고려인", 『중앙아시아 한인연구』5, 전

남대학교.

이무열, 『러시아사(史) 100장면』, 가람기획, 1996.

이은구, 1995, 『인도문화의 이해』, 세창출판사

이희수, 1993, 『터키사』, 대한교과서

이희수, "터키 내 이슬람원리주의 종파의 정치세력화와 갈등구조 연구", 『한국이슬람학회논총』 제7집, 1997.

최대식, 1996, "투르크메니스탄의 투자환경", 『석유(겨울)』

최영길, 『꾸란의 이해』, 성천문화재단, 1995

최한우, 1997, 『중앙아시아학 입문』, 도서출판 펴내기.

하자노프, 1990, 『유목사회의 구조』, 김호동역, 지식산업사

한소경제협회, 1991, 『독립국가연합편람』

Agency of the Republic of Kazakhstan on Statistics, *Women and Men of Kazakhstan-Gender Statistics*, Almaty, 2000.

Anderson, John., 1997, *The International Politics of Central Asia*, Manchester Univ. Press.

Arutiunov, Sergei, 1993, *The Newly Independent States of Eurasia*, Handbook of Former Soviet Republics, ORYX.

Bohr, Annette., 1998, "Language policy and ethnic relations in Uzbekistan", Graham Smith & 4 others, *Nation-building in the Post-Soviet Borderlands : The Politics of National Identities*, Cambridge University Press.

Canfield, Robert L., 1991, *Turko-Persian in Historical Perspective*, Cambridge Univ. Press.

Demko, George J. *The Russian Colonization of Kazakhstan*, Indiana Univ., 1969,

Gleason, Gregory., Motyl, Alexander J., 1997, *The Central Asian States: Discovering Independence*, Westview Press.

Hosking, Geoffrey., 김영석譯, 1988, *A History of the Soviet Union*(소련사), 홍익사.

Hunter, Shireen T., 1996, *Central Asia since Independence*, Praeger.

Kim Dae Sung., 1993, "Subat Ihtilalinden Sonra Turkistan'in Siyasi Durumu", *Dogu Dilleri Dergisi* No:2, Ankara Univ.

Kulchik, Yuriy., Fadin, Andrey., Sergeev, Victor., 1996, *Central Asia after the empire*, Pluto Press London.

Kultur Bakanligi, 1990, *Rusya'da Birinci Musluman Kongresi*, Ankara.

Luc Kwanten, 1984, 유목민족제국사, 송기중 역, 민음사.

Moghissi, Haideh, *Feminism and Islamic Fundamentalism*, Zed Books(London), 1999.
Olcott, Martha Brill., 1996, *Central Asia's New States: Independence, Foreign Policy, and Regional Security*, United States Institute of Peace Press.
Ozey, Ramazan, 1997, *Dunya Platformunda Turk Dunyasi*, Istanbul.
Rashidd, Ahmad, 1994, *The Resurgence of Central Asia*, Oxford Univ. Press.
Ro'i, Yaacov, *Muslim Eurasia: Conflicting Legacies*, Portland, 1995 Unicef, Dunya Cocuklarinin Durumu, 2001.
Saray, Mehmet, 1996, *Yeni Turk Cumhuriyetleri Tarihi*, Turk Tarihi Kurumu.
Tealakh, Gali Oda., 1992, *Brief History of the Central Asian Republic and Azerbaijan*, the Royal Scientific Society Press, Jordan.
TIKA(Turk Isbirligi ve Kalkinma Ajansi), 1996, *Kazakistan Ulke Raporu*, Ankara.
Yuldashev, 1996, "Public Education in Uzbekistan".

〈인터넷 자료〉

경향신문사, 지구촌 국가정보, http://www.khan.co.kr/db/nation/intro.htm
외교통상부, 국별정보, http://www.mofat.go.kr
타지키스탄 헌법, http://www.geocities.com/Paris/9305/constitution.html
Bashiri, Iraj., 1997, "The Languages of Tajikistan in Perspective", tajling.html
Embassy of Turkmenistan, http://www.embassyofturkmenistan.org/new.hml
(FRDLC):Federal Research Division of the Library of Congress, 1998, "Tajikistan - A Country Study", http://lcweb2.loc.gov/frd/cs/tjtoc.html
(FRDLC):Federal Research Division of the Library of Congress, 1996, "Turkmenistan - A Country Study", http://lcweb2.loc.gov/cgi-bin/query/
IPU(Inter-Parliamentary Union), 1999, http://www.ipu.org/parline-e/reports/2309.htm
"Major Events Relevant to Central Asian History", http://www.wlc.com/oxus/cahist1.htm
Pankratov, Viacheslav, "Khanate of Bukhara XVI - 1920", http://www.geocities.com/Athens/5246/Bukhara.html
saliherk.htm, http://www.euronet.nl/users/turkfed/saliherk.htm
UNDP, 1995, 1996, "Tajikistan Human Development Report", http://www.undp.org/rbec/nhdr/1996/tajikistan/
http://www.altavista.com

http://www.angelfire.com/sd/tajikistanupdate/map.index.html(지도자료)http://www.embassyofturkmenistan.org/new.html

〈기타 자료〉

한겨레, 1997. 9.24., 조선일보 1997. 10.2.
Milliyet, 1998. 5. 21.
The Economist 1998. 2. 21.
중앙일보 1995. 7월12, 15일 '중앙아시아를 간다' No: 9
세계일보 2001. 7. 23. 7면

찾아보기

중앙아시아 사회의 이해

초판 1쇄 발행 2009년 5월 30일
초판 2쇄 발행 2012년 8월 30일

지은이 김대성
발행인 박 철
발행처 한국외국어대학교출판부
130-791 서울특별시 동대문구 이문동 270
전화 02)2173-2495~7
팩스 02)2173-3363
홈페이지 http://press.hufs.ac.kr
출판등록 제6-6호(1969. 4. 30)
편집·디자인 지댄피 070-8234-0025

ISBN 978-89-7464-553-3 93910 값 13,000원

잘못된 책은 바꾸어 드립니다.